Die Gerichtsbarkeit der Europäischen Gemeinschaften

SCHRIFTEN
zum internationalen und zum öffentlichen
RECHT

Herausgegeben von Gilbert Gornig

Band 64

PETER LANG
Frankfurt am Main · Berlin · Bern · Bruxelles · New York · Oxford · Wien

Philippe Gréciano

Die Gerichtsbarkeit der Europäischen Gemeinschaften

Rechtsprechung und Rechtssprache Europas aus französischer Perspektive

Mit einem Vorwort
von Theodor Öhlinger

PETER LANG
Europäischer Verlag der Wissenschaften

Bibliografische Information der Deutschen Nationalbibliothek
Die Deutsche Nationalbibliothek verzeichnet diese Publikation in der Deutschen Nationalbibliografie; detaillierte bibliografische Daten sind im Internet über <http://www.d-nb.de> abrufbar.

ISSN 0943-173X
ISBN-10: 3-631-55097-9
ISBN-13: 978-3-631-55097-7

www.peterlang.de

meinen Eltern

Inhaltsverzeichnis

Vorwort

Das Ergebnis des französischen Referendums über den europäischen Verfassungsvertrag am 29. Mai 2005 war für viele Menschen in Europa ein Schock und hat die Europäische Union sichtbar in eine tiefe Krise gestürzt. Die Entwicklung Europas wird dennoch nicht zum Stillstand kommen, und das europäische Recht wird weiterhin den Alltag vieler Menschen in Europa bestimmen. Täglich werden nicht nur in Brüssel, sondern auch von nationalen Behörden und Gerichten viele Entscheidungen getroffen, die sich auf Normen des europäischen Rechts stützen.

Die Anwendung des europäischen Rechts in den Mitgliedstaaten der Union wirft eine Fülle schwieriger Fragen auf. Ein grundlegendes Problem ist die Vielzahl der Sprachen, in denen europäisches Recht existiert („gilt"). Dazu kommen die verschiedenen Rechtstraditionen, in die die Anwendung des europäischen Rechts eingebettet ist: Jeder Mitgliedstaat hat seine besondere Geschichte, die sich auch in seiner Rechtsordnung widerspiegelt. Im Rahmen dieser Rechtstraditionen ist aber das europäische Recht so anzuwenden, dass seine einheitliche Geltung in allen Mitgliedstaaten nicht verfälscht wird.

Damit dieses Ziel erreicht wird, müssen die Juristen in Europa einander verstehen können. Sie müssen insbesondere die Rechtsterminologie der verschiedenen Amtssprachen der EU kennen lernen, und dies setzt wiederum ein Verständnis der unterschiedlichen Rechtstraditionen voraus. Diese Studie von *Philippe Gréciano* leistet dazu einen wichtigen Beitrag. Herr *Gréciano* hat in Frankreich, Deutschland und Österreich studiert und lehrt inzwischen europäisches und Völkerrecht an Rechtsfakultäten in allen drei Staaten. Er kennt daher die Rechtsterminologie Frankreichs, Deutschlands und die – mit letzterer nicht identische – Österreichs bestens. Mit dieser Schrift leistet er einen wichtigen Beitrag dazu, dass Juristen aller drei Staaten sich besser verstehen werden.

Wien, im Juli 2005

Prof. Dr. Theo Öhlinger
Vorstand des Instituts für Staats- und Verwaltungsrecht

Problemstellung

Wichtige Arbeiten behandeln das Thema der Anwendung des Europarechts im jeweils innerstaatlichen Bereich[1]. Angesichts der Erweiterung der Europäischen Union erweisen sich kontrastive Analysen von immer grösserem juristischen und linguistischen Interesse[2]. Rechtsvergleich soll hier unter dem Aspekt der Gerichtsbarkeit der Europäischen Gemeinschaften anhand von Termini in Texten untersucht und in didaktischer Zielsetzung anhand von Übungen ergänzt werden. Der Vergleich von Texten der europäischen Sprach- und Rechtskulturen ist insofern aufschlussreich, als diese sich auf nationaler Ebene grundsätzlich unterscheiden, so das Verhältnis in der Anwendung des Europarechts im innerstaatlichen Bereich durch Entscheidungen des Europäischen Gerichtshofs in Luxemburg (EuGH). Nach logischer Erkenntnis verlaufen auch Textanalysen nicht bilateral, sondern nach drei Dimensionen, d.h. der Vergleich zwischen z.B. deutschen und französischen Rechtstexten konzentriert sich auf ein tertium comparationis, nämlich den Vorrang und die unmittelbare Anwendbarkeit des Gemeinschaftsrecht, und insbesondere den dadurch geschaffenen Rechtsschutz.

Diese Problematik findet sich sowohl in der Implementierung als auch im Vollzug der supranationalen Rechtsakte, die nicht nur zu inhaltlichen, sondern auch zu strukturellen und verfahrensrechtlichen Veränderungen der europäischen und nationalen Rechtsordnung führen, und gleichfalls unterschiedlich akzeptiert oder verweigert werden, „zum Teil determinierend, zum Teil ergänzend, zum Teil verdrängend"[3]. Die Frage der Annahme der Rechtsgrundlagen sowie der Rechtsprinzipien der Europäischen Menschenrechtskonvention (EMRK) hat seit

---

1 *Öhlinger*, Rechtsschutz und Europäische Union, Schriftenreihe BM.I – Band 2. Wien. 2004; Gemeinschaftsverfassung und Staatsverfassung. Wien. 2004; Die österreichische Verfassung und die europäische Integration. Wien. 2004; Gesetz und Richter unter dem Einfluss des Gemeinschaftsrechts. Freiburg. 2003; Die Europäische Grundrechtscharta und ihr Verhältnis zur Bundesverfassung. Wien. 2002; Perspektiven des Grundrechtsschutzes in Europa: Das Zusammenspiel von EGMR, EuGH und VfGH im Lichte des Verfassungsentwurfs der Europäischen Union. Salzburg. 2005; Die Europäisierung der österreichischen Verfassung. Wien. 2002; Gemeinschaftsrecht und staatliches Recht. Die Anwendung des Gemeinschaftsrecht im innerstaatlichen Bereich. Wien. 2001.

2 *Gréciano*, Die Anwendung des Europarecht im innerstaatlichen Bereich. Rechtsvergleichende Analyse: Österreich-Frankreich. Frankfurt/Main. 2000.

3 *Raschauer*, Allgemeines Verwaltungsrecht. Wien. 2003.

dem Amsterdamer Vertrag (1997)[4], dem Vertrag von Nizza (2001) und dem Europäischen Verfassungsvertrag (2005) an Bedeutung und Aktualität gewonnen. Dieser Problemkreis steht im Mittelpunkt des Handbuchs, weil er konkrete und wichtige Beispiele aus der Rechtsprechung, insbesondere im Prozessrecht analysiert, ebenso wie die Funktionen der Europäischen Gerichtsbarkeit. Die Methode beruht sowohl auf dem Europäischen Recht der EMRK, als auch auf dem Gemeinschaftsrecht, wobei beide Rechtsordnungen noch in ihrer Natur zu unterscheiden sind[5]. Angesichts dieser Ausgangslage ist von Interesse, wie das gesamte Gemeinschaftsrecht angewandt wird und auf welche Weise es seine Geltung als supranationale Rechtsnorm und gerichtliche Leitlinie erhalten hat.

Der Europäische Verfassungsvertrag bildet insofern eine neue Phase im Rechtsschutz des Bürgers vor die nationalen sowie europäischen Gerichten, weil die Menschenrechte und das Gemeinschaftsrecht den Demokratiestandard[6] in Zukunft stärken werden insbesondere für den sogenannten „neuen Demokratien". Diese Entwicklung ist die Hoffnung jedes europäischen Staates; sie beinhaltet die Anpassungschance der innerstaatlichen Strukturen, um „eine gezielte gleichberechtigte Kooperation in Europa zu führen", wobei nicht vergessen werden darf, dass z.B. Österreich, nach wie vor, einen anerkannt effizienten Rechtsschutz hat[7], und Frankreich in der Rechtsgeschichte eine Referenz für die Erklärung der Menschenrechte[8] ist. Aus dieser Sicht und in der Zeit, da z.B. Litauen als erster Staat den Europäischen Verfassungsvertrag ratifiziert hat, Deutschland und Österreich ihn über das Parlament ratifiziert haben und Frankreich, nicht, bleiben immerhin wichtige Fragen offen, insbesondere in strukturellen sowie verfahrensrechtlichen Bereichen, die noch nicht geklärt worden sind und oft wegen verschiedener Rechtsverfahren und Verfahrenstraditionen noch keine einheitliche europäische Lösung gefunden haben. Insofern hat sich die deutschsprachige sowie die frankophone juristische Forschung dieser Thematik nur selten gewidmet, so dass folgende Sprach- und Rechtsanalysen eine Lücke füllen können.

Dieses Handbuch unterscheidet sich von rein wissenschaftlichen Arbeiten dadurch, dass es aus der Staatenpraxis die neu aufgerollten Probleme der Anwen-

---

4 CONF/4007/97; ABl. 1997, Nr. C 340,1.

5 Siehe EuGH, Gutachten 2/94 vom 28. März 1996.

6 Zu betrachten, sind die Verfassungs- und Verwaltungsänderungen, die als Folge der Anpassungs-programme der Beitrittskandidaten durchgefuhrt sind, z.B. in den baltischen Staaten, insbesondere in Litauen. Dazu, II. Trinationale Sommerschule für Recht der Universität Vilnius „Welches Recht für das erweiterte Europa? Ein neues Aktionsfeld für die jungen Europäer", vom 21. bis zum 29. Juni 2005 und I. Trinationale Sommeruniversität Vilnius *idem*, vom 7. bis zum 14. Juli 2004.

7 Österreich hat ein grösseres Grundrechtverständnis als andere Europäische Staaten, siehe dazu *Öhlinger*, Die Grundrechte in Österreich, EuGRZ, 1982.

8 Die sog. Déclaration des Droits de l'Homme et du Citoyen vom 26. August 1789.

dung des Gemeinschaftsrechts kontrastiv unter Berücksichtigung von Termini und anhand von Texten kritisch durchleuchtet, was zu einer Erweiterung des behandelten Gegenstandes führt. Das *erste Kapitel* ist den Hauptzielen des Europarechts gewidmet und stellt das Problem der nationalen Anwendbarkeit dar. Das *zweite Kapitel* konzentriert sich auf die Funktionen der Europäischen Gerichtsbarkeit. Das *dritte* und das *vierte Kapitel* analysiert beide Spruchkörper, den EuGH und den EuG. Das *fünfte Kapitel* bietet Fallstudien und Falllösungen im vergleichenden Recht. Die Vorgehensweise ist empirisch und richtet sich nach didaktischer Erkenntnis: Ausgehend von konkreten Textbelegen zur europäischen Rechtsprechung werden zu ausgewählten rechtlichen Themen die terminologischen Konkordanzen in Erinnerung gerufen und in einem Glossar (deutsch-französisch, stellenweise französisch-deutsch) und je nach Sprache der Ausgangstexte (französisch-deutsch) mit Übungen ergänzt; diese laden zur Übersetzung, zur zweisprachigen Redaktion über Frage/Antwort und Zusammenfassung, sowie zur Diskussion ein; sie sind als Aufgaben zur persönlichen Vertiefung der Rechtstexte und deren Auslegungen gedacht und als Hilfe zur Vorbereitung auf Rechtslinguistik. Ein abschliessender Index zum Kombinationswortschatz des vorgestellten Fachbereichs soll dem Leser bei der Rezeption und Produktion der wichtigsten Termini in ihren idiomatischen Einbettungen behilflich sein. Das treffende Wort in der richtigen Situation bestätigt die Sprach- und Sachkompetenz des Sprechers.

Das Handbuch bietet Problemlösungen für Fälle des Gemeinschaftsrechts. Es ist ein Versuch, die juristische Entwicklung von der regionalen zur europäisch-internationalen Ebene zu verstehen, und ein Beitrag, die Europäischen Hürden in konstruktiver Arbeit über kontrastive Rechtssemantik und Rechtspragmatik zu überwinden.

Akronyme

BGB	Bürgerliches Gesetzbuch
BRD	Bundesrepublik Deutschland
BverfG	Bundesverfassungsgericht
BVG	Bundesverfassungsgesetz
CE	Communauté européenne
CEE	Communauté économique européenne
EG	Europäische Gemeinschaft EGV Vertrag über die Gründung der Europäischen Gemeinschaften
EGKS	Europäische Gemeinschaft für Kohle und Stahl
EMRK	Europäische Menschenrechtskonvention
EP	Europäisches Parlament
EU	Europäische Union
EUV	Vertrag über die Gründung der Europäischen Union
EuGH	Europäischer Gerichtshof
EuG	Europäischer Gerichtshof erster Instanz
EuGVÜ	Übereinkommen über die gerichtliche Zuständigkeit und die Vollstreckung gerichtlicher Entscheidung in Zivil- und Handelssachen
EWGV	Europäische Wirtschaftsgemeinschaft
FusVO	Verordnung über die Fusionskontrolle
IPR	Internationales Privatrecht
GG	Grundgesetz
MS	Mitgliedstaat (-en)
Rs	Rechtsprechung
StPO	Strafprozessordnung
VerfGG	Verfassungsgerichtshofgesetz
VfGH	Verfassungsgerichtshof
VO	Verordnung
VwG	Verwaltungsgerichthof
ZPEMRK	Zusatzprotokoll zur Europäischen Menschenrechtskonvention
ZPO	Zivilprozessordnung

1. Kapitel: Ziele des Europarechts

Europa fusst auf den **Prinzipien der Einheitlichkeit** und der Autonomie, welche die Fundamente der friedlichen zwischenstaatlichen Kooperation im **Integrationsprozess** definieren. Insofern wird das Gemeinschaftsrecht als neue Rechtskategorie betrachtet. Weiterhinaus wird diese Rechtsordnung im **Kollisionfall** mit dem nationalen Recht durch ihre **Eigenständigkeit** charakterisiert.

1.1. Einheitlichkeit und Autonomie

1.1.1. Das Gemeinschaftsrecht als neue Rechtskategorie

Als Folge der fortschreitenden internationalen Zusammenarbeit und der Schaffung immer neuer internationaler Organisationen sowie einer institutionalisierten Kooperation hat sich ein „internes Staatengemeinschaftsrecht" herausgebildet. Das Recht der im Jahre 1950 unterzeichneten EMRK bildet seit dem Amsterdamer Vertrag, dem Vertrag von Nizza und dem Europäischen Verfassungsvertrag eine gemeinsame Quelle für einen effektiven Rechtsschutz des Bürgers.

Das Gemeinschaftsrecht bildet eine **neue Rechtskategorie**, die sowohl Elemente des Völkerrechts als auch Elemente des Staatenrechts enthält und daher seinen Platz in der **Interferenz** von beiden einnimmt. Auch wenn es in seiner Struktur sehr heterogen ist, so bildet das Gemeinschaftsrecht doch eine in ihrer Entstehung und Existenz autonome Rechtsordung, ohne dass diese ein eigenes **Hoheitsgebiet** besitzt. Dies ist eines seiner wichtigsten Merkmale, aus dem sich bedeutende Konsequenzen für das Verhältnis des Gemeinschaftsrechts zu den Rechtsordnungen der Mitgliedstaaten ergeben. Daneben besitzt das Gemeinschaftsrecht weitere Merkmale, die seine jetzt allgemein anerkannte Eigenständigkeit ausmachen. Auch wenn es wichtige Merkmale des Völkerrechts und des innerstaatlichen Rechts vereint, unterscheidet sich das Gemeinschaftsrecht doch sowohl vom Völkerrecht als auch vom innerstaatlichen Recht in seinen Quellen, in seinem Geltungsgrund, in seinem Anwendungsbereich sowie in seinen Rechtswirkungen.

1.1.2. Die Eigenständigkeit des Gemeinschaftsrechts

Die Heterogenität des Gemeinschaftsrechts erklärt, warum es verschiedenartige Bestimmungen und Rechtsnormen enthält, die sich nicht nur bezüglich der Adressaten, sondern darüber hinaus insbesondere auch in ihrer juristischen Substanz und Tragweite sowie in ihren Rechtswirkungen grundlegend unterscheiden. So sind einige Bestimmungen ohne weiters anwendbar; andere enthalten unmittelbar anwendbare Rechtsnormen; andere wieder müssen konkretisiert werden, um juristisch verbindlich zu sein; etliche enthalten Verpflichtungen zur Aufstellung von Programmen.

Die Mitgliedstaaten haben durch die Gründung der Gemeinschaften ihre **Gesetzgebungshoheit beschränkt** und so einen **eigenständigen Rechtskörper** geschaffen, der für ihre Angehörigen und sie selbst verbindlich ist. Diese Feststellung hat der EuGH bereits in der berühmten Rechtssache aus dem Jahre 1964 Costa/ENEL[9] getroffen. Im Jahre 1962 verstaatlichte Italien die Elektrizitätserzeugung und -versorgung und übertrug die Betriebsanlagen der Elektrizitätsgesellschaften auf die Elektrizitätswerke ENEL. Herr Costa sah sich als Aktionär der von der Verstaatlichung betroffenen Aktiengesellschaft Edison Volta um seine Dividenden gebracht und verweigerte daraufhin die Begleichung einer Stromrechnung von mehreren Tausenden Lire. Vor dem Friedensgericht in Mailand rechtfertigte Herr Costa sein Verhalten unter anderem damit, dass das Verstaatlichungsgesetz eine Reihe von Bestimmungen des EWG-Vertrages verletze. Das Friedensgericht hat dem EuGH Fragen zur Auslegung verschiedener Bestimmungen des EWG-Vertrages zur Vorabentscheidung vorgelegt. Im Verfahren vor dem EuGH schaltete sich die italienische Regierung ein, das Vorabentscheidungsersuchen des Friedensgerichts sei „absolut unzulässig", weil das staatliche Gericht innerstaatliches Recht anzuwenden habe und daher eine Vorlage an den EuGH nicht in Frage komme. Hierauf hat der EuGH unmissverständlich ausgeführt, dass „zum Unterschied von gewöhnlichen internationalen Verträgen der EWG-Vertrag eine eigene Rechtsordnung geschaffen hat, die bei seinem Inkrafttreten in die Rechtsordnungen der Mitgliedstaaten aufgenommen worden und von ihren Gerichten anzuwenden ist. Durch die Gründung einer Gemeinschaft für unbegrenzte Zeit, die mit eigenen Organen, insbesondere mit echten Hoheitsrechten ausgestattet ist, haben die Mitgliedstaaten, wenn auch auf einem begrenzten Gebiet, ihre Souveränitätsrechte beschränkt und so einen Rechtskörper geschaffen, der für ihre Angehörigen und sie selbst verbindlich ist". Diese Eigenständigkeit

9 EuGH, Rs 6/64 – *Costa/ENEL* – Slg. 1964, 1251-1306 (Rz.8) über die Rechtsnatur des Gemeinschaftsrechts und die unmittelbare Anwendbarkeit sowohl als auch der Vorrang des Gemeinschaftsrechts.

der Gemeinschaftsordnung ist für den Bestand der EG von grundlegender Bedeutung, da nur durch sie die Aushöhlung des Gemeinschaftsrechts durch nationales Recht verhindert und die einheitliche Geltung des Gemeinschaftsrechts in allen Mitgliedstaaten gewährleistet werden kann. So werden aufgrund der **Eigenständigkeit der Gemeinschaftsrechtsordnung** die gemeinschaftsrechtlichen Begriffe grundsätzlich nach den Erfordernissen des Gemeinschaftsrechts und den Zielen der Gemeinschaft, insbesondere nach dem effizientesten Rechtsschutz als causa prima, bestimmt. Diese gemeinschaftsspezifische Festlegung der Begriffe ist unerlässlich, da die gemeinschaftsrechtlich garantierten Rechte in Gefahr wären, wenn jeder Mitgliedstaat über die **Festlegung der Begriffsinhalte den Anwendungsbereich** der gemeinschaftsrechtlich garantierten Grundrechte sowohl als auch die Freiheiten letztendlich **selbst bestimmen** könnte. Als Beispiel hierfür kann etwa der Begriff des „Rechtsschutzes“ angeführt werden, der die Tragweite des Grundrechtsschutzes bestimmt. Mit seinem **gemeinschaftsspezifischen Inhalt** kann der Rechtsschutzbegriff jetzt durchaus von den in den Rechtsordnungen der Mitgliedstaaten verwendeten und bekannten Begriffen abweichen [10].

Wie aber ist vor dem Hintergrund dieser Selbstständigkeit der Gemeinschaftsrechtsordnung das Verhältnis vom Gemeinschaftsrecht zum nationalen Recht zu beschreiben? Auch wenn das Gemeinschaftsrecht eine gegenüber den Rechtsordnungen der Mitgliedstaaten eigenständige Rechtsordnung darstellt, darf man sich dies nicht so vorstellen, dass sich die Gemeinschaftsrechtsordnung und die Rechtsordnung der Mitgliedstaaten wie Schichten des Erdgesteins überlagern. Gegen eine solch starre Abgrenzung dieser Rechtsordnungen spricht zum einen, dass sie dieselben Menschen betreffen, die damit zu Staatsbürgern und Gemeinschaftsbürgen in einer Person werden; zum anderen liesse eine solche Betrachtungsweise unberücksichtigt, dass das Gemeinschaftsrecht nur dann lebendiges Recht werden kann, wenn es in die Rechtsordnungen der Mitgliedstaaten aufgenommen wird. In Wahrheit sind die Gemeinschaftsrechtsordnung und die nationalen Rechtsordnungen ineinander **verzahnt** und **wechselseitig aufeinander angewiesen**, so dass **strukturelle Anpassungen** in der Anwendung des Gemeinschaftsrecht im innerstaatlichen Bereich immer wieder erforderlich sind.

---

10 *Pierre Pescatore*: „La construction européenne: aspects linguistiques et juridiques“, et „Sur les dérives linguistiques de l'Union Européenne et quelques moyens d'en sortir“. Dans *I.Burr/G.Gréciano* (2003): Europa: Sprache und Rech. La construction européenne: aspects linguistiques et juridiques. Baden-Baden, Nomos Verlag, pp 29-33 et 205-211.

1.1.3. Kollision zwischen Gemeinschaftsrecht und nationalem Recht

Aus der Situation der Kollision zwischen Gemeinschaftsrecht und nationalem Recht stehen beide Rechtsordnungen einander gelegentlich „feindlich“ gegenüber. Eine derartige Situation tritt immer dann auf, wenn eine **Bestimmung des Gemeinschaftsrechts** für die Gemeinschaftsbürger unmittelbare Rechte und Pflichten begründet und inhaltlich mit einer Norm des nationalen Rechts in Widerspruch steht. Hinter dieser scheinbar so einfachen Problemlage verbergen sich zwei Grundsatzfragen des Aufbaus der EG, deren Beantwortung zum Prüfstein der Gemeinschaftsrechtsordnung werden sollte: die **unmittelbare Anwendbarkeit** des Gemeinschaftsrechts und der **Vorrang des Gemeinschaftsrechts** vor entgegenstehendem nationalen Recht.

1.1.3.1. Die unmittelbare Anwendbarkeit des Gemeinschaftsrechts

Die unmittelbare Anwendbarkeit des Gemeinschaftsrechts besagt zunächst nur, dass das Gemeinschaftsrecht neben den Gemeinschaftsorganen und den Mitgliedstaaten auch den Gemeinschaftsbürgern unmittelbar Rechte verleiht und Pflichten auferlegt. Im Hinblick insbesondere auf **die Direktheit dieser Rechtsquelle** spricht man von der **autonomen Geltung des Gemeinschaftsrechts**[11], wobei offen bleibt, welchen Vorschriften des Gemeinschaftsrechts diese Wirkung zukommt. Die Gemeinschaftsverträge geben hierzu nur in bezug auf das sekundäre, von den Organen beschlossene Gemeinschaftsrecht Auskunft. So heisst es in Art. 189 Abs. 2 EGV, dass die Verordnung „unmittelbar in jedem Mitgliedstaat“ gilt.

Es ist eine der herausragenden Leistungen des EuGH, die unmittelbare Anwendung der Vorschriften des Gemeinschaftsrechts gegen den anfänglichen Widerstand einiger Mitgliedstaaten durchgesetzt und damit die **Existenz der Gemeinschaftsrechtsordnung** gesichert zu haben. Ausgangspunkt seiner Rechtsprechung war ein ganz alltäglicher Fall, der jedoch in die Annalen der Rechtsprechung des Gerichtshofes eingehen sollte. In dieser Rechtsprechung (Rs) klagte das niederländische Transportunternehmen Van Gend & Loos[12] vor einem niederländischen Gericht gegen die niederländische Zollverwaltung, die für die Einfuhr eines chemischen Erzeugnisses aus der Bundesrepublik Deutschland einen erhöhten Zoll erhoben hatte. Das Unternehmen sah in dieser Praxis einen Verstoss gegen Art. 12 EWGV, der den Mitgliedstaaten die Einführung neuer und

---

11 Dazu *Öhlinger*, Verfassungsrecht, 5 A., Wien, 2003; Verfassungsrecht, 1995, S. 76 f.

12 EuGH 26/62 , Slg. 1963, 1-61, *Van Gend & Loos* – über die Rechtsnatur des Gemeinschaftsrechts und die Rechte und Pflichten des einzelnen.

die Erhöhung bestehender Zölle im Gemeinsamen Markt verbot. Der Ausgang dieser Rs hing letztlich von der Frage ab, ob sich auch der einzelne gegenüber einem vertragswidrig erhobenen Zoll auf Art. 12 EWGV berufen kann. Da die Beantwortung dieser Frage eine **Auslegung des EWG-Vertrages** erforderte, setzte das niederländische Gericht das Verfahren aus und rief den EuGH an. Der Gerichtshof hat gegen den Rat zahlreicher Regierungen und seines Generalanwalts entschieden, dass alle diejenigen Normen der Gründungsverträge für den einzelnen unmittelbar anwendbar sein können, die unbedingt formuliert, in sich vollständig und rechtlich vollkommen sind und deshalb zu ihrer Erfüllung oder Wirksamkeit keiner weiteren Handlungen der Mitgliedstaaten oder der Kommission bedürfen. Dies wurde für Art. 12 EWGV bejaht, so dass auch das Unternehmen Van Gend & Loos aus dieser Vorschrift Rechte ableiten konnte, welche das niederländische Gericht zu wahren hatte und folgerichtig den vertragswidrig erhobenen Zoll für ungültig erklärte. Zur Begründung führte der Gerichtshof aus, „dass die Gemeinschaft eine neue Rechtsordnung darstellt ..., eine Rechtsordnung, deren Rechtssubjekte nicht nur die Mitgliedstaaten, sondern auch die einzelnen sind. Das von der Gesetzgebung der Mitgliedstaaten unabhängige Gemeinschaftsrecht soll daher den einzelnen, ebenso wie es ihnen Pflichten auferlegt, auch Rechte verleihen. Solche Rechte entstehen nicht nur, wenn der Vertrag dies ausdrücklich bestimmt, sondern auch aufgrund von eindeutigen Verpflichtungen, die der Vertrag den einzelnen wie auch den Mitgliedstaaten und den Organen der Gemeinschaft auferlegt".

Diese Rechtssache hat der Gerichtshof später auch in Vorschriften des EWG-Vertrages weitergeführt, die für den Gemeinschaftsbürger von weit grösserer Bedeutung sind als Art. 12 EWGV. Hervorzuheben sind drei Urteile, in denen es um die unmittelbare Anwendung der Art. 48 (Freizügigkeit), Art. 52 (Niederlassungsfreiheit) und Art. 59 (Dienstleistungsfreiheit) ging.

Für die Garantien des Art. 48 EWGV hat der Gerichtshof die unmittelbare Anwendbarkeit in der Rechtssache van Duyn[13] entschieden. Dieser Rs lag folgender Sachverhalt zugrunde. Der Niederländerin van Duyn war im Mai 1973 die Genehmigung zur Einreise in das Vereinigte Königreich versagt worden, weil sie als Sekretärin bei der „Church of Scientology" arbeiten wollte, einer Schule, die vom britischen Innenministerium für „sozialgefährlich" betrachtet wurde. Unter Berufung auf die Vorschriften des Gemeinschaftsrechts über die Freizügigkeit der Arbeitnehmer, insbesondere auf Art. 48 EWGV, erhob Fräulein van Duyn Klage vor dem High Court. Sie beantragte, der High Court möge feststellen, dass sie berechtigt sei, sich zur Ausübung unselbständiger Arbeit im Vereinigten Kö-

13 EuGH 41/74, Slg. 1974, 1337-1360, *van Duyn*, über die unmittelbare Anwendbarkeit und die Freizügigkeit der Personen.

nigreich aufzuhalten, und einen Anspruch auf eine Erlaubnis zur Einreise in das Vereinigte Königreich habe. Auf die Vorlage der EG, dass Art. 48 EWGV unmittelbar anwendbar sei, konnte sie als Einzelperson ihr Recht vor dem Gericht des Mitgliedstaates geltend machen.

Der EuGH wurde mit der Frage der unmittelbaren Anwendbarkeit von Art. 52 EWGV durch den belgischen Conseil d'Etat belangt. Dieser hatte sich mit einer von dem niederländischen Rechtsanwalt J. Reyners[14] eingereichten Klage auseinanderzusetzen, in der dieser sich auf seine Rechte aus Art. 52 EWGV berief. Herr Reyners sah sich zu dieser Klage veranlasst, nachdem ihm – obwohl er die notwendigen belgischen Prüfungen absolviert hatte – die Zulassung als Rechtsanwalt in Belgien wegen seiner Ausländereigenschaft verweigert worden war. In seinem Urteil vom 21. Juli 1974 hat der Gerichtshof in dieser Rs entschieden, dass eine Ungleichbehandlung von Inländern und Ausländern in der Frage der Niederlassung nicht mehr beibehalten werden dürfe, da Art. 52 EWGV seit dem Ablauf der Übergangszeit unmittelbar anwendbar sei und damit den Gemeinschaftsbürgern das Recht einräume, auch in einem anderen Mitgliedstaat wie Inländer ihre Erwerbstätigkeit aufzunehmen und auszuüben. Herr Reyners musste aufgrund dieses Urteils zur belgischen Anwaltschaft zugelassen werden. Dem Gerichtshof bot sich in der Rs Van Binsbergen[15] die Gelegenheit, auch die unmittelbare Anwendbarkeit des Art. 59 EWGV ausdrücklich festzustellen. Es ging in diesem Verfahren u.a. um die Frage, ob eine niederländische Rechtsvorschrift, nach der vor einem Berufungsrichter nur in den Niederlanden ansässige Personen als Prozessbevollmächtigte auftreten können, mit den gemeinschaftsrechtlichen Bestimmungen der Dienstleistungsfreiheit vereinbar sei. Der Gerichtshof verneinte diese Frage mit der Begründung, dass alle Beschränkungen, denen der Gemeinschaftsbürger aus Gründen seiner Staatsangehörigkeit oder seines Aufenthalts unterworfen würde, gegen Art. 59 EWGV verstiessen und damit nichtig seien.

Von den zahlreichen weiteren Vertragsbestimmungen, für die der Gerichtshof die unmittelbare innerstaatliche Anwendbarkeit bejaht hat, sind noch hervorzuheben: Art. 30 EWGV, der die Freiheit des Warenverkehrs sicherstellt, und Art. 119 EWGV, der die Lohngleichheit für Männer und Frauen garantiert. Seit dem Jahre 1970 hat der Gerichtshof seine Grundsätze über die unmittelbare Anwendbarkeit auch auf Bestimmungen in Richtlinien und an Staaten gerichtete Entscheidungen ausgedehnt. Dies erschien folgerichtig, wenn auch das Vertragsrecht unmittelbar für die Gemeinschaftsbürger gelten kann, obwohl es in erster Linie

---

14 EuGH, 2/74 – *Reyners* – Slg. 1974, 631-670 über die Niederlassungsfreiheit.

15 EuGH, 33/74 – *van Binsbergen* – Slg. 1974, 1299-1321 über den Dienstleistungsverkehr.

die Mitgliedstaaten anspricht. Die **Direktwirkung** des Gemeinschaftsrechts in der Form, wie sie vom EuGH fruchtbar gemacht und ausgebaut worden ist, kann in ihrer praktischen Bedeutung kaum überschätzt werden: sie verbessert die Stellung des einzelnen, indem sie die Fundamente der Rechtsstaatlichkeit (bzw. die Grundrechte) sowohl als auch die Freiheiten des gemeinsamen Marktes zu effektiven Rechten ausgestaltet, die er vor nationalen Gerichten durchsetzen kann. Die unmittelbare Anwendbarkeit des Gemeinschaftsrechts wird damit gleichsam zu einer der Säulen der Gemeinschaftsrechtsordnung.

1.1.3.2. Der Vorrang des Gemeinschaftsrechts

Die unmittelbare Anwendbarkeit einer Bestimmung des Gemeinschaftsrechts führt zu einer zweiten, ebenso grundlegenden Frage: was geschieht, wenn eine Vorschrift des Gemeinschaftsrechts für die Gemeinschaftsbürger unmittelbare Rechte und Pflichten begründet und inhaltlich zu einer Norm des nationalen Rechts in Widerspruch steht?

Ein solcher Konflikt zwischen Gemeinschaftsrecht und nationalem Recht ist nur zu lösen, wenn eine der beiden Rechtsordnungen zurücktritt. Das geschriebene Gemeinschaftsrecht enthält diesbezüglich keine ausdrückliche Regelung. In keinem der Gemeinschaftsverträge ist etwa eine **Vorschrift** enthalten, die besagt, dass das Gemeinschaftsrecht nationales Recht bricht oder dass es dem nationalen Recht nachsteht. Dennoch lässt sich die Kollision zwischen Gemeinschaftsrecht und nationalem Recht nur dahin gehend lösen, dass dem Gemeinschaftsrecht der Vorrang vor dem nationalen Recht eingeräumt wird und es damit alle nationalen Vorschriften, die von einer Gemeinschaftsvorschrift abweichen, verdrängt und deren Platz in den nationalen Rechtsordnungen einnimmt. Denn was würde von der Gemeinschaftsrechtsordnung bleiben, wollte man das Gemeinschaftsrecht dem nationalen Recht unterordnen? Beinahe nichts, die gemeinschaftsrechtlichen Vorschriften könnten durch jedes beliebige innerstaatliche Gesetz aufgehoben werden. Von einer einheitlichen und gleichmässigen Geltung des Gemeinschaftsrechts in allen Mitgliedstaaten könnte nicht mehr die Rede sein. Auch wäre es der EG unmöglich, die ihr von den Mitgliedstaaten übertragenen Aufgaben zu erfüllen. Die Funktionsfähigkeit der Gemeinschaft wäre in Frage gestellt, und der von grossen Hoffnungen getragene Aufbau eines Vereinigten Europas wäre zerstört.

Wieder war es der EuGH, der angesichts dieser Folgen den für die Existenz der Gemeinschaftsrechtsordnung unumgänglichen Grundsatz des Vorrangs des Gemeinschaftsrechts gegen den Widerstand einiger Mitgliedstaaten durchgesetzt hat. Er hat damit der Gemeinschaftsrechtsordnung, neben deren unmittelbaren Anwendbarkeit den zweiten Pfeiler errichtet, der diese Rechtsordnung letzlich zu einem tragfähigen Gebäude werden liess.

In der bereits vorgestellten Rs Costa/ENEL hat der EuGH zwei für das Verhältnis des Gemeinschaftsrechts zum nationalen Recht bedeutsame Feststellungen getroffen. Zuerst haben die Staaten Hoheitsrechte endgültig auf das von ihnen geschaffene Gemeinwesen übertragen. Dies können sie durch spätere einseitige, mit dem Gemeinschaftsbegriff unvereinbare Massnahmen nicht rückgängig machen. Zweitens ist es ein Grundsatz des Vertrages, dass kein Mitgliedstaat die **Eigenart des Gemeinschaftsrechts antasten** kann, im gesamten Bereich der Gemeinschaft einheitlich und vollständig zu gelten. Aus alledem folgt, dass das Gemeinschaftsrecht, welches den Befugnissen der Verträge entsprechend gesetzt wurde, gegen jedes entgegenstehende Recht der Mitgliedstaaten vorgeht. Es ist nicht nur stärker als das frühere nationale Recht, sondern entfaltet eine Sperrwirkung auch gegenüber später gesetztem Recht. Im Ergebnis hat der EuGH mit seinem Urteil zwar nicht die Verstaatlichung der italienischen Elektrizitätswirtschaft in Frage gestellt, aber ganz entschieden den Vorrang des Gemeinschaftsrechts vor dem nationalen Recht unterstrichen.

An dieser Feststellung hat der EuGH seitdem in ständiger Rechtsprechung festgehalten. In einem Punkt hat er sie jedoch weiterentwickelt. Während er sich in dem eben genannten Urteil lediglich mit der Frage des Vorrangs beschäftigen wollte, befasst er sich auch mit dem Verhältnis zwischen Gemeinschaftsrecht und innerstaatlichem Verfassungsrecht. Die nationalen Gerichte sind der Auffassung des EuGH nach anfänglichem Zögern im Grundsatz gefolgt. In den Niederlanden, z.B., konnten ohnehin keine Schwierigkeiten auftreten, da in der niederländischen Verfassung der Vorrang des Vertragsrechts gegenüber dem nationalen Gesetzesrecht ausdücklich niedergelegt ist (Art. 65 bis 67). In den anderen Mitgliedstaaten ist der Grundsatz des Vorranges des Gemeinschaftsrechts ebenfalls gegenüber den einfachen nationalen Gesetzen von den nationalen Gerichten Schritt für Schritt anerkannt worden, wobei die prozeduale Durchsetzung des Europarechts insbesondere vor nationalen Gerichten zu verfahrensrechtlichen Problemen führt.

1.1.3.3 Öffnung der nationalen Rechtsordnungen (aus der Sicht der Bundesrepublik Deutschland)

Art. 23 Abs. 1 GG formuliert nicht nur die Anforderungen an die **Organisationsstruktur** der EU, sondern enthält gleichzeitig die verfassungsrechtliche Grundlage für die Öffnung der nationalen Rechtsordnungen der Bundesrepublik für das Gemeinschaftsrecht. Indem Art. 23 Abs. 1 S. 2 GG die Übertragung von Hoheitsrechten auf die EU ermöglicht, wird den Rechtsakten der EG, die in Ausübung der übertragenen Hoheitsbefugnisse erlassen werden, der Weg in die nationale

Rechtsordnung geebnet, ohne dass Art. 23 GG explizit die Öffnung zugunsten des Gemeinschaftsrechts anordnen muss.

Bis 1992 bildete Art. 24 Abs. 1 GG die verfassungsrechtliche Grundlage. Die Gründung der EU stellte jedoch einen „Qualitätssprung" auf dem Weg der **europäischen Einigung** dar. Wegen der weitreichenden Folgen, insbesondere auch im Hinblick auf die Länderkompetenzen hätte nach Art. 24 Abs. 1 GG als Grundlage nicht mehr ausgereicht[16]. Art. 23 Abs. 1 GG bildet somit die allein geltende Grundlage für die Öffnung des nationalen **Rechtsraums** zugunsten des Gemeinschaftsrechts.

Die **Integrationsöffnung** aus nationaler Sicht ist im Einzelnen jedoch von der zuvor erfolgten Übertragung von Hoheitsrechten abhängig. Nach welchem Verfahren dies aus bundesdeutscher Sicht erfolgt, regeln Art. 23. Abs. 1 S. 2 und S. 3 GG.

Art. 23 Abs. 1 S. 2 und S. 3 GG betreffen das Verfahren und die **Mitwirkungsrechte** bei der Zustimmung zu Verträgen, durch die primäres Gemeinschaftsrecht begründet wird. Die Mitwirkung des Bundestages und der Länder durch den Bundesrat bei Rechtssetzungsakten der EU und damit auch der EG, also bei der Begründung sekundären Gemeinschaftsrechts, ist hingegen in Art. 23 Abs. 2 bis Abs. 7 i.V.m. Ausführungsgesetzen zu Art. 23 GG im Einzelnen geregelt[17].

Gemäss Art. 23 Abs. 1 S. 2 GG können durch Gesetz Hoheitsrechte auf die EU übertragen werden. Anders als der früher einschlägige Art. 24 Abs. 1 GG ist dazu unabhängig vom Gegenstand der Regelung die Zustimmung des Bundesrates erforderlich. Damit ist auch die Übertragung von Hoheitsrechten im Bereich der ausschliesslichen Gesetzgebung des Bundes oder der vom Bund ausgeübten konkurrierenden Gesetzgebungsbefugnisse von der Zustimmung der Länder abhängig. Durch Art. 23 Abs. 1 S. 2 GG ist damit ein erheblicher **Kompetenzzuwachs** bei den Ländern verwirklicht worden[18].

Gemäss Art. 23 Abs. 1 S. 3 GG gelten Art. 79 Abs. 2 und Abs. 3 GG, soweit durch die Gründungsverträge zur EU oder durch spätere Änderungen und andere vergleichbare Regelungen das „Grundgesetz seinem Inhalt nachgeändert oder ergänzt wird oder solche Änderungen oder Ergänzungen ermöglicht werden". Damit wird klargestellt, dass die EU nicht der **Ewigkeitsgarantie unterliegende Grundprinzipien**, wie sie in Art. 2 und Art. 20 GG niedergelegt sind, missachten darf.

---

16 *Ossenbühl*, DVBl. 1993, 629, 631; *Scholz*, NVwZ, 1993, 817, 818; *Oppermann*, NJW, 1993, 5,11; *Schwarze*, JZ, 1993, 585,587.

17 *Schloz*, NVwZ, 1993, 817, 822 ff.

18 *Scholz*, NVwZ, 1993, 817, 822; ders. NJW, 1992, 2593, 2599.

Im Verhältnis zwischen Art. 23 Abs. 1 S. 2 und S. 3 GG können insofern Schwierigkeiten auftreten, als jeder durch eine Übertragung von Hoheitsrechten eintretende Souveränitätsverzicht materiell Verfassungsrelevanz hat. Nach überwiegender Auffassung sind daher durch Art. 23 Abs. 1 S. 2 GG auch verfassungsrelevante Hoheitsrechtsübertragungen bis zur Grenze jener Übertragungen erlaubt, für die es eines neuen Vertrags oder einer Änderung der Grundlagen der EU bedarf[19].

Insgesamt stellt Art. 23 Abs. A GG damit den „Integrationshebel" dar, durch den sich die deutsche Rechtsordnung dem Gemeinschaftsrecht öffnet. Wie sich das Verhältnis im Einzelnen, insbesondere hinsichtlich des Rangs des Gemeinschaftsrechts, ausgestaltet, ist in Art. 23 GG nicht geregelt. Insoweit hat das BverfG in verschiedenen Entscheidungen ein differenziertes System entwickelt.

1.2. Glossar und Übungen

Einheitlichkeit und Autonomie	unité et autonomie
die Prinzipien der Einheitlichkeit und der Autonomie	les principes d'unité et d'autonomie
der Integrationsprozess	le processus d'intégration
die Eigenständigkeiten	l'autonomie
die Rechtskategorie	la catégorie juridique
das Hoheitsgebiet	le territoire national
kein eigenes Hoheitsgebiet besitzen	ne pas disposer d'un propre territoire national
die Gesetzgebungshoheit beschränken	limiter la souveraineté législative
einen eigenständigen Rechtskörper schaffen	créer un corps juridique indépendant
die Gemeinschaftsrechtsordnung	l'ordre juridique communautaire
die Festlegung der Begriffsinhalte	la fixation des contenus des concepts
den Anwendungsbereich selbst bestimmen	déterminer personnellement le domaine d'application
der gemeinschaftsspezifische Inhalt	le contenu spécifiquement communautaire
wechselseitig aufeinander angewiesen sein	être en dépendance réciproque et mutuelle
die strukturellen Anpassungen	les adaptations structurelles

19 *Schloz*, NVwZ, 1993, 817, 821.

die Bestimmung des Gemeinschaftsrechts	la disposition du droit communautaire
die unmittelbare Anwendbarkeit	l'applicabilité directe
den Vorrang des Gemeinschaftsrechts einräumen	imposer la primauté du droit communautaire
die Direktheit dieser Rechtsquelle	la nature directe de cette source juridique
die autonome Geltung	la valeur autonome
die Existenz der Gemeinschaftsrechtsordnung sichern	assurer l'existence de l'ordre juridique communautaire
die Auslegung eines Vertrages	l'interprétation d'un Traité
die Direktwirkung des Gemeinschaftsrechts	l'effet direct du droit communautaire
die Eigenart des Gemeinschaftsrechts antasten	toucher aux particularités du droit communautaire
die Organisationsstruktur	la structure d'organisation
die europäische Einigung	l'unification européenne
der Rechtsraum	l'espace juridique
die Integrationsöffnung	l'ouverture à l'intégration
die Mitwirkungsrechte	les droits de participation
ein erheblicher Kompetenzzuwachs wurde verwirklicht	une croissance des compétences a été réalisée
der Ewigkeitsgarantie unterliegende Grundprinzipien	des principes fondamentaux soumis à la garantie perpétuelle

1.) Übersetzung ins Französische (ÜS->F):

- Die Prinzipien der Einheitlichkeit und der Autonomie definieren die Fundamente der friedlichen zwischenstaatlichen Kooperation.
- Das Gemeinschaftsrecht enthält Elemente des Staats- und Völkerrechts.
- Die Mitgliedstaaten haben ihre Gesetzgebundenheit zugunsten eines verbindlichen eigenständigen Rechtskörpers beschränkt.

2.) Definition (DEF):

Suchen Sie je 2 Definitionen von „Eigenständigkeit“ und „Einheitlichkeit“ und vergleichen sie diese mit je 2 frz. Definitionen zu „autonomie“ und „unité“.

Bedenken Sie auch den Unterschied zwischen Allgemein- und Fachsprache.

1.3. Der effiziente Rechtsschutz als causa prima

Durch seine Einheitlichkeit und seine Autonomie stellt das Gemeinschaftsrecht den effizientesten Rechtsschutz als causa prima dar. Um diese Effizienz zu gewährleisten spielen nationale und internationale Gerichtsbarkeiten eine wichtige ergänzende Rolle, auf innerstaatlicher und auf gemeinschaftsrechtlicher Ebene.

1.3.1. Schutz der Grundrechte und rechtsstaatlicher Prinzipien in der EU

Durch die **Gründungsverträge** ist die Europäische Gemeinschaft in einzelnen Sachbereichen mit Hoheitsbefugnissen ausgestattet worden. Diese umfassen **Rechtssetzungsbefugnisse** und die Möglichkeit, Massnahmen gegenüber dem Einzelnen zu treffen, auch wenn diese im Einzelfall in seine subjektiven Rechte eingreifen. Hinsichtlich der Wahrnehmung ihrer Hoheitsrechte beansprucht die Europäische Gemeinschaft einen **Anwendungsvorrang gegenüber der nationalen Rechtsordnung**, sodass die Rechtsmässigkeit der Massnahme nicht an nationalen Rechtsvorschriften, auch nicht an Grundrechten, überprüft werden kann. Dieser Anwendungsvorrang bedingt daher die Notwendigkeit der Gewährleistung eines gemeinschaftsweiteren **Grundrechtsstandards**, an dem sich jeder Rechtsetzungsakt und jede Massnahme der Gemeinschaft messen lassen muss.

Die Entwicklung der **Rechtsprechung des EuGH** zum Anwendungsvorrang einerseits und den **Gemeinschaftsgrundrechten** andererseits verlief parallel, da er deutlich machte, dass erst mit der Gewährleistung eines gemeinschaftsweiten Grundrechtsstandards die **Gemeinschaftsrechtsordnung** den **uneingeschränkten Vorrang** für sich in Anspruch nehmen könne, da andernfalls die Mitgliedstaaten die Gemeinschaftshandlungen nach wie vor an den nationalen Grundrechtskatalogen messen würden, wodurch die Einheit des Gemeinschatsrechts beeinträchtigt würde (EuGH 1979, 3727, 3744). Auf dieser Linie liegt auch die schon oben erörterte Rechtsprechung des BVerfG.

Das primäre und sekundäre Gemeinschaftsrecht enthalten bis heute noch keinen ausformulierten **Grundrechtskatalog**. Daher stützt sich die Begründung der Grundrechte auf ausserhalb des Gemeinschaftsrechts liegende Erkenntnisquellen. Im primären Gemeinschaftsrecht wird an einzelnen Stellen lediglich die **Grundrechtsbindung** der Gemeinschaftsorgane zum Ausdruck gebracht. So drückt Abs. 7 der Präambel zur EEA den Willen der Gemeinschaft aus, „ganz besonders für die Grundsätze der Demokratie und die Wahrung des Rechts und der Menschenrechte, denen sie sich verpflichtet fühlen, einzutreten". In Abs. 3 der Präambel EU wird das Bekenntnis zu diesen Grundsätzen noch einmal bestätigt, und gemäss Art. 6 Abs. 2 EU achtet die EU die Grundrechte, wie sie sich aus der

EMRK und den Verfassungsüberlieferungen der Mitgliedstaaten ergeben. Damit ist die Grundrechtsgebundenheit der Gemeinschaften heute unstreitig, sodass im Folgenden lediglich auf die Herleitung und Konkretisierung derselben in der Rechtsprechung des EuGH einzugehen ist.

Wie bereits oben dargestellt, kennt das Gemeinschaftsrecht keinen ausdrücklichen Grundrechtskatalog, vielmehr ist der Schutz einzelner Grundrechte in verschiedenen Entscheidungen des EuGH entwickelt worden. In seiner Solange II Entscheidung hat das BVerfG diese Rechtsprechung zusammengefasst und die gemeinschaftsweit anerkannten Grundrechte aufgezählt (BVerG, 73, 339, 380): Freiheits- und Gleichheitsverbürgungen der Gemeinschaftsverträge, Eigentumsgewährleistung, Berufsfreiheit und Vereinigungsfreiheit, Religionsfreiheit, Schutz der Familie, allgemeiner Gleichheitsgrundsatz. Darüber hinaus hat der EuGH mittlerweile noch weitere Grundrechte ausdrücklich anerkannt[20].

1.3.2. Die ergänzende Rolle der Gerichtsbarkeiten

1.3.2.1. Auf gemeinschaftsrechtlicher Ebene

Für die Frage des Grund- und Menschenrechtsschutzes in der Europäischen Gemeinschaft muss man in Erinnerung rufen, dass die Gründungsverträge keine Grundrechtskataloge enthielten. Um die Rechtsposition sowohl der natürlichen als auch der juristischen Personen zu sichern, musste der EuGH richterlich einen solchen Grundrechtsschutz ausbilden, um damit das **Rechtsstaatlichkeitsgebot** der Gemeinschaft abzusichern[21]. Die Rechtsprechung entwickelte den Grundrechtsschutz in der EG seit 1969 und hat damit zur **Unübersichtlichkeit** und dogmatischen Komplexität geführt. Vor dem Vertrag von Maastricht sollte eine Systematisierung und Schaffung einer Kodifizierung unausweichlich erscheinen. In seinem Judikat in der Rs Stauder[22] berief sich der EuGH bei der Auslegung von sekundärem Gemeinschaftsrecht erstmals auf die „in den allgemeinen Grundsätzen der Gemeinschaftsordnung (...) enthaltenen Grundrechte der Person" und gab damit zu verstehen, dass er sich dazu berufen fühle, in „prätorianischer"

---

20 Vgl. Übersicht bei *Kingreen* in *Calliess/Ruffert* Art. 6 EU Rdnr. 93 ff.

21 Vgl zB EuGH, 101/78, *Granaria*, Slg 1979, 623, 637 (Rdnr 5); 294/83, *Les Verts*, Slg 1986, 1339, 1365 (Rdnr 23); vgl auch die Vorschläge des Gerichtshofes der EG zur Europäischen Union, EA 1975, D 524: *„Die Gemeinschaft ist ein Rechtsstaat"*.

22 EuGH, 29/69, *Stauder/Stadt Ulm*, Slg 1969, 419-430 (Rdnr 7) über allgemeine Rechtsgrundsätze

Rechtsprechung einen Grundrechtsschutz judikativ zu entwickeln[23]. Insofern wurde allein die Einführung von aus dem allgemeinen Rechtsstaatlichkeitsgebot gewonnenen, allgemeinen Rechtsgrundsätzen notwendig, damit die „Verwaltung" der Gemeinschaft sowohl als auch diejenige der Mitgliedstaaten ordnungsgemäss bzw. rechtsstaatlich durchgeführt werden konnte.

Ende der siebziger Jahre konnte der EuGH schon feststellen, dass „die Beachtung der Grundrechte zu den allgemeinen Rechtsgrundsätzen gehört, deren Wahrung der Gerichtshof zu sichern hat. Die Gewährleistung dieser Rechte muss (...) von den gemeinsamen Verfassungsüberlieferungen der Mitgliedstaaten getragen sein (...)". Daher könnte der Gerichtshof „keine Massnahmen als rechtens anerkennen, die unvereinbar sind mit den von den Verfassungen dieser Staaten anerkannten und geschützten Grundrechten. Auch die internationalen Verträge über den Schutz der Menschenrechte, denen sie beigetreten sind, können Hinweise geben, die im Rahmen des Gemeinschaftsrechts zu berücksichtigen sind" [24]. In den achtziger Jahren stellte der EuGH auch fest, dass die „leitenden Grundsätze" der EMRK bei der Auffindung der allgemeinen Rechtsgrundsätze nicht nur „zur Orientierung dienen", sondern „im Rahmen des Gemeinschaftsrechts zu berücksichtigen sind"[25]. Der EuGH geht manchmal aber soweit, dass er sogar die materiellen Rechte aus der EMRK selbst als allgemeine Rechtsgrundsätze des Gemeinschaftsrechts ansieht[26] und auch klar formuliert[27].

23 *Schermers*, The protection of Human Rights in the European Community, Vorträge und Berichte am Zentrum für Europäisches Wirtschaftsrecht Bonn (1994), unterscheidet drei Phasen in der Grundrechtsjudikatur des EuGH: In der ersten Phase (1954 - 1969) kannte der EuGH keine Grundrechte ieS.; in der zweiten Phase (1969 - 1989) prüfte der EuGH immer intensiver die Grundrechtsbindung gemeinschaftsrechtlichen Sekundärrechts und in der dritten Phase (1989 - heute) judizierte der Gerichtshof auch über Grundrechtsfragen hinsichtlich nationaler Rechtsakte, die in Umsetzung einer gemeinschaftlichen Verpflichtung ergangen waren; vgl *Hummer/Simma/Vedder/Emmert*, Europarecht in Fällen,1994, 343; *Lenz*, Der europäische Grundrechtsstandard in der Rechtssprechung des Europäischen Gerichtshofs, EuGRZ 1993, 585.

24 EuGH, 4/73, *Nold*, Slg 1974, 491, 507 (Rdnr 13); 44/79, *Hauer*, Slg 1979, 3727, 3744 (Rdnr 15).

25 EuGH, 222/84, *Johnston*, Slg 1986, 1651, 1682 (Rdnr 18).

26 Vgl EuGH, C-415/93, *Bosman*, Slg 1995, I-4921, 5065 (Rdnr 79).

27 Vgl dazu EuG, T-13/90, *X/Kommission*, Slg 1992, I-II-2195, 2216 (Rdnr 59): „Nach alledem liegt im vorliegenden Fall weder ein Vertoss gegen Art.8 der EMRK (...) vor." EuGH, C-404/92 P, *X/Kommision*, Slg 1994, I-4737, 4789 (Rdnr 17): „Nach der Rechtssprechung des Gerichtshofs stellt das in Art.8 EMRK verankerte Recht (...), das sich aus den gemeinsamen Verfassungstraditionen der Mitgliedstaaten herleitet, ein von der Gemeinschaftsrechtsordnung geschütztes Grundrecht dar".

Die Terminogie, die der EuGH dazu verwendet, ist mit einem vielschichtigen **Grundrechtsbegriff** verbunden, im Gegensatz zum nationalen Recht der Mitgliedstaaten, in dem sich ein einheitlicher Grundrechtsbegriff herausgebildet hat[28]. So versteht man unter „Grundrechten" subjektive öffentliche Rechte in Verfassungsrang, die von einzelnen aufgrund eines Verfahrens gegen die Staatsgewalt durchgesetzt werden können[29]. Der EuGH seinerseits verwendet den Begriff Grundrechte vor allem für die Kennzeichnung ungeschriebener Rechte im Gemeinschaftsrecht, so dass auch andere Organe der Gemeinschaft diesem Beispiel folgen, wie z.B. das Europäische Parlament (EP), die mit der Unionbürgerschaft verbundene Rechte als Grundrechte ansehen[30]. Der EuGH will diesen Begriff weit auslegen.

1.3.2.2. Auf nationaler Ebene

In der Bundesrepublik Deutschland z.B. wurde diese Leitlinie nicht befolgt. Das BVerfG hatte im Jahre 1967 einen faktischen Vorrang des sekundären Gemeinschaftsrechts dadurch bejaht, dass es Rechtsakte der Gemeinschaftsorgane als Akte nichtdeutscher öffentlicher Gewalt angesehen und demgemäss eine **Verfassungsbeschwerde** gegen sie gemäss § 90 B VerfGG für unzulässig erklärt hat[31]. In der Folge hat das BVerfG am 29. Mai 1974 den sogenannten „Solange I - Beschluss" gefasst[32]. Nach dieser Judikatur hat der Vorrang des Gemeinschafts-

28 Dazu vgl. in Frankreich: „droits fondamentaux" (allgemeiner Rechtsbegriff) oder „Libertés Publiques" (in Bezug auf die Beziehung zwischen Bürger und Staat).

29 Dazu gem. Art. 144 Abs 1 öB-VG sind unter Grundrechten „verfassungsgesetzlich gewährleistete Rechte" zu verstehen. In der französischen Rechtsordnung gelten diese Rechte als *principes généraux du droit* (PGD), die aus der Rechtssprechung gegründet wurden (dazu CE vom 26 Oktober 1945, *Aramu*, R. 213, EDCE, 1947.48, Zusammenfassung von *Odent*), und sind als *infra*-legislative und *supra*-dekretale Norm eingeordnet. Wie *Letourneur*, ein französischer Verwaltungsrichter (Mitglied des CE) sagte: „sie ergeben sich aus einem konstruktiven Werk der Rechtssprechung, die aus höheren Billigkeitsmotiven resultieren, für die Bewahrung der individuellen Rechte des Bürgers", in: „Les principes généraux du droit dans la jurisprudence du Conseil d'Etat", EDCE (Nr. 5), 1951, S. 19. Vgl. dazu, *ders.* Kommentar zum Fall *Société des concerts du conservatoire* vom CE 9 März 1951, in: Droit social, 1951, S. 168. *Jeanneau*, Les principes généraux du droit dans la jurisprudence administrative, Sirey, 1954; La théorie des principes généraux du droit à l'épreuve du temps, EDCE, Nr. 33, 1981 – 1982, S. 33.

30 Und sehen beispielweise im Petitionsrecht in Art. 8d Abs. 1 iVm 138d EGV ein vertraglich verankertes Grundrecht.

31 BVerfG 22, 293.

32 Dazu BVerfG 37, 271: „Solange der Integrationsprozess der Gemeinschaft nicht so weit fortgeschritten ist, dass das Gemeinschaftsrecht auch einen von einem Parla-

rechts seine Grenzen gefunden. Im Jahre 1979 relativierte das BVerfG den „Solange I - Beschluss" durch den sogenannten „Vielleicht - Beschluss"[33], der eine Umkehr in der Rechtsprechung des BVerfG einleitete. Letzten Endes gab die deutsche Judikatur ihren Widerstand auf, und dies in ihrem „Solange II - Beschluss" vom 22. Oktober 1986[34]. Die Judikatur stellt fest, dass ein Mindeststandard an **inhaltlichem Grundrechtsschutz** generell gewährleistet ist. In seinem Maastricht-Urteil vom 12. Oktober 1993 gewährt das BVerfG nun prinzipiell Grundrechtsschutz vor Akten nicht nur der deutschen öffentlichen Gewalt, sondern auch vor solchen der Verbandsgewalt der Europäischen Gemeinschaften[35].

Das BVerfG weist an gleicher Stelle darauf hin, seine Gerichtsbarkeit über die Anwendbarkeit von Sekundärrecht in einem „**Kooperationsverhältnis**" zum EuGH ausüben zu wollen, „in dem der Europäische Gerichtshof den Grundrechtsschutz in jedem Einzelfall für das gesamte Gebiet der Europäischen Gemeinschaft garantiert, das Bundesverfassungsgericht sich desshalb auf eine generelle Gewährleistung des unabdingbaren Grundrechtsstandards (...) beschränken kann". Auch wenn der BVerfG das „Kooperationsverhältnis" nicht direkt desig-

---

ment beschlossenen und in Geltung stehenden formulierten Katalog von Grundrechten enthält, der dem Grundrechtskatalog des Grundgesetzes adäquat ist, ist nach Einholung der in Art. 177 des Vertrages geforderten Entscheidung des Europäischen Gerichtshofes die Vorlage eines Gerichts der Bundesrepublik Deutschland an das Bundesverfassungsgericht im Normenkontrollverfahren zulässig und geboten, wenn das Gericht die für es entscheidungserhebliche Vorschrift des Gemeinschaftsrechts in der vom Europäischen Gerichtshof gegebenen Auslegung für unanwendbar hält, weil und soweit sie mit einem der Grundrechte des Grundgesetzes kollidiert".

33 Dazu BVerfG 52, 202: „Der Senat lässt offen, ob und gegebenenfalls inwieweit – angesichts mittlerweile eingetretener politischer und rechtlicher Entwicklungen im europäischen Bereich – für künftige Vorlagen von Normen des abgeleiteten Gemeinschaftsrechts die Grundsätze des Beschlusses vom 29. Mai 1974 (...) weiterhin uneingeschränkt Geltung beanspruchen können".

34 Dazu BVerfG 73, 339, 387: „Solange die Europäische Gemeinschaften, insbesondere die Rechts-sprechung des Gerichtshofs der Gemeinschaften einen wirksamen Schutz der Grundrechte generell verbürgt, wird das Bundesverfassungsgericht seine Gerichtsbarkeit über die Anwendbarkeit von abgeleitetem Gemeinschaftsrecht, das als Rechtsgrundlage für ein Verhalten deutscher Geschichte oder Behörden im Hoheitsgebiet der Bundesrepublik Deutschland in Anspruch genommen wird, nicht mehr auszuüben und dieses Recht mithin nicht mehr am Massstab der Grundrechte des Grundgesetzes überprüfen (...)".

35 Dazu BVerfG 89, 155, 175: „Auch Akte einer besonderen, von der Staatsgewalt der Mitgliedstaaten geschiedenen öffentlichen Gewalt einer supranationalen Organisation betreffen die Grundrechtsberechtigten in Deutschland. Sie berühren damit die Gewährleistungen des Grundgesetzes und die Aufgaben des Bundesverfassungsgerichts, die den Grundrechtsschutz in Deutschland insoweit nicht nur gegenüber deutschen Staatsorganen zum Gegenstand haben".

niert, stellt sich die Frage der **Kompetenzüberschreitungen** durch Gemeinschaftsorgane letzlichen Entscheidungs-kompetenz[36]. Auch wenn die nationalen **Höchstgerichte** die Nichtigkeit und die Unanwendbarkeit solchen Gemeinschaftsrechts feststellen können, kann diese Kompetenz aber nur dem EuGH zukommen, da dieser gemäss Art. 164 EGV über das Monopol zur Wahrung des Rechts bei der Auslegung und Anwendung des gesamten primären und sekundären Gemeinschaftsrechts verfügt[37].

Der Grundrechtsschutz wird darüber hinaus in der EU, insbesondere seit den Verträgen von Amsterdam und Nizza verstärkt, welche die Anerkennung der Menschenrechte in der EMRK bestätigen. Ausserdem spielt der EuGH eine besondere Rolle im Verfahren zum effizienten Rechtsschutz in der EU.

1.3.3. Texte et résumé Jurisprudence Zhu et Chen / Secretary of State Home Department 19.10.2004 Affaire C-200/02

Mots clefs: **Demande de décision préjudicielle**: Immigration Appellate Authority – Royaume-Uni – Droit de séjour – Enfant ayant la nationalité d'un État membre, mais séjournant dans un autre État membre – Parents ressortissants d'un État tiers – Droit de séjour de la mère dans l'autre État membre.

Dans l'affaire C-200/02, **ayant pour objet une demande de décision préjudicielle** au titre de l'article 234 CE, introduite par l'Immigration Appellate Authority (Royaume-Uni), par décision du 27 mai 2002, parvenue à la Cour le 30 mai 2002, dans la procédure Kunqian Catherine Zhu, Man Lavette Chen contre Secretary of State for the Home Department ,

LA COUR (assemblée plénière),

composée de M. V. Skouris, président, MM. P. Jann, C. W. A. Timmermans et A. Rosas, Mme R. Silva de Lapuerta et M. K. Lenaerts, présidents de chambre, MM. C. Gulmann et R. Schintgen, Mme N. Colneric, MM. S. von Bahr et J. N. Cunha Rodrigues (rapporteur), juges, avocat général: M. A. Tizzano, greffier: Mme L. Hewlett, administrateur principal,
vu la procédure écrite et à la suite de l'audience du 11 novembre 2003,
considérant les observations présentées:
- pour Mme Man Lavette Chen, par MM. R. de Mello et A. Berry, barristers, assistés de M. M. Barry, solicitor,
- pour le gouvernement irlandais, par M. D. J. O'Hagan, en qualité d'agent, assisté de MM. P. Callagher, SC, et P. McGarry, BL,

36 Vgl. dazu *Bonichot*, Quelle Europe pour les droits de l'Homme?, Paul Tavernier Verlag, Bruylant, 1996.

37 Vgl. *Griller*, Grundrechtsschutz in der EU und in Österreich, Referat am 12. Österreichischen Juristen-Tag, Bd I/2, 1994, 22.

- pour le gouvernement du Royaume-Uni, par M. J. E. Collins, M. R. Plender, QC, et Mme R. Caudwell, en qualité d'agents,
- pour la Commission des Communautés européennes, par Mme C. O'Reilly, en qualité d'agent,
ayant entendu l'avocat général en ses conclusions à l'audience du 18 mai 2004, **rend le présent**

ARRET

Motifs de l'arrêt

1. La demande de décision préjudicielle porte sur l'interprétation de la directive 73/148/CEE du Conseil, du 21 mai 1973, relative à la suppression des restrictions au déplacement et au séjour des ressortissants des États membres à l'intérieur de la Communauté en matière d'établissement et de prestation de services (JO L 172, p. 14), de la directive 90/364/CEE du Conseil, du 28 juin 1990, relative au droit de séjour (JO L 180, p. 26), et de l'article 18 CE.

2. Cette demande a été présentée dans le cadre d'un recours opposant Mlle Kunqian Catherine Zhu (ci-après «Catherine»), de nationalité irlandaise, et sa mère, Mme Man Lavette Chen (ci-après «Mme Chen»), ressortissante chinoise, au Secretary of State for the Home Department à propos du rejet par ce dernier des demandes de Catherine et de Mme Chen tendant à obtenir un permis de séjour de longue durée au Royaume-Uni.

Le cadre juridique

La réglementation communautaire

3. L'article 1er de la directive 73/148 dispose:

«1. Les États membres suppriment, dans les conditions prévues par la présente directive, les restrictions au déplacement et au séjour:

a) des ressortissants d'un État membre qui sont établis ou veulent s'établir dans un autre État membre afin d'y exercer une activité non salariée ou veulent y effectuer une prestation de services;

b) des ressortissants des États membres désireux de se rendre dans un autre État membre en qualité de destinataires d'une prestation de services;

c) du conjoint et des enfants de moins de 21 ans de ces ressortissants, quelle que soit leur nationalité;

d) des ascendants et descendants de ces ressortissants et de leur conjoint qui sont à leur charge, quelle que soit leur nationalité.

2. Les États membres favorisent l'admission de tout autre membre de la famille des ressortissants visés au paragraphe 1 sous a) et b) ou de leur conjoint qui se trouve à leur charge ou vit sous leur toit dans le pays de provenance.»

4. L'article 4, paragraphe 2, de la même directive énonce:

«Pour les prestataires et les destinataires de services, le droit de séjour correspond à la durée de la prestation.

Si cette durée est supérieure à trois mois, l'État membre où s'effectue la prestation délivre un titre de séjour pour constater ce droit.

Si cette durée est inférieure ou égale à trois mois, la carte d'identité ou le passeport sous le couvert duquel l'intéressé a pénétré sur le territoire couvre son séjour. L'État membre peut toutefois imposer à l'intéressé de signaler sa présence sur le territoire.»

5. **Aux termes de l'article 1er de la directive** 90/364:

«1. Les États membres accordent le droit de séjour aux ressortissants des États membres qui ne bénéficient pas de ce droit en vertu d'autres dispositions du droit communautaire, ainsi qu'aux membres de leur famille tels qu'ils sont définis au paragraphe 2, à condition qu'ils disposent, pour eux-mêmes et pour les membres de leur famille, d'une assurance-maladie couvrant l'ensemble des risques dans l'État membre d'accueil et de ressources suffisantes pour éviter qu'ils ne deviennent, pendant leur séjour, une charge pour l'assistance sociale de l'État membre d'accueil.

Les ressources visées au premier alinéa sont suffisantes lorsqu'elles sont supérieures au niveau de ressources en deçà duquel une assistance sociale peut être accordée par l'État membre d'accueil à ses ressortissants, compte tenu de la situation personnelle du demandeur et, le cas échéant, de celle des personnes admises en application du paragraphe 2.

Lorsque le deuxième alinéa ne peut s'appliquer, les ressources du demandeur sont considérées comme suffisantes lorsqu'elles sont supérieures au niveau de la pension minimale de sécurité sociale versée par l'État membre d'accueil.

2. Ont le droit de s'installer dans un autre État membre avec le titulaire du droit de séjour, quelle que soit leur nationalité:

a) son conjoint et leurs descendants à charge;

b) les ascendants du titulaire du droit de séjour et de son conjoint qui sont à sa charge.»

La réglementation du Royaume-Uni

6. Aux termes de la règle 5 des Immigration (European Economic Area) Regulations 2000 (règlement de 2000 relatif à l'immigration en provenance de l'Espace économique européen, ci-après les «EEA Regulations»):

«1. Aux fins de la présente réglementation, l'expression personne ayant qualité pour séjourner au Royaume-Uni' s'entend de tout ressortissant de l'EEE établi au Royaume-Uni en tant que: a) travailleur salarié; b) travailleur indépendant; c) prestataire de services; d) destinataire d'une prestation de services; e) personne subvenant à ses besoins; f) reTraité; g) étudiant ou, h) travailleur indépendant ayant cessé ses activités; ou de toute personne à laquelle le paragraphe 4 s'applique.[...]»

Le litige au principal et les questions préjudicielles

7. Il ressort de la décision de renvoi que Mme Chen et son mari, de nationalité chinoise, travaillent pour une entreprise chinoise établie en Chine. Le mari de Mme Chen est l'un des directeurs de cette entreprise et il y détient une participation majoritaire. Dans le cadre de son activité professionnelle, celui-ci effectue de fréquents voyages d'affaires dans différents États membres, notamment au Royaume-Uni.

8. Le premier enfant du couple est né en Chine au cours de l'année 1998. Souhaitant donner naissance à un deuxième enfant, Mme Chen est entrée sur le territoire du Royaume-Uni au mois de mai 2000, alors qu'elle était enceinte d'environ six mois. Elle s'est rendue à Belfast au mois de juillet de la même année et Catherine y est née le 16 septembre

suivant. La mère et l'enfant vivent actuellement à Cardiff, au pays de Galles (Royaume-Uni).

9. Conformément à l'article 6, paragraphe 1, de l'Irish Nationality and Citizenship Act 1956 (loi de 1956 sur la nationalité et la citoyenneté irlandaises), remanié au cours de l'année 2001, applicable avec effet rétroactif au 2 décembre 1999, l'Irlande permet à toute personne née sur l'île d'Irlande d'acquérir la nationalité irlandaise. Suivant le paragraphe 3 de cet article, une personne née sur l'île d'Irlande est un citoyen irlandais de naissance si elle ne peut prétendre à la citoyenneté d'un autre pays.

10. **En application de cette réglementation**, Catherine s'est vu délivrer un passeport irlandais au mois de septembre de l'année 2000. Selon les énonciations de la décision de renvoi, Catherine n'a en revanche pas le droit d'obtenir la nationalité britannique, dans la mesure où, par la British Nationality Act 1981 (loi de 1981 sur la nationalité britannique), le Royaume-Uni s'est écarté du jus soli (droit du sol), de sorte que la naissance sur le territoire de cet État membre ne confère plus la nationalité britannique de façon automatique.

11. Il est constant que le séjour sur l'île d'Irlande était destiné à permettre à l'enfant à naître d'acquérir la nationalité irlandaise et, par voie de conséquence, à la mère d'obtenir le droit de demeurer, le cas échéant, avec son enfant sur le territoire du Royaume-Uni.

12. La juridiction de renvoi relève également que l'Irlande fait partie du Common Travel Area (espace de circulation commun) au sens des Immigration Acts (réglementation sur l'immigration), de sorte que, dans la mesure où les ressortissants irlandais n'ont pas, en règle générale, à obtenir une autorisation pour entrer et séjourner sur le territoire du Royaume-Uni, Catherine, contrairement à Mme Chen, peut circuler librement sur le territoire du Royaume-Uni et celui d'Irlande. En dehors du droit à la libre circulation limité aux deux États membres dont bénéficie Catherine, aucune des requérantes au principal n'aurait le droit de résider au Royaume-Uni en vertu de la réglementation nationale.

13. La décision de renvoi précise encore que Catherine dépend tant affectivement que financièrement de sa mère, que celle-ci en est la personne responsable à titre principal, que Catherine est destinataire au Royaume-Uni de services médicaux privés et de services de puériculture rémunérés, qu'elle a perdu le droit d'acquérir la nationalité chinoise en raison de sa naissance en Irlande du Nord et de l'acquisition consécutive de la nationalité irlandaise et, de ce fait, qu'elle n'a le droit d'entrer sur le territoire chinois qu'en vertu d'un visa d'une durée maximale de 30 jours pour chaque séjour, que les deux requérantes au principal subviennent à leurs besoins du fait de l'activité professionnelle de Mme Chen, que celles-ci ne sont pas dépendantes de fonds publics au Royaume-Uni et qu'il n'existe aucune possibilité raisonnable qu'elles le deviennent et, enfin, que les intéressées disposent d'une assurance-maladie.

14. Le refus du Secretary of State for the Home Department d'accorder un permis de séjour de longue durée aux deux requérantes au principal est motivé par la circonstance que Catherine, âgée de huit mois, n'exerce aucun droit découlant du Traité CE tels que ceux prévus à la règle 5, paragraphe 1, des EEA Regulations, et que Mme Chen n'est pas une personne ayant qualité pour séjourner au Royaume-Uni aux fins de cette réglementation.

15. **La décision de refus** en question **a fait l'objet d'un appel** devant l'Immigration Appellate Authority de renvoi qui a décidé de surseoir à statuer et de poser à la Cour les questions préjudicielles suivantes:

«1) À la lumière des faits de la présente affaire, l'article 1er de la directive 73/148/CEE du Conseil ou, alternativement, l'article 1er de la directive 90/364/CEE du Conseil:

a) confèrent-ils à la première requérante, qui est mineure et citoyenne de l'Union, le droit d'entrer et de séjourner sur le territoire de l'État membre d'accueil?

b) Dans l'affirmative, confèrent-ils par voie de conséquence à la seconde requérante, ressortissante d'un État tiers, qui est la mère de la première requérante et qui en est responsable à titre principal, le droit de séjourner avec la première requérante i) en tant que membre de sa famille se trouvant à sa charge ou ii) au motif qu'elle vivait avec la première requérante dans son pays d'origine ou iii) pour tout autre motif spécial?

2) Dans la mesure où la première requérante ne serait pas une ressortissante d'un État membre' aux fins de l'exercice des droits issus de l'ordre juridique communautaire en vertu de la directive 73/148/CEE du Conseil ou de l'article 1er de la directive 90/364/CEE du Conseil, quels sont les critères pertinents pour déterminer si un enfant qui est citoyen de l'Union est un ressortissant d'un État membre aux fins de l'exercice des droits conférés par l'ordre juridique communautaire?

3) Dans les circonstances de la présente affaire, les services de puériculture dont bénéficie la première requérante constituent-ils des services aux fins de la directive 73/148/CEE du Conseil?

4) Dans les circonstances de la présente affaire, la première requérante est-elle privée du droit de séjourner dans l'État d'accueil fondé sur l'article 1er de la directive 90/364/CEE du Conseil en raison du fait que ses ressources proviennent exclusivement du parent qui l'accompagne et qui est ressortissant d'un État tiers?

5) À la lumière des faits particuliers de la présente affaire, l'article 18, paragraphe 1, CE confère-t-il à la première requérante le droit d'entrer et de séjourner sur le territoire de l'État membre d'accueil alors même qu'elle ne possède pas le droit d'y séjourner en vertu de toute autre disposition du droit communautaire?

6) Dans l'affirmative, la seconde requérante bénéficie-t-elle par voie de conséquence du droit de demeurer avec la première requérante lorsque celle-ci séjourne sur le territoire de l'État membre d'accueil?

7) Dans ce contexte, quel est l'effet du principe du respect des droits fondamentaux de l'homme en droit communautaire, invoqué par les requérantes, compte tenu, en particulier, du fait que celles-ci se prévalent de l'article 8 de la convention européenne de sauvegarde des droits de l'homme et des libertés fondamentales, selon lequel toute personne a droit au respect de sa vie privée et familiale et de son domicile, lu en combinaison avec l'article 14 de la même convention, et du fait que la première requérante ne peut pas vivre en Chine avec la seconde requérante, son père et son frère?»

Sur les questions préjudicielles

16. Par ces questions, la juridiction de renvoi cherche en substance à savoir si la directive 73/148, la directive 90/364 ou l'article 18 CE, le cas échéant, lus en combinaison avec les articles 8 et 14 de la convention européenne de sauvegarde des droits de l'homme et des libertés fondamentales (CEDH), confèrent, dans des circonstances telles que celles de l'affaire au principal, au ressortissant mineur en bas âge d'un État membre, qui est à la charge d'un parent, lui-même ressortissant d'un État tiers, le droit de séjourner dans un autre État membre dans lequel ce mineur est destinataire de services de puériculture. Dans l'affirmative, la juridiction de renvoi souhaiterait savoir si ces mêmes dispositions confèrent, par voie de conséquence, un droit de séjour au profit du parent en question.

17. Il convient dès lors d'examiner les dispositions du droit communautaire en matière de droit de séjour au regard successivement de la situation d'un ressortissant mineur tel que Catherine, puis de celle du parent, ressortissant d'un État tiers, de l'enfant à charge.

Sur le droit de séjour d'une personne dans la situation de Catherine

Considérations préliminaires

18. Il y a lieu de rejeter d'emblée la thèse défendue par les gouvernements irlandais et du Royaume-Uni, selon laquelle une personne se trouvant dans la situation de Catherine ne saurait invoquer le bénéfice des dispositions du droit communautaire en matière de libre circulation et de séjour des personnes du seul fait que l'intéressée ne s'est jamais déplacée d'un État membre vers un autre État membre.

19. En effet, la situation du ressortissant d'un État membre qui est né dans l'État membre d'accueil et qui n'a pas fait usage du droit à la libre circulation ne saurait, de ce seul fait, être assimilée à une situation purement interne privant ledit ressortissant du bénéfice dans l'État membre d'accueil des dispositions du droit communautaire en matière de libre circulation et de séjour des personnes (voir en ce sens, notamment, arrêt du 2 octobre 2003, Garcia Avello, C-148/02, Rec. p. I11613, points 13 et 27).

20. Par ailleurs, contrairement à ce que soutient le gouvernement irlandais, un enfant en bas âge peut se prévaloir des droits de libre circulation et de séjour garantis par le droit communautaire. L'aptitude d'un ressortissant d'un État membre à être titulaire des droits garantis par le Traité et le droit dérivé en matière de libre circulation des personnes ne saurait être subordonnée à la condition que l'intéressé ait atteint l'âge requis pour avoir la capacité juridique d'exercer lui-même lesdits droits [voir en ce sens, notamment, dans le contexte du règlement (CEE) n° 1612/68 du Conseil, du 15 octobre 1968, relatif à la libre circulation des travailleurs à l'intérieur de la Communauté (JO L 257, p. 2), arrêts du 15 mars 1989, Echternach et Moritz, 389/87 et 390/87, Rec. p. 723, point 21, et du 17 septembre 2002, Baumbast et R, C-413/99, Rec. p. I7091, points 52 à 63, et, s'agissant de l'article 17 CE, arrêt Garcia Avello, précité, point 21]. En outre, ainsi que M. l'avocat général l'a relevé aux points 47 à 52 de ses conclusions, il ne ressort ni des termes ni des finalités poursuivies par les articles 18 CE et 49 CE, ainsi que par les directives 73/148 et 90/364, que la jouissance même des droits qui font l'objet de ces dispositions soit subordonnée à une condition d'âge minimal.

La directive 73/148

21. La juridiction de renvoi voudrait savoir si une personne se trouvant dans la situation de Catherine peut invoquer les dispositions de la directive 73/148 en vue de séjourner durablement au Royaume-Uni en tant que destinataire de services de puériculture fournis contre rémunération.

22. Conformément à la jurisprudence de la Cour, les dispositions en matière de libre prestation des services ne visent pas la situation d'un ressortissant d'un État membre qui établit sa résidence principale sur le territoire d'un autre État membre en vue d'y bénéficier de prestations de services pendant une durée indéterminée (voir en ce sens, notamment, arrêt du 15 octobre 1988, Steymann, 196/87, Rec. p. 6159). Or, tel est précisément le cas dans l'affaire au principal au regard des services de puériculture évoqués par la juridiction de renvoi.

23. S'agissant des services médicaux qui sont fournis temporairement à Catherine, il convient de relever que, conformément à l'article 4, paragraphe 2, premier alinéa, de la directive 73/148, le droit de séjour dont bénéficie le destinataire de services au titre de la libre prestation des services correspond à la durée de la prestation en question. Par conséquent, ladite directive ne saurait, en tout état de cause, fonder un droit de séjour à durée indéterminée tel que celui qui fait l'objet du litige au principal.

L'article 18 CE et la directive 90/364

24. Catherine ne pouvant se prévaloir de la directive 73/148 en vue de séjourner durablement au Royaume-Uni, la juridiction de renvoi souhaiterait savoir si un droit de séjour de longue durée en faveur de Catherine peut être fondé sur l'article 18 CE et sur la directive 90/364, qui garantit, sous certaines conditions, un tel droit aux ressortissants des États membres qui n'en bénéficient pas en vertu d'autres dispositions du droit communautaire ainsi qu'aux membres de leur famille.

25. En vertu de l'article 17, paragraphe 1, CE, est citoyen de l'Union toute personne ayant la nationalité d'un État membre. Le statut de citoyen de l'Union a vocation à être le statut fondamental des ressortissants des États membres (voir, notamment, arrêt Baumbast et R, précité, point 82).

26. En ce qui concerne le droit de séjourner sur le territoire des États membres prévu à l'article 18, paragraphe 1, CE, il convient de relever que celui-ci est reconnu directement à tout citoyen de l'Union par une disposition claire et précise du Traité. En sa seule qualité de ressortissant d'un État membre, et partant de citoyen de l'Union, Catherine a le droit de se prévaloir de l'article 18, paragraphe 1, CE. Ce droit de séjour des citoyens de l'Union sur le territoire d'un autre État membre est reconnu sous réserve des limitations et conditions prévues par le Traité ainsi que par les dispositions prises pour son application (voir, notamment, arrêt Baumbast et R, précité, points 84 et 85).

27. Concernant lesdites limitations et conditions, l'article 1er , paragraphe 1, de la directive 90/364 prévoit que les États membres peuvent exiger des ressortissants d'un État membre qui veulent bénéficier du droit de séjour sur leur territoire qu'ils disposent, pour eux-mêmes et pour les membres de leur famille, d'une assurance-maladie couvrant l'ensemble des risques dans l'État membre d'accueil et de ressources suffisantes pour éviter qu'ils ne deviennent, pendant leur séjour, une charge pour l'assistance sociale de l'État membre d'accueil.

28. Il ressort de la décision de renvoi que Catherine dispose à la fois d'une assurance-maladie et de ressources suffisantes, lesquelles sont fournies par sa mère, pour ne pas devenir une charge pour l'assistance sociale de l'État membre d'accueil.

29. L'objection des gouvernements irlandais et du Royaume-Uni selon laquelle la condition relative à l'existence de ressources suffisantes signifie que l'intéressé doit, contrairement à ce qui est le cas de Catherine, disposer lui-même de telles ressources sans qu'il puisse se prévaloir à cet égard des ressources d'un membre de la famille qui, comme Mme Chen, l'accompagne, n'est pas fondée.

30. Selon les termes mêmes de l'article 1er , paragraphe 1, de la directive 90/364, il suffit que les ressortissants des États membres «disposent» de ressources nécessaires sans que cette disposition comporte la moindre exigence quant à la provenance de celles-ci.

31. Cette interprétation s'impose d'autant plus que les dispositions consacrant un principe fondamental tel que celui de la libre circulation des personnes doivent être interprétées largement.

32. Au surplus, les limitations et conditions visées à l'article 18 CE et prévues par la directive 90/364 s'inspirent de l'idée que l'exercice du droit de séjour des citoyens de l'Union peut être subordonné aux intérêts légitimes des États membres. Ainsi, s'il ressort du quatrième considérant de ladite directive que les bénéficiaires du droit de séjour ne doivent pas devenir une charge «déraisonnable» pour les finances publiques de l'État membre d'accueil, la Cour a toutefois relevé que l'application desdites limitations et conditions doit être faite dans le respect des limites imposées par le droit communautaire et confor-

mément au principe de proportionnalité (voir, notamment, arrêt Baumbast et R, précité, points 90 et 91).

33. Une interprétation de la condition relative au caractère suffisant des ressources au sens de la directive 90/364, telle que celle suggérée par les gouvernements irlandais et du Royaume-Uni, ajouterait à cette condition, telle qu'elle est formulée dans cette directive, une exigence relative à la provenance des ressources qui constituerait une ingérence disproportionnée dans l'exercice du droit fondamental de libre circulation et de séjour garanti par l'article 18 CE, en ce qu'elle n'est pas nécessaire à la réalisation de l'objectif poursuivi, à savoir la protection des finances publiques des États membres.

34. Le gouvernement du Royaume-Uni soutient enfin que les requérantes au principal ne sauraient se prévaloir des dispositions communautaires en cause, dans la mesure où le déplacement de Mme Chen en Irlande du Nord dans le but que son enfant acquière la nationalité d'un autre État membre constitue une tentative pour se prévaloir abusivement des normes du droit communautaire. Les objectifs poursuivis par ces dispositions communautaires ne seraient pas atteints dans le cas où un ressortissant d'un État tiers souhaitant séjourner dans un État membre, sans toutefois circuler ou souhaiter circuler d'un État membre à l'autre, s'organise pour donner naissance à un enfant dans une partie du territoire de l'État membre d'accueil où un autre État membre applique ses règles d'acquisition de la nationalité fondées sur le droit du sol. Il serait de jurisprudence constante que les États membres sont fondés à prendre des mesures destinées à empêcher des particuliers de tirer abusivement avantage des dispositions du droit communautaire ou de tenter, à la faveur des facilités créées par le Traité, de se soustraire illégalement à l'emprise de la législation nationale. Cette règle, conforme au principe de l'abus de droit, aurait été réaffirmée par la Cour dans son arrêt du 9 mars 1999, Centros (C212/97, Rec. p. I-1459).

35. Cette argumentation doit également être rejetée.

36. Certes, Mme Chen admet que son séjour au Royaume-Uni visait à créer les conditions devant permettre à son enfant à naître d'acquérir la nationalité d'un autre État membre aux fins d'obtenir, par la suite, pour l'enfant et pour elle-même un droit de séjour de longue durée au Royaume-Uni.

37. Toutefois, la définition des conditions d'acquisition et de perte de la nationalité relève, conformément au droit international, de la compétence de chaque État membre, compétence qui doit être exercée dans le respect du droit communautaire (voir, notamment, arrêts du 7 juillet 1992, Micheletti e.a., C-369/90, Rec. p. I4239, point 10, et du 20 février 2001, Kaur, C-192/99, Rec. p. I-1237, point 19).

38. Aucune des parties ayant soumis des observations devant la Cour n'a mis en cause la légalité de l'acquisition par Catherine de la nationalité irlandaise ni le caractère effectif de celle-ci.

39. En outre, il n'appartient pas à un État membre de restreindre les effets de l'attribution de la nationalité d'un autre État membre, en exigeant une condition supplémentaire pour la reconnaissance de cette nationalité en vue de l'exercice des libertés fondamentales prévues par le Traité (voir, notamment, arrêts précités, Micheletti e.a., point 10, et Garcia Avello, point 28).

40. Or, tel serait précisément le cas si le Royaume-Uni était en droit de refuser aux ressortissants d'autres États membres tels que Catherine le bénéfice d'une liberté fondamentale garantie par le droit communautaire au seul motif que l'acquisition de la nationalité d'un État membre viserait en réalité à procurer un droit de séjour en vertu du droit communautaire à un ressortissant d'un État tiers.

41. Dans ces conditions, il convient de répondre que l'article 18 CE et la directive 90/364 confèrent, dans des circonstances telles que celles de l'affaire au principal, au ressortissant mineur en bas âge d'un État membre qui est couvert par une assurance-maladie appropriée et qui est à la charge d'un parent, lui-même ressortissant d'un État tiers, dont les ressources suffisent pour que le premier ne devienne pas une charge pour les finances publiques de l'État membre d'accueil, un droit de séjour à durée indéterminée sur le territoire de ce dernier État.

Sur le droit de séjour d'une personne dans la situation de Mme Chen

42. L'article 1er , paragraphe 2, sous b), de la directive 90/364, qui garantit aux ascendants du titulaire du droit de séjour qui «sont à sa charge», quelle que soit leur nationalité, le droit de s'installer avec ledit titulaire, ne saurait conférer un droit de séjour au ressortissant d'un État tiers se trouvant dans la situation de Mme Chen ni en raison des liens affectifs liant la mère à son enfant ni au motif que le droit d'entrée et de séjour au Royaume-Uni de la mère dépendrait du droit de séjour de cet enfant.

43. En effet, il ressort de la jurisprudence de la Cour que la qualité de membre de la famille «à charge» du titulaire résulte d'une situation de fait caractérisée par la circonstance que le soutien matériel du membre de la famille est assuré par le titulaire du droit de séjour (voir en ce sens, à propos de l'article 10 du règlement n° 1612/68, arrêt du 18 juin 1987, Lebon, 316/85, Rec. p. 2811, points 20 à 22).

44. Dans un cas comme celui de l'affaire au principal, c'est précisément la situation inverse qui se présente, dans la mesure où le titulaire du droit de séjour est à charge du ressortissant d'un État tiers qui en assure effectivement la garde et qui désire accompagner le premier. Dans ces conditions, Mme Chen ne saurait se prévaloir de la qualité d'ascendant «à charge» de Catherine, au sens de la directive 90/364, en vue de bénéficier d'un droit de séjour au Royaume-Uni.

45. En revanche, le refus de permettre au parent, ressortissant d'un État membre ou d'un État tiers, qui a effectivement la garde d'un enfant auquel l'article 18 CE et la directive 90/364 reconnaissent un droit de séjour, de séjourner avec cet enfant dans l'État membre d'accueil priverait de tout effet utile le droit de séjour de ce dernier. En effet, il est clair que la jouissance du droit de séjour par un enfant en bas âge implique nécessairement que cet enfant ait le droit d'être accompagné par la personne assurant effectivement sa garde et, dès lors, que cette personne soit en mesure de résider avec lui dans l'État membre d'accueil pendant ce séjour (voir, mutatis mutandis, s'agissant de l'article 12 du règlement n° 1612/68, arrêt Baumbast et R, précité, points 71 à 75).

46. Pour cette seule raison, il y a lieu de répondre que lorsque, comme dans l'affaire au principal, l'article 18 CE et la directive 90/364 confèrent un droit de séjour à durée indéterminée dans l'État membre d'accueil au ressortissant mineur en bas âge d'un autre État membre, ces mêmes dispositions permettent au parent qui a effectivement la garde de ce ressortissant de séjourner avec celui-ci dans l'État membre d'accueil.

47. Il convient dès lors de répondre à la juridiction de renvoi que l'article 18 CE et la directive 90/364 confèrent, dans des circonstances telles que celles de l'affaire au principal, au ressortissant mineur en bas âge d'un État membre qui est couvert par une assurance-maladie appropriée et qui est à la charge d'un parent, lui-même ressortissant d'un État tiers, dont les ressources sont suffisantes pour que le premier ne devienne pas une charge pour les finances publiques de l'État membre d'accueil, un droit de séjour à durée indéterminée sur le territoire de ce dernier État. Dans un tel cas, ces mêmes dispositions

permettent au parent qui a effectivement la garde de ce ressortissant de séjourner avec celui-ci dans l'État membre d'accueil.

Sur les dépens

48. La procédure revêtant, à l'égard des parties au principal, le caractère d'un incident soulevé devant la juridiction de renvoi, il appartient à celle-ci de statuer sur les dépens. Les frais exposés pour soumettre des observations à la Cour, autres que ceux desdites parties, ne peuvent faire l'objet d'un remboursement.

Dispositif

Par ces motifs, la COUR (assemblée plénière) dit pour droit:

L'article 18 CE et la directive 90/364/CEE du Conseil, du 28 juin 1990, relative au droit de séjour, confèrent, dans des circonstances telles que celles de l'affaire au principal, au ressortissant mineur en bas âge d'un État membre qui est couvert par une assurance-maladie appropriée et qui est à la charge d'un parent, lui-même ressortissant d'un État tiers, dont les ressources sont suffisantes pour que le premier ne devienne pas une charge pour les finances publiques de l'État membre d'accueil, un droit de séjour à durée indéterminée sur le territoire de ce dernier État. Dans un tel cas, ces mêmes dispositions permettent au parent qui a effectivement la garde de ce ressortissant de séjourner avec celui-ci dans l'État membre d'accueil.

Résumé

Selon les termes de l'arrêt de la Cour, une fillette en bas âge, ressortissante d'un Etat membre, a un droit de séjour sur le territoire d'un autre Etat membre au cas où elle bénéficie d'une assurance maladie et dispose de ressources suffisantes. Selon la juridiction communautaire, le rejet de la demande d'un permis de séjour de longue durée présentée par la mère – ressortissante d'un pays tiers – priverait d'effet utile le droit de séjour de l'enfant.

Mme. Chen, de nationalité chinoise et mère d'un enfant de même nationalité, est entrée à Belfast en Irlande du Nord (Royaume Uni) pour y accoucher de son deuxième enfant. Sa fille, Catherine, née quelques mois plus tard, a obtenu la nationalité irlandaise car la réglementation de ce pays permet à toute personne née sur l'île d'Irlande d'acquérir la nationalité irlandaise. En revanche, elle n'a pas le droit d'obtenir la nationalité britannique ni la nationalité chinoise. Mme Chen et sa fille vivent actuellement à Cardiff au Pays de Galles (Royaume Uni) où Catherine bénéficie de services médicaux privés et de services de puériculture rémunérés. Mme Chen et Catherine ne sont pas dépendantes de fonds publics au Royaume Uni et elles disposent d'une assurance maladie. A la suite du refus de leur accorder un permis de séjour de longue durée, Mme Chen et sa fille **ont introduit un recours en justice**. L'Immigation Appellate Authority interroge la Cour de justice sur la question de savoir si le droit communautaire confère un droit de séjour au Royaume Uni à Catherine et à sa mère.

La Cour de Justice répond en deux temps

Sur le droit de séjour de Catherine, la Cour rappelle d'abord que le droit de séjour des citoyens de l'Union européenne sur le territoire d'un autre Etat membre est reconnu à tout citoyen de l'Union par le Traité CE sous réserve des limitations et des conditions prévues par ce Traité ainsi que les dispositions prises pour son application. Les Etats membres peuvent, en effet, exiger des ressortissants d'un Etat membre qui veulent bénéficier du droit de séjour sur leur territoire, qu'ils disposent, pour eux-mêmes et pour les membres de leur famille, d'une assurance maladie couvrant l'ensemble des risques dans l'Etat membre d'acceuil et de ressources suffisantes pour éviter qu'ils ne deviennent, pendant leur séjour, une charge pour l'assistance sociale de l'Etat membre d'acceuil. A cet égard, Catherine dispose à la fois d'une assurance maladie et de ressources suffisantes fournies par sa mère pour ne pas devenir une charge pour l'assistance sociale du Royaume Uni.

La Cour constate ensuite que le fait que Catherine n'ait pas elle-même de ressources nécessaires est sans pertinence puisque le droit communautaire n'établit pas d'exigence quant à leur provenance, d'autant plus que **les dispositions consacrant un principe fondamental** tel que celui de la libre circulation des personnes **doivent être interprétées largement**. Enfin, sur le fait de savoir si le séjour de Mme Chen en Irlande était expressément destiné à permettre à l'enfant à naître d'acquérir la nationalité irlandaise, la Cour précise que le Royaume Uni ne peut rejeter la demande d'un permis de séjour à Catherine au seul motif que l'acquisition de la nationalité irlandaise aurait pour but de procurer un droit de séjour en vertu du droit communautaire à un ressortissant d'un Etat tiers.

Comme la Cour l'a déjà jugé, les conditions d'acquisition et de perte de la nationalité relèvent de la compétence de chaque Etat membre et un Etat membre ne peut pas restreindre les effets de l'attribution de la nationalité d'un autre Etat membre. Sur le droit de séjour de Mme Che, la Cour a rappelé que le droit communautaire garantit aux ascendants du titulaire du droit de séjour qui sont à sa charge le droit de s'installer avec celui-ci. Conformément à la jurisprudence de la Cour, cette situation est caractérisée par le fait que le soutien matériel de l'ascendant est assuré par le titulaire du droit de séjour. Mme Chen, se trouvant dans la situation inverse, ne pourrait donc pas bénéficier d'un droit de séjour à ce titre. Toutefois, selon la Cour, refuser à Mme Chen de séjourner avec sa fille au Royaume Uni priverait de tout effet utile le droit de séjour de cette dernière. En effet, pour que Catherine puisse **jouir du droit de séjour**, elle doit, en tant qu'enfant en bas âge, avoir le droit d'être accompagnée par sa mère qui est la personne assurant sa garde.

1.4. Glossar und Übungen

die Gründungsverträge	les Traités fondateurs
die Rechtssetzungsbefugnis	la compétence normative
der Anwendungsvorrang gegenüber nationaler Rechte	l'application prioritaire par rapport au droit national
die Rechtsprechung des EuGH	la jurisprudence de la CJCE
die Gemeinschaftsgrundrechte	les droits fondamentaux communautaires
der uneingeschränkte Vorrang	la primauté illimitée
der Grundrechtskatalog	le catalogue des droits fondamentaux
die Grundrechtsbindung	le lien aux droits fondamentaux
das Rechtsstaatlichkeitsgebot absichern	garantir le principe d'Etat de droit
zur Unübersichtlichkeit führen	conduire à la non-transparence
der vielschichtige Grundrechtsbegriff	la notion complexe de droit fondamental
eine Verfassungsbeschwerde	le recours constitutionnel
für (un)zulässig erklären	déclaré (ir)recevable
der inhaltliche Grundrechtsschutz	la protection des droits fondamentaux par le contenu
das Kooperationsverhältnis	la relation de coopération
die Kompetenzüberschreitung	le dépassement des compétences
die Höchstgerichte	les juridictions supérieures
la demande de décision préjudicielle	der Antrag zur Vorabentscheidung
vu la procédure écrite	gemäss des schriftlichen Verfahrens
ayant entendu l'avocat général en ses conclusions	nach Anhörung der Schussakte des Generalanwalts
la Cour rend le présent arrêt	der Gerichtshof fällt die vorliegende Entscheidung
aux termes de l'article	gemäss Artikel
en application de la réglementation	in Anwendung der Vorschrift
la décision de refus	die Unzulässigkeitsentscheidung
faire appel	in Berufung gehen
dire pour droit	zu Recht erkennen
introduire un recours en justice	ein Verfahren einleiten

les dispositions qui consacrent	die Bestimmungen, die ein
un principe fondamental	Grundprinzip festlegen
doivent être interprétées largement	müssen weit ausgelegt werden
jouir du droit de séjour	das Aufenthaltsrecht geniessen

1.) ÜS ->F:

• Die Gründungsverträge statten die EG mit Hoheitsbefugnissen aus.
• Im primären Gemeinschaftsrecht wird an einzelnen Stellen die Grundrechtsbindung der Gemeinschaftsorgane zum Ausdruck gebracht.
• Die Gemeinschaftsrechtsordnung hat uneingeschränkten Anwendungsvorrang vor den nationalen Rechten.

2.) ÜS ->D:

Motifs de l'arrêt 1. et 2.
Dispositif

3.) Resümee:

Was sind die wichtigsten rechtlichen Argumente der gerichtlichen Entscheidung? Schreiben Sie eine deutsche Zusammenfassung (50 Zeilen) in Anlehnung an den Orginaltext und das französische Resümee.

2. Kapitel: Funktionen der Europäischen Gerichtsbarkeit

Dem EuGH als dem gemeinsamen Organ aller drei **Gemeinschaften** (EGKS 1950, EG und Euratom, 1957) obliegt gem. Art. 220 EGV die Sicherung der Wahrung des Rechts bei der Auslegung und Anwendung der Gründungsverträge.

Die rechtlichen Grundlagen für das Tätigwerden des EuGH finden sich in den Art. 220 bis 245 EGV, dem Protokoll über die **Satzung des EuGH**, der **Gemeinsamen Verfahrensordnung** (1999 wurde eine nicht rechtsverbindliche, kodifizierte Fassung der Verfahrensordnung im Amtsblatt veröffentlicht), in der Zusätzlichen Verfahrensordnung, in der **Dienstanweisung für den Kanzler** sowie der nichtveröffentlichten Geschäftsordnung des EuGH.

Nach dem Wortlaut des Art. 220 Abs. 1 EGV ist die Zuständigkeit nur unmittelbar auf die Auslegung und Anwendung der Vertragsnormen, also des primären Gemeinschaftsrechts beschränkt. Heute besteht jedoch Einigkeit darüber, dass auch die Auslegung und Anwendung sekundären Gemeinschaftsrechts, wie **Verordnungen und Richtlinien**, der Gemeinschaftsgerichtsbarkeit obliegen. Die Möglichkeit einer **Nichtigkeitsklage** gem. Art. 230 EGV bezüglich einzelner Rechtshandlungen der Organe bestätigt diese Auffassung.

Diese Grundaufgabe des EuGH wird durch Art. 292 EGV abgesichert, der die Mitgliedstaaten dazu verpflichtet, ihre Differenzen betreffend der Auslegung und die Anwendung von Gemeinschaftsrecht nur mittels der im Vertrag vorgesehenen Verfahren (und nicht etwa in ausservertraglichen völkerrechtlichen Streitbeilegungsverfahren) beizulegen. Dem EuGH kommt damit ein **Auslegungsmonopol** zu.

Dieses Auslegungsmonopol sieht der EuGH immer dann als gefährdet an, wenn die Gemeinschaften Verträge mit Drittstaaten abschliessen wollen, die inhaltlich die Gemeinschaftsrechtsordnung berühren, aber eigene Rechtsschutzorgane und –verfahren vorsehen. Aus diesem Grund scheiterte zB. der Beitritt der EG zum System der EMRK (**Gutachten 2/94** – EMRK).

Hinsichtlich der Europäischen Verträge war der EuGH nach dem Vertrag von Maastricht zunächst nur in jenen Bereichen zuständig, die die bestehenden Gemeinschaftsverträge abgeändert oder ergänzt hatten. Durch den Vertrag von Amsterdam wurden dem Gerichtshof nunmehr auch (wenngleich begrenzte) Zuständigkeiten im Bereich des eigentlichen Unionsrechtes übertragen. Es wurden weitere, auch durch den Amsterdamer Vertrag, begründete Befugnisse hinzugefügt. Gem. Art. 46 EUV gelten die Bestimmungen der Gründungsverträge über die Zuständigkeit des EuGH nunmehr auch für Art. 6 Abs 2 EUV in Bezug auf die Handlungen der Organe, allerdings nur, sofern der EuGH im Rahmen der genannten Verträge und im Rahmen des Unionsvertrages zuständig ist. Mit dieser Vorschrift wird im Wesentlichen die **Grundrechtsjudikatur** des EuGH im Primärrecht bestätigt. Bedauerlich ist allerdings, dass auch nach dem Inkrafttreten des Vertrages von Amsterdam keine **Zuständigkeit** des EuGH zur Kontrolle von Handlungen der Organe im Rahmen der Gemeinsamen Aussen und Sicherheitspolitik hinsichtlich ihrer Grundrechtskonformität besteht, obwohl diese Handlungen auch dem Gebot des Art. 6 Abs. 2 EUV unterliegen und durchaus Grundrechtspositionen Einzelner berühren können (vgl. etwa ein auf Art. 12 EUV gestützes Waffenembargo). Art. 46 EUV begründet weiters eine Zuständigkeit des EuGH für die Bestimmungen des Unionsvertrages über eine **Verstärkte Zusammenarbeit** (Titel VII), allerdings nach Massgabe des Art. 11 EGV und des Art. 40 EUV. Was die gerichtliche Kontrolle der Verstärkten Zusammenarbeit in der Dritten Säule anlangt, ist allerdings zu beachten, dass sich die Sachzuständigkeit des EuGH hinsichtlich der **Begründung** einer Verstärkten Zusammenarbeit in der Dritten Säule gemäss Art. 40 Abs 4 und Abs 2 EGV nach den Vorschriften des EG Vertrages bestimmt, hinsichtich der **Durchführungsmassnahmen** aber nach Art. 35 EUV eingeschränkt ist. Schliesslich sieht Art. 2 Abs. 1 des Protokolls zur Einbeziehung des Schengen-Besitzstands in den Rahmen der EU ausdrücklich die Zuständigkeit des EuGH für jene Rechtsakte vor, für die gemäss Art. 2 des Schengen-Protokolls die Rechtsgrundlage festgelegt wurde. Die tatsächliche konkrete Zuständigkeit bestimmt sich folglich danach, ob für die betreffenden Akte des Schengen-Besitzstandes eine Rechtsgrundlage in der Ersten Säule – allenfalls nach Art. 68 EG – oder der Dritten Säule festgelegt wurde.

Keinesfalls ist der EuGH zuständig für Massnahmen oder Beschlüsse, die die **Aufrechterhaltung der öffentlichen Ordnung** und den Schutz der inneren Sicherheit betreffen. Damit ist beispielweise eine Überprüfung der Anrufung des Art. 2 Abs. 2 des Schengener Durchführungsübereinkommen seitens eines Schengen-Staats durch den EuGH ausgeschlossen.

Der Gemeinschaftsgerichtsbarkeit wird damit die Rolle einer **kontrollierenden dritten Gewalt** zugewiesen. Ursprünglich eingerichtet war nur der EuGH. Eine Ordnung der Regelungszuständigkeiten im Sinne einer Verfassungsgerichtsbarkeit und daneben stehenden Fachgerichtsbereiche (Verwaltungs-, Patent-, Wettbewerb und Wirtschafts-gerichtsbarkeit) ist der Gemeinschaftsgerichtsbarkeit daher grundsätzlich nicht fremd. Später erfolgte zur **Entlastung** des EuGH die Einrichtung eines **Gerichts erster Instanz** (EuG), das ihn aber nur von der erstinstanzliche Entscheidung bei Massenstreitigkeiten befreien sollte. Mit dem Vertrag von Nizza (2001) wird nun durch die Möglichkeit der Einrichtung **gerichtlicher Kammern** (Art. 220 Abs. 2; 225 EGV) die Errichtung einer europäischen Fachgerichtsbarkeit möglich, deren Entscheidungen dann durch das EuGH in zweiter Instanz kontrolliert werden. Die durch den Vertag von Nizza ermöglichte neue Kompetenzverteilung ist durch den Vertrag selbst kaum festgelegt, sodass die Organisation der europäischen Gerichtsbarkeit in Zukunft offener für laufende Anpassungen sein wird. Viele Bestimmungen im Vertrag delegieren die Regelungsbefugnis entweder direkt an den Rat oder verlagern sie in die Satzung des EuGH. Diese ist zwar als Anhang zum Vertrag Teil des Primärrechts, kann aber, ohne das aufwändige Vertragsänderungsverfahren durchlaufen zu müssen, geändert werden (Art. 245 Abs. 2 EGV). Nach dem Vertrag von Nizza wird sich die Gemeinschaftsgerichtsbarkeit jedenfalls zu einem dreigliedrigen Aufbau entfalten.

- der EuGH
- der EuG
- die gerichtlichen Kammern.

2.1. Der doppelte Begriffsinhalt des Rechtsbegriffes „EuGH“

2.1.1. Der EuGH als gerichtliche Gesamtinstitution

Die im EG-Vertrag beschriebenen Klagearten sprechen historisch bedingt grundsätzlich von der Zuständigkeit des „Gerichtshofs“. Mit der Rechtswegeröffnung war, da es zunächst nur den EuGH gab, automatisch immer auch seine sachliche Zuständigkeit gegeben. Passender wäre es, heute an die Stelle des Begriffs „EuGH“ den Begriff „Gemeinschaftsgerichtsbarkeit“ zu setzen.

Nach Art. 225 Abs. 1 EGV liegt nämlich mittlerweile in vielen Verfahrensarten die erstinstanzliche Zuständigkeit beim erst später eingerichteten EuG, soweit die Klage nicht, gemäss der Satzung des Gerichtshofs der EU, dem EuGH vorbehalten ist (betrifft Klagen der Mitgliedstaaten, der Gemeinschaftsorgane und der Europäischen Zentralbank). Dem EuGH verbleibt, laut Art. 225 Abs. 1 EGV, die Zuständigkeit und die Rolle eines **Rechtsmittelgerichts**. Darüber hinaus hat der EuGH auch im wichtigen **Vorabentscheidungsverfahren** nach Art. 234 EGV, bei dem es bei seiner grundsätzlichen Zuständigkeit geblieben ist, eine Relativierung seines Entscheidungsmonopols erfahren. Nach Art. 225 Abs. 3 EGV ist künftig das EuG ins besonders für die in der Satzung festgelegten Sachgebiete der Vorabentscheidungen zuständig. Eine Sachgebietsfestlegung ist in der durch die **Regierungskonferenz** von Nizza neu gefassten Satzung des Gerichtshofs noch nicht erfolgt (dazu Nr. 12 der von der Konferenz angenommenen Erklärungen). Zugewiesen werden kann dem EuGH, nach Art. 229 a EGV, auch die Entscheidungsbefugnis über Streitigkeiten aus gemeinschaftsrechtlichen Regelungen über **gewerbliche Schutzrechte.** Diese wenn auch streitige Befugnis ist hinsichtlich des kommenden **Gemeinschaftspatents** von Interesse.

*2.1.2. Der EuGH und das EuG als **selbstständige Spruchkörper***

Aufgrund einer Ermächtigung des Rates wurde 1988 dem EuGH zwecks Arbeitsentlastung ein eigenständiger Spruchkörper für zunächst **minder wichtige Verfahren** beigegeben. Das EuG wurde mit Beschluss 88/591/EGKS, EWG, Euratom des Rates vom 24. Oktober 1988 als Gericht erster Instanz der Europäischen Gemeinschaften eingerichtet und mit 11. Oktober 1989 **konstituiert**. Die zunächst vergleichsweise **beschränkte Zuständigkeit** des EuG wurde durch Änderungen des Beschlusses von 1988 in den Jahren 1993 und 1994 kontinuierlich erweitert. Heute hat der EuG die Zuständigkeit für sämtliche **Direktklagen** natürlicher oder juristischer Personen im ersten Rechtszug; ferner die Zuständigkeit für die **Anfechtung von Zwangsmassnahmen, für Einreden der Rechtswidrigkeit** und **Anträge auf einstweiligen Rechtsschutz.** Nach Art. 225 Abs. 1 EGV ist das EuG für Entscheidungen im ersten Rechtszug über Nichtigkeits-; Untätigkeits-; Schadenersatz-; Bedienstetenklagen und solche Klagen zuständig, die sich aufgrund einer **Schiedsklausel** ergeben.

2.2. Die Organisation der Gerichtsbarkeiten

2.2.1. Mitglieder und Organe im EuGH

Der Gerichtshof ist nach Art. 221 Abs. 1 EGV mit einem Richter je Mitgliedstaat besetzt – derzeit 25 Richter. Gemäss Art. 221 Abs. 2 EGV tagt der Gerichtshof allerdings grundsätzlich nur noch in Kammern, die mit drei oder fünf Richtern besetzt sind (Art. 16 Abs. 1 Satzung des Gerichtshofs des 15 Juni 2004). Wenn ein beteiligter Mitgliedstaat oder ein am Verfahren beteiligtes Organ es verlangt, tagt der Gerichtshof auch als **Grosse Kammer** mit dreizehn Richtern (Art. 16 Abs. 2 und 3 Satzung des Gerichtshofs). Der Gerichtshof kann nach § 221 Abs. 3 EGV ausnahmsweise auch als Plenum mit fünfzehn Richtern tagen (Art. 16 Abs. 4 und 5 Satzung des Gerichtshofs). Gemäss Art. 222 Abs. 1 EGV wird der Gerichtshof von 8 **Generalanwälten** in seiner Tätigkeit unterstützt. Ihre Aufgabe ist es, „in voller Unparteilichkeit und Unabhängigkeit" (Art. 222 Abs. 2 EGV) Schlussanträge zu den Verfahren zu stellen, um die Entscheidung des Gerichts tatsächlich und juristisch vorzubereiten. Art. 220 ff. EGV werden – wie zum Teil soeben schon erwähnt – durch die Satzung des Gerichtshofs (15. Juni 2004) und eine Verfahrensordnung (1. Mai 2004) ergänzt, die **prozessrechtlichen Regelungen** einschliesslich des **Beweisverfahrens** sowie Regelungen über **Nebenentscheidungen**, wie z.B. die Kostenentscheidung, enthalten. Die Satzung des Gerichtshofs ist durch ein vertragsergänzendes Protokoll festgelegt (Art. 245 Abs. 1 EGV) und ist so gemäss Art. 311 EGV dem Vertragsrecht (Primärrecht) zuzuordnen. Eine Besonderheit ist insofern Art. 245 Abs. 2 EGV, der eine Änderung der Satzung ermöglicht, ohne dass der Weg einer Vertragsänderung gegangen werden müsste. Die Verfahrensordnung hat der EuGH gemäss Art. 223 Abs. 5 EGV selbst zu erlassen. Als Sekundärrecht sui generis steht sie der Satzung des Gerichtshofs im Range nach.

2.2.2. Mitglieder und Organe im EuG

Das EuG besteht wie der EuGH aus 25 Mitgliedern, die gleichfalls für 6 Jahre von den im Rat vereinigten Vertretern der Regierungen der Mitgliedstaaten im **gegenseitigen Einvernehmen** ernannt werden. Das EuG hat hingegen keine eigenen Generalanwälte; bei Bedarf kann ein Richter ad hoc als Generalanwalt bestellt werden.

Durch diese Entwicklung ist die Arbeitsbelastung des EuG stark angestiegen, ebenso wie die Dauer der Verfahren, die zwischen eineinhalb bis über drei Jahre beträgt. Eine teilweise Entlastung soll nun die 1999 eingeführte Möglichkeit bringen, dass das EuG durch **Einzelrichter** entscheidet (Beschluss 1999/291/EG, EGKS, Euratom des Rates vom 26. April 1999 zur Änderung des Beschlusses 88/591/EGKS, EWG, Euratom zur Errichtung eines Gerichts erster Instanz der Europäischen Gemeinschaften, durch die es dem Gericht ermöglicht werden soll, als Einzelrichter zu entscheiden (Abl 1999 L 114/52). Dieser Beschluss ist am 16. Mai 1999 in Kraft getreten. Gemäss seinem Art. 2 Abs. 4 Satz 3 soll in bestimmten in der Verfahrensordnung festgelegten Fällen die Entscheidung durch Einzelrichter möglich sein. Das EuG tagt jedoch üblicherweise in Kammern zu drei oder fünf Richtern und nur ausnahmsweise in Plenum. Die Zuweisung an den Einzelrichter ist nur in bestimmten Einzelfällen möglich, bei denen „weder deren **rechtliche oder tatsächliche Bedeutung**, noch irgendein besonderer Umstand es rechtfertigen, dass diese Rechtssachen von drei Richtern entschieden werden" (4. Erwägungsgrund).

Die erforderlichen Änderungen der Verfahrensordnung des EuG sind am 1. Juli 1999 in Kraft getreten. Grundsätzlich können Einzelrichter Rechtssachen entscheiden, die ihnen entweder **zur Entscheidung übertragen oder zugewiesen wurden.** Übertragen werden können Rechtssachen, wenn sie sich wegen fehlender Schwierigkeit der aufgeworfenen Tatsachen und Rechtsfragen, begrenzter

Bedeutung der Rechtssache und des Fehlens anderer besonderer Umstände dazu eignen. Solche Rechtssachen sind insbesondere **Beamtenklagen, Nichtigkeits-** und **Untätigkeitsklagen** natürlicher und juristischer Personen, die nur Fragen aufwerfen, die bereits durch eine gesicherte Rechtsprechung geklärt sind oder zu einer Serie von Rechtssachen gehören, die den gleichen Gegenstand haben und von denen eine bereits rechtskräftig entschieden ist, sowie Klagen aufgrund einer Schiedsklausel. Bei bestimmten Rechtssachen ist die Übertragung an den Einzelrichter ausdrücklich ausgeschlossen: Rechtssachen, die Fragen der **Rechtsmässigkeit von Handlungen mit allgemeiner Geltung** aufwerfen; Rechtssachen die Durchführung der **Wettbewerbsregeln,** der **Fusionskontrolle,** der **Beihilfregeln** betreffend, Vorschriften über **handelspolitische Schutzmassnahmen,** Gemeinsame **Marktorganisationen** (mit Ausnahme jener Rechtssachen, die zu einer Serie gehören, von denen eine bereits rechtskräftig entschieden wurde); Rechte des **geistigen Eigentums** (Marken, Muster, Modelle) betreffend. Die Entscheidung zur Übertragung trifft die Kammer mit drei Richtern einstimmig **nach Anhörung der Parteien.** Widerspricht ein verfahrensbeteiligter Mitgliedstaat oder ein verfahrensbeteiligtes Organ der EU, so verbleibt die Rechtssache bei der Kammer. Im Fall der Übertragung fungiert der **Berichterstatter** der Kammer als Einzelrichter. Wird ein Urteil eines Einzelrichters durch den EuGH im Rechtsmittelverfahren aufgehoben, so wird das Verfahren einer Dreierkammer zugewiesen, der dieser Richter dann nicht angehört. Die nach wie vor offizielle Bezeichnung des Gerichts als „Gericht erster Instanz“ ist insofern eigentlich nicht mehr angebracht.

Gegen die Entscheidungen des EuG im ersten Rechtszug können nach Art. 225 Abs. 1 und 2 EGV beschränkte Rechtsmittel zum EuGH geltend gemacht werden. Dieses Rechtsmittel, dem **keine aufschiebende Wirkung** zukommt, kann sich auf die behauptete Unzuständigkeit des EuGH, auf Verfahrensfehler, die die Interessen des Rechtsmittelführers beeinträchtigen, oder auf die Verletzung des Gemeinschaftsrechts beziehen und ist innerhalb einer Frist von zwei Monaten ab Zustellung der angefochtenen Entscheidung einzubringen.

2.2.3. Die gerichtlichen Kammern

Die potenziell weitreichendste Neuerung im Rechtsschutzsystem der Gemeinschaft ist durch die Möglichkeit der Einrichtung gerichtlicher Kammern geschaffen worden (Art. 220 Abs. 2, Art. 225 a EGV), die im ersten Rechtszug für **Klagen aus bestimmten Sachgebieten zuständig sein** werden. Durch den Vertrag von Nizza ist so der Grundstein für eine EU-**Fachgerichtsbarkeit** gelegt worden.

Gegen die Entscheidungen der gerichtlichen Kammern können nach Art. 225 a Abs. 3 EGV Rechtsmittel eingelegt werden. Das EuG ist für die Entscheidung über das Rechtsmittel zuständig, in Ausnahmefällen ist eine Überprüfung der Entscheidung des EuG durch den EuGH möglich, Art. 225 Abs. 2 EGV.

2.3. Glossar und Übungen

die Gemeinschaften	les Communautés
die Satzung des EuGH	les statuts de la CJCE
die gemeinsame Verfahrensordnung	le règlement commun de procédure
die Dienstanweisung für den Kanzler	l'instruction pour le greffier
Verordnungen und Richtlinien	réglements et directives
die Nichtigkeitsklage	le recours en annulation
das Auslegungsmonopol	le monopole d'interprétation
das Gutachten	l'avis
die Grundrechtsjudikatur des EuGH wird bestätigt	la jurisprudence sur les droits fondamentaux est confirmée
die verstärkte Zusammenarbeit	la coopération renforcée
die Begründung	l'argumentation
die Durchführungsmassnahmen	les mesures d'application
die Aufrechthaltung der öffentlichen Ordnung	le maintien de l'ordre public
die kontrollierende Gewalt	le pouvoir de contrôle
die Entlastung	le désengorgement
das Gericht erster Instanz	le Tribunal de Première Instance
die gerichtlichen Kammern	les Chambres de la juridiction
das Rechtsmittelgericht	la Cour statuant en appel
das Vorabentscheidungsverfahren	la procédure préjudicielle
die Regierungskonferenz	la réunion des chefs de gouvernement
der selbstständige Spruchkörper	la juridiction indépendante
die gewerblichen Schutzrechte	les droits d'auteur
die Gemeinschaftspatente	les brevets communautaires
die minder wichtigen Verfahren	les procédures d'une importance moindre
die beschränkte Zuständigkeit	la compétence limitée
die Direktklagen	les recours directs
die Anfechtung von Zwangsmassnahmen	la contestation des mesures d'astreinte

die Anträge auf einstweiligen Rechtsschutz	les demandes de protection provisoire (référé)
die Schiedsklausel	la clause compromissoire
die grosse Kammer	la grande Chambre
die Generalanwälte	les Avocats Généraux
die prozessrechtlichen Regelungen	les règles processuelles
das Beweisverfahren	la procédure concernant la preuve
die Nebenentscheidungen	les décisions subsidiaires
das gegenseitige Einvernehmen	l'accord mutuel
der Einzelrichter	le juge unique
die rechtliche oder tatsächliche Bedeutung	l'importance juridique ou materielle
zur Entscheidung übertragen oder zugewiesen	donné ou attribué pour décision
die Beamtenklagen	les recours des fonctionnaires
die Untätigkeitsklagen	les recours en manquement
Rechtsmässigkeit von Handlungen	légalité des agissements
von allgemeiner Geltung	de portée générale
die Wettbewerbsregeln	les règles de concurrence
die Fusionskontrolle	le contrôle des fusions
die Beihilferegeln	les règles d'aides d'Etat
die handelspolitischen Schutzmassnahmen	les mesures de protection de politique commerciale
die Marktorganisation	l'organisation du marché
das geistige Eigentum	la propriété intellectuelle
nach Anhörung der Parteien	après avoir entendu les parties
der Berichterstatter	le rapporteur
keine aufschiebende Wirkung	aucun effet suspensif
für Klagen aus bestimmten Sachgebieten zuständig sein	être compétent pour des recours dans des domaines particuliers
die EU-Fachgerichtsbarkeit	la juridiction CEE spécialisée

1.) ÜS- > F:

• Der EuGH sichert und wahrt das Recht bei der Auslegung und Anwendung der Gründungsverträge.
• Das Gericht erster Instanz entlastet den EuGH.
• Der Gerichtshof tagt als Grosse Kammer.
• Die im Rat vereinigten Vertreter der Mitgliedstaaten ernennen die Mitglieder des EuGH.

2.) Beantworten Sie folgende Fragen (ANT/D):

- **Was ist unter den „drei Gemeinschaften“ zu verstehen?**
- **Was bedeutet „primäres und sekundäres Gemeinschaftsrecht“?**
- **Was änderten für den EuGH die Verträge von Maastricht und Amsterdam?**
- **Inwiefern ist der EuGH ein selbständiger Spruchkörper?**
- **Vergleich der Organisation von EuGH und EuG**

3. Kapitel: Der EuGEI als „Verwaltungsgerichtsbarkeit." Sachliche Zuständigkeiten und entsprechende Textverfahren

3.1. Prozessualer Entscheidungsrahmen

Der EuG hat viele **Kompetenzen**, die ihm vom EuGH **übertragen** wurden. Alle Bereiche können Gegenstand der direkten Klagen sein, die Häufigkeit jedoch liegt bei: Landwirtschaft, Staatliche Beihilfen, Wettbewerb, Handelspolitik, Regionalpolitik, Sozialpolitik, Institutionelles Recht, Markenrecht, Verkehr, Beamtenstatut. Von seiner Gründung im Jahr 1989 bis zum 31. Dezember 2004 hat das Gericht 4 182 **Rechtssachen entschieden**. Zur Erfüllung seiner Hauptaufgabe entscheidet das Gericht im **ersten Rechtszug** über alle direkten Klagen von Bürgern und Mitgliedstaaten mit Ausnahme derjenigen, die einer „gerichtlichen Kammer" zugewiesen oder dem Gerichtshof vorbehalten sind.

Arten direkter Klagen:

- **Nichtigkeitsklagen:** gegen Handlungen der Gemeinschaftsorgane,
- **Untätigkeitsklagen:** gegen Unterlassungen der Gemeinschaftsorgane,
- **Schadensersatzklagen:** auf Ersatz des durch ein rechtswidriges Verhalten eines Gemeinschaftsorgans verursachten Schadens,
- auf eine **Schiedsklausel** gestützte Klagen: Rechtsstreitigkeiten über von der Gemeinschaft geschlossene öffentlich- oder privatrechtliche Verträge, die eine solche Klausel enthalten,
- Klagen des **öffentlichen Dienstes:** Rechtsstreitigkeiten zwischen der Gemeinschaft und ihren Beamten oder sonstigen Bediensteten.

Der EuG hat eine **materielle Prüfungskompetenz**, er übt eine umfassende Kontrolle über die Rechtsakte der EU. Anders als der Conseil d'Etat oder als der deutsche Bundesverwaltungsgerichtshof, der als letztes Rechtsmittel tätig ist, können **Entscheidungen** des EuG noch **angefochten werden**. Es gibt eine **Berufung** vor dem EuGH (ca. 1/5 der Fälle).

3.2. Die Nichtigkeitsklage (Art. 230 Abs. 2 und 4 EGV)

Die Nichtigkeitsklage gemäss Art. 230 EGV ermöglicht eine Überprüfung der **Rechtsmässigkeit** von Handlungen der Gemeinschaftsorgane. Das Verfahren kann als Klage aufgrund subjektiver, persönlicher Betroffenheit oder als objektives **Beanstandungsverfahren** durchgeführt werden. Im ersten Fall ist die Klage im weitersten Sinne mit der Anfechtungsklage des deutschen Verwaltungsrechts gemäss § 42 Abs. A VwGO zu vergleichen, d. h. bei Erfüllung einzelner Klagevoraussetzungen kann jede natürliche oder juristische Person die Klage mit dem Ziel der Aufhebung eines Rechtsakts erheben. Im zweiten Fall dient das Verfahren der allgemeinen Rechtskontrolle und ist gleichzeitig „Instrument zur Klärung zwischen den Organen bestehender Konflikte" bzw. der ihnen übertragenen Befugnisse.

Innerhalb der europäischen Gerichtsbarkeit kann dieses Verfahren sowohl zum EuGH als auch zum EuG führen. Im Regelfall ist das EuG sachlich zuständig (Art. 225 Abs. 1 EGV). Für Klagen der Mitgliedstaaten, der Gemeinschaftsorgane und der Europäischen Zentralbank liegt die Zuständigkeit beim EuGH (Art. 51 Satzung des Gerichtshofs). Die Nichtigkeitsklage zielt auf die Nichtigerklärung von **Rechtsakten der Gemeinschaft** (nicht also von Primärrecht) oder von Teilen von Rechtsakten, d. h. von Akten, die verbindliche Rechtswirkungen erzeugen, welche die Interessen des Klägers durch einen Eingriff in seine Rechtsstellung beeinträchtigen. Diese Klage wird auch gelegentlich als Kern des Rechtsschutzverfahrens bezeichnet. Nichtigkeitsklagen können binnen zweier Monaten ab Kenntnis des betreffenden Rechtsakts von privilegierten Klagsbefugten erhoben werden.

Die **privilegierten Kläger** sind die Institutionen: Rat, Kommission und Mitgliedstaaten, ihre **Handlungen** haben eine **unmittelbare Rechtswirkung,** also keine Empfehlungen oder Stellungnahmen. Ausserdem genügt eine objektive Rechtsverletzung und es müssen keine Beweise vorgelegt werden. Die **teilprivilegierten Klagsbefugten** sind das Europäische Parlament, der Rechnungshof und die Europäische Zentralbank. Diese Institutionen können ebenfalls Klage gegen solche Akte erheben, allerdings nur zur Wahrung ihrer Rechte. Sie müssen beweisen, dass der Rechtsakt ihre Rechte einschränkt. Mitgliedstaaten und Gemeinschaftsorgane können mit der Nichtigkeitsklage eine abstrakte Normenkontrolle anstreben. Als privilegierte Klagsbefugte brauchen sie keine spezifische Betroffenheit bzw. kein besonderes Rechtsschutzinteresse nachweisen. Zweck der Klage bleibt die Wahrung des Gemeinschaftsrechts. Aus diesem Grunde ist die Klage eines Mitgliedstaates nicht nur dann zulässig, wenn der betreffende Mitgliedstaat beispielsweise bei der Abstimmung im Rat unterlegen ist (Rs C-280/93, Bananenmarktordnung), sondern selbst dann, wenn der Mitgliedstaat diesem Akt im Rat selbst zugestimmt hat (Rs 166/78, Italien/Rat). **Nichtprivilegierte Klagsbefugte,** d.h. einzelne natürliche oder juristische Personen, können gemäss Art. 230 Abs. 4 EGV Nichtigkeitsklagen nur gegen direkt an sie ergangene Entscheidungen sowie gegen Entscheidungen erheben, die, obwohl sie als Verordnung oder als eine an eine andere Person gerichtete Entscheidung ergangen sind, sie unmittelbar und individuell betreffen.

Unmittelbare Betroffenheit eines Einzelnen durch einen Rechtsakt ist dann gegeben, wenn keine weiteren Umstände und Auswirkungen auf die Interessen dieses Einzelnen eintreten. Als typisches Beispiel ist hier die an einen Mitgliedstaat gerichtete Entscheidung zu nennen, mit der die Rechtswidrigkeit einer Beihilfe festgestellt und deren Rückforderung aufgetragen wird; der Beihilfeempfänger ist unmittelbar betroffen.

Schwieriger ist die Feststellung der **individuellen Betroffenheit** durch einen an einen anderen gerichteten Rechtsakt, insbesondere im Falle einer Verordnung, einer generell abstrakten Norm. Nach der ständigen Rechtsprechung des EuGH liegt individuelle Betroffenheit dann vor, wenn eine Person in einer Verordnung wegen **bestimmter persönlicher Eigenschaften** oder **besonderer Umstände** in einer Weise individualisiert wird, die sie aus dem Kreis der anderen Wirtschaftsteilnehmer heraushebt und sie gleichsam einem Adressaten gleichstellt (Rs 25/62, Plaumann).

Individualisierbarkeit ist hingegen gegeben, wenn Zahl und Identität der Betroffenen bereits zum Zeitpunkt des Erlasses des Rechtsaktes gegeben war. In der Regel wird die Unmittelbarkeit nur bei Klagen von Unternehmen gegen Beihilfeentscheidungen der Kommission an Mitgliedstaaten (Rs 730/79 Philip Moris) oder bei Klagen von Aktionären, Arbeitnehmern, Betriebsräten, Gewerkschaften gegen Entscheidungen anerkannt, die Unternehmenszusammenschlüsse betreffen.

Als **Nichtigkeitsgründe** können gemäss Art. 230 Abs 2 EGV geltend gemacht werden: **Unzuständigkeit** des handelnden Organs (d.h. Überschreitung der Organkompetenz oder der Verbandskompetenz der Gemeinschaft); **Verletzung wesentlicher Formschriften:** wesentlich ist die Verletzung der Formvorschriften dann, wenn diese Verletzung zumindest potenziell den Inhalt der Entscheidung beeinflusst haben könnte. **Verletzung dieses Vertrages** oder einer bei seiner Durchführung anzuwendenden Rechtsnorm: diese liegt vor bei Verstoss des angegriffenen Aktes gegen eine höherrangige Norm des Gemeinschaftsrechts (also auch gegen Primärrecht, gegen allgemeine Rechtsgrundsätze oder von der Gemeinschaft abgeschlossene Abkommen); typische Fälle sind die Wahl einer falschen Rechtsgrundlage für einen Rechtsakt oder das Unterbleiben einer gemeinschaftsrechtlich vorgesehenen Mitwirkung von Organen. **Ermessensmissbrauch:** Das Ermessen betrifft den Entscheidungs- oder Beurteilungsspielraum. Ein Missbrauch liegt dann vor, wenn mit der Massnahme bewusst ein rechtswidriges Ziel verfolgt wurde oder wenn mit der Massnahme, aus einem schwerwiegenden Mangel an Voraus- oder Umsicht, der im Ergebnis mit der Verfolgung eines gesetzwidrigen Zweckes gleichzusetzen ist, andere Ziele verfolgt werden als jene, zu deren Zweck die Befugnisse im Vertrag eingeräumt wurden. Mit anderen Worten, das Organ hat das Ermessen überschritten oder für ein vertragswidriges Ziel gebraucht.

Das Urteil aufgrund einer Nichtigkeitsklage ist **rechtsgestaltend**, wirkt ex tunc und erga omnes, d.h. es bindet die Behörden und Gerichte der Mitgliedstaaten. Diese Bindung besteht allerdings auch gegenüber der Feststellung der Rechtsmässigkeit durch den Gerichtshof, im Rahmen eines Verfahrens, das die Nichtigkeitsklage abweist. In einem solchen Fall wird ein vorläufiger Rechtsschutz gegen diesen Akt unzulässig (Rs C-465/93, Atlanta Fruchthandelsgesellschaft). Gemäss Art. 231 Abs. 2 EGV kann der Gerichtshof jedoch bei Nichtigerklärung einer Verordnung bestimmte ihrer Wirkungen als fortgeltend erklären, falls er dies für notwendig hält, dies etwa dann, wenn die Verordnung dringend materiell-rechtliche Regelungen enthält oder **Verpflichtungen** gegenüber Drittstaaten zu erfüllen sind.

3.2.1. Fallstudie: Luftkämpfe, am Boden ausgetragen nach EuGH EuZW 1994, 534.

Die British Airways hatte 49,9% der Anteile von TAT European Airlines erworben. TAT European Airlines bedient vor allem Strecken zwischen England und Frankreich, im Einzelnen die Strecken London-Paris und London-Lyon. Da der Zusammenschluss unter die **Fusionskontrollverordnung** (FusVO) 4064/89 fiel, wurde er von den beteiligten Unternehmen bei der Kommission angemeldet. In der gem. Art. 4 Abs. 3 FusVO erforderlichen Veröffentlichung der Fusionsanmeldung forderte die Kommission alle interessierten Unternehmen oder Personen auf, zu dem Fusionsvorbehalt Stellung zu nehmen. Aufgrund dieser Aufforderung machte die Air France, eine **Mitkonkurrentin** auf den bezeichneten Routen, in einer Stellungsnahme erhebliche wettbewerbsrechtliche Einwände bzgl. des Zusammenschlusses geltend.

Nach ihrer Ansicht führt die Fusion zu einer bedenklichen Verstärkung der Position der British Airways auf den **innergemeinschaftlichen Strecken**. Diese Bedenken untermauerte sie durch umfangreiche Statistiken und Zahlenmaterial zur Situation auf den ihrer Ansicht nach relevanten Märkten, was den Zusammenschluss gem. Art. 6 Abs. 1 lit b) FusVO durch eine Entscheidung rechtfertigte, gerichtet an die British Airways/TAT European Airlines vom 27.11.1994. In der Entscheidung, setzt sich die Kommission eingehend mit dem von der Air France überlassenen Zahlenmaterial auseinander und analysiert das **Wettbewerbsverhältnis** zwischen den Unternehmen auf den bezeichneten Strecken, ohne im Ergebnis dem Vorschlag der Air France zu folgen.

Gegen diese Entscheidung erhebt die Air France **fristgemäss** Nichtigkeitsklage gem. Art. 230 EGV und macht erneut ihre materiellen Einwände gegen die Fusion geltend. Nach übereinstimmender Auffassung der Beteiligten soll jedoch zunächst in einem **Zwischenstreit** über die Zulässigkeit der von der Air France erhobenen Klage entschieden werden. Wie ist über die Zulässigkeit zu entscheiden?

3.2.2. Falllösung

A. Zur Zulässigkeit

1. Innerhalb der europäischen Gerichtsbarkeit kann die Rechtswegeröffnung nach Art. 230 EGV grundsätzlich sowohl zum EuGH als auch zum EuG führen. Im Regelfall ist das EuG sachlich zuständig. (siehe auch Art. 225 Abs. 1 und Art. 51 Satzung des Gerichtshofs). Im vorliegenden Fall handelt es sich um die Klage einer **juristischen Person**, sodass der EuG zuständig ist.

2. Aktiv parteifähig sind gem. Art. 230 Abs. 2 EGV die Mitgliedstaaten, das Europäische Parlament, der Rat und die Kommission, gem. Art. 230 Abs. 3 EGV der Rechnungshof und die Europäische Zentralbank sowie gem. Art. 230 Abs. 4 EGV natürliche und juristische Personen. Passiv parteifähig sind die in Art. 230 Abs. 1 EGV genannten Organe, also das Europäische Parlament und der Rat gemeinsam, der Rat, die Kommission, das Europäische Parlament und die Europäische Zentralbank. Hier wird die Klage von der Air France, einer juristischen Person, erhoben. Diese ist gem. Art. 230 Abs. 4 EGV aktiv parteifähig. Die Klage richtet sich gegen eine Entscheidung der Kommission, die gem. Art. 230 Abs. 1 EGV passiv parteifähig ist.

3. Hinsichtlich des zulässigen **Klagegegenstandes** ist zu differenzieren: Bei Nichtigkeitsklagen natürlicher oder juristischer Personen können lediglich Entscheidungen bzw. Verordnungen, die materiell eine Entscheidung darstellen, zulässiger Klagegegenstand sein. Klagegegenstand von Klagen der Organe und Mitgliedstaaten können gem. Art. 230 Abs. 1 EGV die gemeinsamen Handlungen des Europäischen Parlaments und des Rates (Verfahren der Mitentscheidung, Art. 251 EGV), die Handlungen des Rates, der Kommission sowie der Europäischen Zentralbank sein, die nicht Stellungnahme oder Empfehlungen sind, und die Handlungen des Europäischen Parlaments mit Rechtswirkungen gegenüber Dritten. Die Klage der Air France richtet sich gegen die Entscheidung der Kommission vom 27. November 1994. Gem. Art. 230 1bs. 4 EGV können Entscheidungen im Sinne des Art. 249 Abs. 4 EGV Gegenstand einer Nichtigkeitsklage natürlicher oder juristischer Personen sein. Dass die Entscheidung an die British Airways/TAT und nicht an die Air France gerichtet war, ist hier ohne Bedeutung, dazu ist erst bei Erörterung der Klagebefugnis Stellung zu nehmen.

4. Der Begriff der **Klagebefugnis** wird wie im deutschen Recht als Erfordernis individueller Betroffenheit verstanden. Bei Nichtigkeitsklagen, die von Gemeinschaftsorganen oder Mitgliedstaaten nach Art. 230 Abs. 2 EGV erhoben werden, ist das Bestehen einer Klagebefugnis nicht erforderlich. Man spricht insoweit von priviligiert Klageberechtigten. In diesen Fällen ist das Nichtigkeitsverfahren als objektives Beanstandungsverfahren gestaltet, vergleichbar mit der abstrakten Normenkontrolle. Nicht priviligiert Klageberechtigte sind die in Art. 230 Abs. 3 genannte Europäische Zentralbank und der Rechnungshof, die nur zur „Wahrung ihrer Rechte" Klage erheben dürfen. Bei Klagen natürlicher oder juristischer Personen nach Art. 230 Abs. 4 EGV, wie im vorliegenden Fall, muss ebenfalls eine Klagebefugnis vorliegen. Sie ist gegeben, wenn die klagende Person Adressat der angefochtenen Entscheidung ist oder – wenn ein Dritter Adressat ist oder wenn wegen der Rechtsformwahl (Verordnung) kein Adressat bestimmt ist – sie zumindestens wie ein Adressat betroffen ist, nämlich unmittelbar und individuell. Auf letzteres kommt es vorwiegend an, da gegen die begünstigende Entscheidung gegenüber einem Dritten vorgegangen werden soll: Voraussetzung ist **Betroffenheit** der Air France. Air France muss durch die angegriffene Massnahme persönlich belastet sein, wobei die Beeinträchtigung jedes Interesses persönlicher oder wirtschaftlicher Art ausreicht. Die Air France macht die Verschlechterung ihrer Wettbewerbssituation geltend. Die Geltendmachung der Verletzung eines subjektiven Rechts ist nicht erforderlich. Damit beruft sie sich auf ein wirtschaftliches Interesse, welches durch die Entscheidung beeinträchtigt wird. Der Kläger muss weiter **unmittelbar und individuell** betroffen sein. Dies kann bei Verordnungen, die materiell eine Entscheidung enthalten, problematisch sein. Unmittelbar von einer Verordnung betroffen kann der Kläger nur sein, wenn diese direkte Auswirkungen auf seine Interessen- und Rechtslage hat. Dies setzt voraus, dass weitere Durchführungsakte der nationalen Behörden nicht erforderlich sind. Individuelle Betroffenheit durch eine Verordnung ist anzunehmen, wenn diese in Bezug auf den Kläger eine Einzelfallregelung darstellt, wenn er sich also aufgrund bestimmter **Merkmale** oder Umstände aus der grundsätzlich ausgesprochenen Gruppe hervorhebt, sodass ihn die Verordnung faktisch wie den Adressaten einer Entscheidung berührt (EuGH NJW 2002, 2935, C-50/00 = EuZW 2002, 529; EuGH in EuZW 2002, 412, T-177/01; EuGH, Schneider NJW 2002, 2927).

Fraglich ist, wie die Fälle zu behandeln sind, in denen die Entscheidung, die vom Kläger angegriffen wird, Dritten gegenüber ergangen ist.

• Die unmittelbare Betroffenheit ist hier ebenso wie bei den Entscheidungen in Gestalt einer Verordnung immer dann gegeben, wenn kein weiterer **Vollzugsakt** erforderlich ist. Die positive Entscheidung über das Ergebnis der Fusionskontrolle hat unmittelbare Wirkung, so dass dieses Erfordernis erfüllt ist (EuGH EuZW 1994, 534, 536).

• Fraglich ist die individuelle Betroffenheit im vorliegenden Fall. Sie ist gegeben, wenn die Entscheidung den Betroffenen „wegen bestimmter persönlicher Eigenschaften oder besonderer, ihn aus dem Kreis aller übrigen Personen heraushebender Umstände berührt und ihn daher in ähnlicher Weise individualisiert wie den Adressaten“ (EuGH 1963, 213, 238; EuG 1993, II, 1169). Allein die Stellung der Air France als Mitkonkurrentin reicht daher nicht aus, um ihre individuelle Betroffenheit zu begründen. Die Air France ist hier jedoch, wenn auch aus eigenem Antrieb, in besonderer Weise an dem Fusionskontrollverfahren beteiligt gewesen. Sie hat dezidiert zu dem Antrag Stellung genommen. Das von ihr eingereichte Zahlenmaterial und die Statistiken haben weitgehend darüber infomiert. Der EuGH hat sich in den Gründen in besonderer Weise mit den von der Air France vorgetragenen Argumenten auseinander gesetzt. Diese Umstände führen dazu, dass sich die Air France aus dem Kreis der übrigen betroffenen Mitkonkurrenten in besonderer Weise hervorhebt und die Entscheidung sie daher ähnlich individualisiert wie den Adressaten, die British Airways/TAT selbst. Die Air France ist damit klagebefugt.

5. Die Klagegründe müssen gem. Art. 21 Satzung des Gerichtshofs, Art. 38 § 1 VerfO EuGH, Art. 44 § 1 VerfO EuGH in der Klageschrift genannt werden. Zwar ist ihr tatsächliches Vorliegen eine Frage der **Begründetheit**, ihre Geltendmachung und kurze Begründung – nicht aber eine schlüssige Darlegung – ist jedoch Zulässigkeitsvoraussetzung. Als Klagegrund kommt hier gem. Art. 230 Abs. 2 EGV die Verletzung des Vertrags durch die Fusionskontrollentscheidung der Kommission in Betracht, die nach den Darlegungen der Air France materiell gemeinschaftswidrig ist. Des Weiteren muss in der Klageschrift der **Streitgegenstand** bezeichnet sein und ein bestimmter Klageantrag gestellt werden. Davon kann in diesem Falle ausgegangen werden.

6. Die Klagefrist beträgt gem. Art. 230 Abs. 5 EGV zwei Monate. Sie läuft ab der Bekanntgabe der betreffenden Handlung, ihrer Mitteilung an den Kläger oder mangels einer solchen Mitteilung ab **Kenntniserlangung** des Klägers von der Handlung. Bei der Veröffentlichung des Rechtsaktes im Amtsblatt beginnt die Frist am 15. Tage danach. Nach Ablauf der Klagefrist kann der Rechtsakt nicht mehr unmittelbar angegriffen werden. Lediglich im Rahmen einer „Inzidentprüfung“ gem. Art. 241 EGV kann auch nach Ablauf der Frist die Unanwendbarkeit des Rechtsaktes aus den Gründen des Art. 230 Abs. 2 EGV geltend gemacht werden. Dies gilt jedoch nur für Verordnungen. Entscheidungen können nach Ablauf der Klagefrist auch in der Inzidentprüfung nicht mehr in Frage gestellt werden (EuG 1994, I, 846). Dem Sachverhalt nach wurde die Klage fristgemäss

erhoben. Das EuG wird daher in einer Zwischenentscheidung die Zulässigkeit der Nichtigkeitsklage der Air France bestätigen.

B. Zur Prüfung der Begründetheit nach Art. 230 Abs. 2 EGV

1. Klagegrund: Unzuständigkeit.

Absolute Unzuständigkeit liegt vor, wenn eine Regelungsmaterie überhaupt nicht in den Aufgabenbereich der Gemeinschaft fällt. **Relative Unzuständigkeit** ist dann gegeben, wenn ein Organ im Zuständigkeitsbereich eines anderen tätig geworden ist. Eine **räumliche Unzuständigkeit**, die vorliegt, wenn sich ein Gemeinschaftshandeln auf das Gebiet ausserhalb der Gemeinschaft auswirkt und dies im gegebenen Fall unzulässig ist. Ein Verstoss gegen die **sachliche Zuständigkeit** ist möglich, wenn ein Organ eine Massnahme trifft, die von der einschlägigen Ermächtigungsnorm nicht gedeckt ist.

2. Klagegrund: Verletzung wesentlicher Formvorschriften.

Voraussetzung ist, dass wichtige **Formvorschriften** verletzt worden sind. Dies ist in der Regel der Fall, wenn unter Beachtung der betreffenden Vorschrift der Rechtsakt möglicherweise einen anderen Inhalt erhalten hätte. Beispiele hierfür sind die Anhörung des Parlaments, die Beachtung der Geschäftsordnung, die Gewährung rechtlichen Gehörs für den Betroffenen.

3. Klagegrund: Verletzung des Vertrags oder einer bei seiner Durchführung anzuwendenden Rechtsnorm.

Die Verletzung von primärem Gemeinschaftsrecht (EGV, Gemeinschaftsgrundsätze...), von völkerrechtlichen Verträgen und sekundärem Gemeinschaftsrecht (Verordnungen).

4. Klagegrund: Ermessensmissbrauch.

Anders als im nationalen Recht setzt der **Ermessensmissbrauch** hier ein absichtliches Verfolgen rechtswidriger Ziele durch ein Organ mit Mitteln des Gemeinschaftsrechts voraus. Er ist subsidiär gegenüber den anderen Nichtigkeitsgründen.

3.2.3. Urteilsausspruch und -wirkungen

In seinem Urteil **erklärt** der Gerichtshof, sofern die Klage zulässig und begründet ist, gem. Art. 231 Abs. 1 EGV die **angefochtene Handlung für nichtig**. Das Gestaltungsurteil wirkt ex tunc und erga omnes. Aus Art. 233 EGV ergibt sich schliesslich die Verpflichtung des verurteilten Organs, die sich aus dem Urteil ergebenden Massnahmen vorzunehmen.

3.3. Glossar und Übungen

Kompetenzen übertragen	transférer des compétences
Rechtssachen entscheiden	trancher les litiges
der erste Rechtszug	la première instance
die Schadensersatzklage	le recours en dommages-intérêts
das öffentliche Dienst	la fonction publique
die materielle Prüfungskompetenz	la compétence de contrôle matériel
Entscheidungen anfechten	contester des décisions
eine Berufung einlegen	faire appel
die Rechtsmässigkeit von Handlungen	la légalité des agissements
als Beanstandungsverfahren durchführen	conduire comme une procédure d'opposition
die Rechtsakte der Gemeinschaft	les actes juridiques de la Communauté
Klage erheben	introduire un recours
der privilegierte Kläger	le demandeur privilégié
die unmittelbare Rechtswirkung	l'effet direct
die teilprivilegierten Klagsbefugten	les demandeurs partiellement privilégiés
die nichtprivilegierten Klagsbefugten	les demandeurs non privilégiés
die unmittelbare Betroffenheit	touché/concerné directement
die individuelle Betroffenheit	touché/concerné individuellement
bestimmte persönliche Eigenschaften	particularités personnelles spéciales
besondere Umstände	circonstances particulières
die Nichtigkeitsgründe	les raisons d'annulation
die Unzuständigkeit	l'incompétence
die Verletzung wesentlicher Formschriften	la violation des formes substantielles
die Verletzung dieses Vertrages	la violation de ce Traité
der Ermessensmissbrauch	abus/détournement de pouvoir
rechtsgestaltend	qui a un effet juridique
die Verpflichtungen	les obligations
die Fusionskontrollverordnung	la directive de contrôle des fusions
die Mitkonkurrentin	la concurrente
die innergemeinschaftlichen Strecken	les trajets intracommunautaires
das Wettbewerbsverhältnis	le rapport de concurrence
fristgemäss	dans les délais
der Zwischenstreit	le contentieux intermédiaire
die juristische Person	la personne morale
der Klagegegenstand	le contenu du recours

die Klagebefugnis	la capacité à agir
die Merkmale	les particularités
der Vollzugsakt	l'acte d'exécution
die Begründetheit	les fondements
der Streitgegenstand	l'objet du litige
die Kenntniserlangung	la prise de connaissance
die absolute Unzuständigkeit	l'incompétence absolue
die relative Unzuständigkeit	l'incompétence relative
die räumliche Zuständigkeit	la compétence territoriale
die sachliche Zuständigkeit	la compétence matérielle
die Formvorschriften	les conditions de forme
die angefochtene Handlung	l'acte contesté
für nichtig erklären	déclarer nul

1.) DEF:

Definieren Sie anhand des vorliegenden Textes „Nichtigkeits-, Untätigkeits- und Schadenersatzklage", suchen Sie anhand von Wörterbüchern und Thesauri die französischen Äquivalente der Termini und Definitionen, schlussfolgern Sie mit einem Defintionsvergleich.

2.) ANT/D:

- Was sind die häufigsten Klagebereiche des EuG?
- Was ist der Unterschied zwischen dem EuG und den nationalen Verwaltungsgerichtshöfen?
- Vergleich der Zuständigkeiten von EuGH und EuG.
- Was sind Nichtigkeitsgründe?

3.) Resümee:

Zusammenfassung (D) (je 20 Zeilen) des Falles 3.2.1., der rechtlichen Argumention zur Zulässigkeit 3.2.2.A und zur Begründetheit 3.2.2.B.

4.) ÜS -> F des Urteils 3.2.3.

3.4. Texte et résumé. Jurisprudence Unión de Pequeños Agricultores 25.07.2002 Affaire C-50/00 P[38]

Arrêt de la Cour du 25 juillet 2002.

Pourvoi – Règlement (CE) n° 1638/98 – Organisation commune des marchés dans le secteur des matières grasses – **Recours en annulation** – Personne individuellement concernée – Protection juridictionnelle effective – **Recevabilité**.

Mots clefs

1. Droit communautaire – Principes – **Droit à une protection juridictionnelle effective** – Consécration par la convention européenne des droits de l'homme

2. Communautés européennes – **Contrôle juridictionnel de la légalité des actes des institutions** – Actes de portée générale – Nécessité pour les personnes physiques ou morales d'emprunter la voie de l'exception d'illégalité ou du renvoi préjudiciel en appréciation de validité – Obligation des juridictions nationales d'appliquer les règles procédurales nationales de manière à permettre la contestation de la légalité des actes communautaires de portée générale – **Ouverture du recours en annulation devant le juge communautaire** en cas d'obstacle insurmontable au niveau des règles procédurales nationales – Exclusion

(Traité CE, art. 5, 177 et 184 (devenus art. 10 CE, 234 CE et 241 CE) et art. 173, al. 4 (devenu, après modification, art. 230, al. 4, CE)

3. Recours en annulation – Personnes physiques ou morales – Actes les concernant directement et individuellement – Interprétation contra legem de la condition tenant à la nécessité d'être individuellement concernées – Inadmissibilité

(Traité CE, art. 173, al. 4 (devenu, après modification, art. 230, al. 4, CE); art. 48 UE)

Sommaire

1. La Communauté européenne est une communauté de droit dans laquelle **ses institutions sont soumises au contrôle de la conformité de leurs actes avec le Traité** et les principes généraux du droit dont font partie les droits fondamentaux.

Dès lors, les particuliers doivent pouvoir **bénéficier d'une protection juridictionnelle effective des droits** qu'ils tirent **de l'ordre juridique communautaire**, le droit à une telle protection faisant partie des principes généraux de droit qui découlent des traditions constitutionnelles communes aux États membres. Ce droit a également été consacré par les articles 6 et 13 de la convention européenne des droits de l'homme. (voir points 38-39)

2. Le Traité, par ses articles 173 (devenu, après modification, article 230 CE) et 184 (devenu article 241 CE), d'une part, et par son article 177 (devenu article 234 CE), d'autre part, a établi un système complet de voies de recours et de procédures destiné à assurer le contrôle de la légalité des actes des institutions, en le confiant au juge communautaire. Dans ce système, des personnes physiques ou morales ne pouvant pas, en raison des conditions de recevabilité visées à l'article 173, quatrième alinéa, du Traité, attaquer directement des actes communautaires de portée générale, ont la possibilité, selon les cas, de faire valoir l'invalidité de tels actes soit, de manière incidente en vertu de l'article 184 du

38 Recueil de jurisprudence 2002, p. I-6677.

Traité, devant le juge communautaire, soit devant les juridictions nationales et d'amener celles-ci, qui ne sont pas compétentes pour constater elles-mêmes l'invalidité desdits actes, à interroger à cet égard la Cour par la voie de questions préjudicielles.

Ainsi, il incombe aux États membres de prévoir un système de voies de recours et de procédures permettant d'assurer le respect du droit à une protection juridictionnelle effective.

Dans ce cadre, conformément au principe de coopération loyale énoncé à l'article 5 du Traité (devenu article 10 CE), les juridictions nationales sont tenues, dans toute la mesure du possible, d'interpréter et d'appliquer les règles internes de procédure gouvernant l'exercice des recours d'une manière qui permet aux personnes physiques et morales de contester en justice la légalité de toute décision ou de toute autre mesure nationale relative à l'application à leur égard d'un acte communautaire de portée générale, en excipant de l'invalidité de ce dernier.

À cet égard, n'est pas admissible une interprétation du régime des voies de recours selon laquelle un recours direct en annulation devant le juge communautaire serait ouvert dans la mesure où il pourrait être démontré, après un examen concret par ce dernier des règles procédurales nationales, que celles-ci n'autorisent pas le particulier à introduire un recours lui permettant de mettre en cause la validité de l'acte communautaire contesté. En effet, un tel régime exigerait dans chaque cas concret que le juge communautaire examine et interprète le droit procédural national, ce qui excéderait sa compétence dans le cadre du contrôle de la légalité des actes communautaires. (voir points 40-43)

3. Selon le système de contrôle de la légalité des actes communautaires de portée générale mis en place par le Traité, une personne physique ou morale ne peut former un recours contre un règlement que si elle est concernée non seulement directement mais également individuellement. S'il est vrai que cette dernière condition doit être interprétée à la lumière du principe d'une protection juridictionnelle effective en tenant compte des diverses circonstances qui sont de nature à individualiser un requérant, une telle interprétation ne saurait aboutir à écarter la condition en cause, qui est expressément prévue par le Traité, sans excéder les compétences attribuées par celui-ci aux juridictions communautaires.

Si un système de contrôle de la légalité des actes communautaires de portée générale autre que celui mis en place par le Traité originaire et jamais modifié dans ses principes est certes envisageable, il appartient, le cas échéant, aux États membres, conformément à l'article 48 UE, de réformer le système actuellement en vigueur. (voir points 44-45)

Parties

Dans l'affaire C-50/00 P, Unión de Pequeños Agricultores, ayant son siège à Madrid (Espagne), représentée par Mes J. Ledesma Bartret et J. Jiménez Laiglesia y de Oñate, Abogados, ayant élu domicile à Luxembourg, partie requérante,

ayant pour objet un pourvoi formé contre l'ordonnance du Tribunal de première instance des Communautés européennes (troisième chambre) du 23 novembre 1999, Unión de Pequeños Agricultores/Conseil (T-173/98, Rec. p. II-3357), et tendant à l'annulation de cette ordonnance,

les autres parties à la procédure étant: Conseil de l'Union européenne, représenté par M. I. Díez Parra, en qualité d'agent, ayant élu domicile à Luxembourg, partie défenderesse en première instance, soutenu par: Commission des Communautés européennes, représentée par M. J. Guerra Fernández et Mme M. Condou-Durande, en qualité d'agents, ayant élu domicile à Luxembourg, partie intervenante au pourvoi

LA COUR,

composée de M. G. C. Rodríguez Iglesias, président, M. P. Jann, Mmes F. Macken et N. Colneric, M. S. von Bahr, présidents de chambre, MM. C. Gulmann (rapporteur), D. A. O. Edward, A. La Pergola, J.-P. Puissochet, M. Wathelet, R. Schintgen, V. Skouris et J. N. Cunha Rodrigues, juges, avocat général: M. F. G. Jacobs, greffier: Mme D. Louterman-Hubeau, chef de division,

vu le rapport d'audience,

ayant entendu les parties en leur plaidoirie à l'audience du 6 novembre 2001, au cours de laquelle Unión de Pequeños Agricultores a été représentée par Me J. Jiménez Laiglesia y de Oñate, le Conseil par M. I. Díez Parra et la Commission par M. J. Guerra Fernández et Mme M. Condou-Durande,
ayant entendu l'avocat général en ses conclusions à l'audience du 21 mars 2002, rend le présent

ARRET

Motifs de l'arrêt

1 Par requête déposée au greffe de la Cour le 16 février 2000, Unión de Pequeños Agricultores a, en vertu de l'article 49 du statut CE de la Cour de justice, formé un pourvoi contre l'ordonnance du Tribunal de première instance du 23 novembre 1999, Unión de Pequeños Agricultores/Conseil (T-173/98, Rec. p. II-3357, ci-après l'«ordonnance attaquée»), par laquelle celui-ci a rejeté son recours tendant à l'annulation partielle du règlement (CE) n° 1638/98 du Conseil, du 20 juillet 1998, modifiant le règlement n° 136/66/CEE portant établissement d'une organisation commune des marchés dans le secteur des matières grasses (JO L 210, p. 32, ci-après «le règlement attaqué»).

Le cadre juridique

2 Le 22 septembre 1966, le Conseil a adopté le règlement n° 136/66/CEE, portant établissement d'une organisation commune des marchés dans le secteur des matières grasses (JO 1966, 172, p. 3025). Ce règlement a notamment mis en place une organisation commune des marchés de l'huile d'olive, articulée autour d'un système de prix garantis assortis d'aides à la production. Plusieurs modifications ont été apportées par la suite aux mécanismes instaurés par le règlement n° 136/66. L'organisation commune des marchés de l'huile d'olive ainsi modifiée prévoyait des régimes de prix d'intervention, d'aide à la production, d'aide à la consommation, de stockage ainsi que d'importations et d'exportations.

3 Le 20 juillet 1998, le Conseil a adopté le règlement attaqué qui réforme, notamment, l'organisation commune des marchés de l'huile d'olive. À ce titre, le régime antérieur d'intervention a été aboli et remplacé par un régime d'aide aux contrats de stockage privé.

L'aide à la consommation ainsi que l'aide spécifique aux petits producteurs ont été supprimées. Le mécanisme de stabilisation de l'aide à la production fondé sur une quantité maximale garantie pour toute la Communauté a été amendé par l'introduction d'une répartition de cette quantité maximale garantie entre les États membres producteurs sous la forme de quantités nationales garanties. Enfin, les oliveraies plantées après le 1er mai 1998 sont exclues, sauf exception, de tout régime d'aide futur.

La procédure devant le Tribunal et l'ordonnance attaquée

4 Par requête déposée au greffe du Tribunal le 20 octobre 1998, l'Unión de Pequeños Agricultores, qui est une association professionnelle regroupant et assurant la défense des intérêts de petites entreprises agricoles espagnoles et qui dispose de la personnalité juridique en vertu du droit espagnol, a introduit, en vertu de l'article 173, quatrième alinéa, du Traité CE (devenu, après modification, article 230, quatrième alinéa, CE), un recours tendant à l'annulation du règlement attaqué, à l'exception du régime des aides à l'olive de table.

5 Par acte séparé, déposé au greffe du Tribunal le 23 décembre 1998, le Conseil a, en vertu de l'article 114, paragraphe 1, du règlement de procédure du Tribunal, soulevé une exception d'irrecevabilité.

6 Par l'ordonnance attaquée, le Tribunal a accueilli ladite exception d'irrecevabilité, en sorte qu'il a rejeté le recours comme manifestement irrecevable.

7 Tout d'abord, après avoir rappelé, au point 34 de l'ordonnance attaquée, que, selon une jurisprudence constante, l'article 173, quatrième alinéa, du Traité confère aux particuliers le droit d'attaquer toute décision qui, bien que prise sous l'apparence d'un règlement, les concerne directement et individuellement et que le critère de distinction entre le règlement et la décision doit être recherché dans la portée générale ou non de l'acte en question, le Tribunal a conclu, au point 44 de ladite ordonnance, que le règlement attaqué revêt, par sa nature et sa portée, un caractère normatif et ne constitue pas une décision au sens de l'article 189 du Traité CE (devenu article 249 CE).

8 Ensuite, après avoir rappelé, au point 45 de l'ordonnance attaquée, que, dans certaines circonstances, même un acte normatif s'appliquant à la généralité des opérateurs économiques intéressés peut concerner individuellement certains d'entre eux et que, partant, un acte communautaire peut revêtir à la fois un caractère normatif et, à l'égard de certains opérateurs économiques intéressés, un caractère décisionnel, le Tribunal a relevé:

- au point 46 de l'ordonnance attaquée, que, «pour ce faire, une personne physique ou morale doit cependant être en mesure de démontrer qu'elle est atteinte, par l'acte en cause, en raison de certaines qualités qui lui sont particulières ou d'une situation de fait qui la caractérise par rapport à toute autre personne [...]» et,
- au point 47 de la même ordonnance, que, en outre, la recevabilité des recours introduits par les associations peut, à cet égard, être admise, à tout le moins, dans les situations où une disposition légale reconnaît expressément aux associations professionnelles une série de facultés à caractère procédural, lorsque l'association représente les intérêts d'entreprises qui, quant à elles, seraient recevables à agir et lorsque l'association est individualisée en raison de l'incidence de l'acte contesté sur ses intérêts propres en tant qu'association notamment parce que sa position de négociatrice a été affectée par l'acte dont l'annulation est demandée.

9 Or, en l'espèce, le Tribunal a conclu, au point 48 de l'ordonnance attaquée, que la requérante ne saurait se prévaloir d'aucune de ces trois situations pour justifier la recevabilité de son recours.

10 À cet égard, le Tribunal a notamment relevé, au point 50 de l'ordonnance attaquée, que «la requérante n'a pas démontré que ses membres sont atteints par le règlement attaqué en raison de certaines qualités qui leur sont particulières ou d'une situation de fait qui les caractérise par rapport à toute autre personne. Il suffit, à cet égard, de rappeler que le fait que le règlement attaqué ait affecté, au moment de son adoption, les membres de la requérante agissant alors sur les marchés de l'huile d'olive, le cas échéant, en entraînant la cessation d'activité de quelques-uns d'entre eux, n'est pas de nature à les caractériser par rapport à tout autre opérateur communautaire, dès lors qu'ils se trouvent dans une situation objectivement déterminée, comparable à celle de tout autre opérateur qui pourrait à présent ou à l'avenir entrer sur ces marchés [...]. Le règlement attaqué ne concerne les membres de la requérante qu'en raison de leur qualité objective d'opérateur économique actif sur ces marchés, au même titre que tous les autres opérateurs actifs sur ceux-ci.»

11 Le Tribunal a en outre relevé, aux points 53 à 55 de l'ordonnance attaquée, que la requérante ne saurait non plus arguer de ce que le règlement attaqué affecterait certains de ses intérêts spécifiques pour justifier la recevabilité de son recours et il a conclu, au point 58 de cette ordonnance, que la requérante ne se trouvait individualisée en vertu d'aucun des critères retenus par la jurisprudence en matière de recevabilité d'un recours en annulation introduit par une association.

12 Enfin, le Tribunal a examiné le dernier argument que la requérante avait invoqué pour établir qu'elle était individuellement concernée par les dispositions du règlement attaqué, à savoir le risque de ne pas bénéficier d'une protection juridictionnelle effective. À cet égard il a jugé ce qui suit:

«61 En ce qui concerne l'argument tiré du défaut de protection juridictionnelle effective, il consiste à dénoncer l'absence de voies de recours internes permettant, le cas échéant, un contrôle de validité du règlement attaqué par la voie du renvoi préjudiciel fondé sur l'article 177 du Traité [CE (devenu article 234 CE)].

62 À cet égard, il convient de souligner que le principe d'égalité de tous les justiciables quant aux conditions d'accès au juge communautaire par le biais du recours en annulation requiert que ces conditions ne soient pas fonction des circonstances propres au système juridictionnel de chaque État membre. À ce sujet, il y a d'ailleurs lieu de relever que, par application du principe de coopération loyale énoncé à l'article 5 du Traité CE (devenu article 10 CE), les États membres sont tenus de contribuer au caractère complet du système de voies de recours et de procédures mis en place par le Traité CE et destiné à confier au juge communautaire le contrôle de la légalité des actes des institutions communautaires (voir, à cet égard, arrêt [du 23 avril 1986,] Les Verts/Parlement, [294/83, Rec. p. 1339], point 23).

63 Ces éléments ne sauraient toutefois justifier que le Tribunal s'écarte du système des voies de recours instauré par l'article 173, quatrième alinéa, du Traité, tel qu'il a été explicité par la jurisprudence, et dépasse les limites de sa compétence posées par cette disposition.

64 La requérante ne saurait non plus tirer aucun argument de la longueur éventuelle d'une procédure fondée sur l'article du Traité. Cette circonstance ne saurait en effet justifier une modification du système des voies de recours et des procédures établi par les articles 173, 177 et 178 du Traité CE (devenu article 235 CE) et destiné à confier à la Cour le contrôle de la légalité des actes des institutions. En aucun cas, un tel argument ne permet

de déclarer recevable un recours en annulation formé par une personne physique ou morale qui ne satisfait pas aux conditions posées par l'article 173, quatrième alinéa, du Traité (ordonnance de la Cour du 24 avril 1996, CNPAAP/Conseil, C-87/95 P, Rec. p. I-2003, point 38).»

13 Au terme de ces considérations, le Tribunal a constaté, au point 65 de l'ordonnance attaquée, que la requérante ne pouvait être considérée comme individuellement concernée par le règlement attaqué et que, étant donné qu'elle ne satisfaisait pas à l'une des conditions de recevabilité posées par l'article 173, quatrième alinéa, du Traité, il n'était pas nécessaire d'examiner la question de savoir si elle était directement concernée par ledit règlement.

Le pourvoi

14 Par son pourvoi, la requérante demande à ce qu'il plaise à la Cour:
- annuler l'ordonnance attaquée;
- déclarer recevable son recours au fond et renvoyer l'affaire devant le Tribunal pour qu'il statue sur celui-ci.

15 Le Conseil a conclu à ce qu'il plaise à la Cour:
- déclarer le pourvoi manifestement irrecevable ou, à titre subsidiaire, manifestement non fondé;
- condamner la requérante aux dépens.

16 Par ordonnance du président de la Cour du 12 septembre 2000, la Commission a été admise à intervenir au soutien des conclusions du Conseil.

17 À l'appui de son pourvoi, la requérante invoque quatre moyens.

18 En premier lieu, elle soutient que le Tribunal a, au point 61 de l'ordonnance attaquée, interprété de manière erronée son argument tiré de l'absence d'une protection juridictionnelle effective en cas d'irrecevabilité du recours. En effet, elle n'aurait pas fondé cet argument sur la simple absence de voies de recours internes, mais sur le fait que la déclaration d'irrecevabilité ne respecterait pas en l'espèce la condition d'effectivité qui s'attache au droit fondamental dont elle se prévaut. En deuxième lieu, la requérante fait valoir que la motivation de l'ordonnance attaquée est insuffisante, car elle ne répond pas aux arguments de fait et de droit invoqués dans sa requête et dans ses observations sur l'exception d'irrecevabilité, mais se limite, au point 63 de la même ordonnance, à ne retenir que l'un d'eux, qu'elle reproduit au surplus de manière inexacte. En troisième lieu, la requérante prétend que le point 62 de ladite ordonnance est contradictoire. À cet égard, elle argue que, si le principe de coopération loyale requiert la création d'une voie de recours interne permettant, le cas échéant, un renvoi préjudiciel sur la question de la validité de l'acte communautaire, force est de constater que le respect du droit d'un particulier à une protection juridictionnelle effective est fonction des circonstances propres au système juridictionnel de chaque État membre. En quatrième lieu, la requérante fait valoir que, en n'examinant pas en l'espèce si le fait de déclarer le recours irrecevable n'aboutissait pas, compte tenu de tous les éléments de fait et de droit, à méconnaître le droit fondamental à une protection juridictionnelle effective, l'ordonnance attaquée a méconnu un droit fondamental qui fait partie intégrante de l'ordre juridique communautaire.

Sur la recevabilité du pourvoi

19 Le Conseil, tout comme la Commission, excipe de l'irrecevabilité manifeste du pourvoi pour défaut d'intérêt à agir de la requérante. En effet, toute l'argumentation du Tribunal concernant la protection juridictionnelle effective constituerait un obiter dictum, puisque le véritable motif de l'irrecevabilité du recours tient, ainsi que l'indique le point 65 de l'ordonnance attaquée, au fait que la requérante ne satisfait pas à l'une des conditions de recevabilité prévues à l'article 173, quatrième alinéa, du Traité. Même si le droit interne ne prévoit aucune possibilité de former un recours juridictionnel, le juge communautaire devrait donc continuer à appliquer ladite disposition du Traité en vérifiant si les conditions de recevabilité qu'elle prévoit sont ou non remplies.

20 Pour que son recours puisse être accueilli, la requérante aurait donc dû fonder son pourvoi sur une violation de l'article 173, quatrième alinéa, du Traité par l'ordonnance attaquée et, plus particulièrement, sur la démonstration qu'elle était individuellement concernée par le règlement attaqué, et non pas sur un éventuel défaut de protection juridictionnelle effective, qui, en l'état actuel de la construction communautaire, ne saurait en aucun cas emporter la recevabilité dudit recours.

21 À cet égard, il convient de rappeler que l'existence d'un intérêt à agir du requérant suppose que le pourvoi soit susceptible, par son résultat, de procurer un bénéfice à la partie qui l'a intenté (arrêt du 13 juillet 2000, Parlement/Richard, C-174/99 P, Rec. p. I-6189, point 33).

22 Or, l'ordonnance attaquée a rejeté comme irrecevable le recours de la requérante devant le Tribunal.

23 Il apparaît donc que, si le pourvoi était accueilli, la requérante en tirerait un bénéfice certain puisque son recours pourrait être examiné au fond. La question de savoir si le prétendu droit à une protection juridictionnelle effective peut ou non, dans certaines circonstances, rendre recevable le recours en annulation d'un règlement intenté par une personne physique ou morale porte sur le fond du pourvoi et ne saurait, en tout état de cause, préjuger de l'existence d'un intérêt à agir de la requérante.

24 Dans ces conditions, il y a lieu de déclarer le pourvoi recevable.

Sur le bien-fondé du pourvoi

Les arguments des parties

25 Par ses quatre moyens, qu'il convient d'examiner ensemble, la requérante fait valoir en substance que le rejet de son recours comme irrecevable, en ce qu'il est fondé sur le raisonnement développé aux points 61 à 64 de l'ordonnance attaquée, viole son droit à une protection juridictionnelle effective pour la défense de ses propres intérêts ou de ceux de ses membres.

26 Selon la requérante, les dispositions litigieuses du règlement attaqué, qui portent suppression du régime d'intervention, de l'aide à la consommation ainsi que de l'aide aux petits producteurs, n'appellent aucune réglementation nationale de mise en oeuvre et ne donnent pas lieu à des actes des autorités espagnoles. Par conséquent, la requérante n'aurait pas la possibilité, dans le système juridique espagnol, de demander l'annulation d'un acte national se rapportant auxdites dispositions, de sorte qu'un renvoi préjudiciel en appréciation de la validité de ces dernières serait exclu. En outre, la requérante ou ses membres ne pourraient même pas enfreindre de telles dispositions pour ensuite contester la validité de la sanction qui leur serait, le cas échéant, appliquée.

27 En n'examinant pas si le fait de déclarer irrecevable le recours tendant à l'annulation partielle du règlement attaqué ne conduit pas, compte tenu des circonstances de l'espèce, à méconnaître le caractère effectif du droit à la protection juridictionnelle de la requérante, l'ordonnance attaquée aurait méconnu un droit fondamental qui fait partie intégrante de l'ordre juridique communautaire.

28 La requérante soutient que le droit à une protection juridictionnelle effective implique l'examen spécifique des circonstances particulières de l'espèce. Il ne saurait être question d'effectivité réelle d'un droit sans que son caractère effectif soit examiné concrètement. En réalité, un tel examen impliquerait nécessairement que soit recherché s'il existe, dans le cas d'espèce, une autre voie de recours. À cet égard, la requérante se réfère aux points 32 et 33 de l'arrêt du 2 avril 1998, Greenpeace Council e.a./Commission (C-321/95 P, Rec. p. I-1651), qui, selon elle, confirme que, s'il n'existe pas une voie de recours national, il y a lieu d'admettre la recevabilité d'un recours en annulation introduit en vertu de l'article 173, quatrième alinéa, du Traité.

29 Le Conseil et la Commission font valoir en substance que le pourvoi est, en tout état de cause, manifestement non fondé puisque l'article 173, quatrième alinéa, du Traité ne prévoit pas que l'impossibilité pour la requérante d'avoir accès à une voie de recours juridictionnel en droit national constitue un critère ou une circonstance susceptible de justifier la recevabilité d'un recours direct en annulation formé par une personne physique ou morale contre un acte communautaire de portée générale. Le seul critère pertinent serait que cette dernière soit directement et individuellement concernée par l'acte attaqué. Or, le pourvoi n'analyserait pas la question de savoir si la requérante est individuellement et directement concernée et évoquerait uniquement l'analyse que le Tribunal a consacrée aux arguments invoqués au sujet de la protection juridictionnelle effective.

30 Le Conseil et la Commission rappellent en outre que le Traité a prévu un système complet de voies de recours destiné à confier à la Cour le contrôle de la légalité ou de la validité des actes des institutions et, notamment, des actes de portée générale. Certes, selon la Commission, un État membre qui rendrait excessivement difficile, voire impossible, la présentation d'une question préjudicielle violerait le droit fondamental à une protection juridictionnelle effective et manquerait ainsi à son devoir de coopération loyale tel que prévu à l'article 5 du Traité. Cependant, même dans ce cas, il ne pourrait être mis fin à une telle infraction en forçant le sens de l'article 173, quatrième alinéa, du Traité, mais en engageant une procédure d'infraction contre l'État membre en question, conformément à l'article 226 CE.

31 La Commission fait valoir, au surplus, qu'elle ne comprend pas comment la requérante peut affirmer que le droit espagnol n'offre aucune voie de recours juridictionnel contre le règlement attaqué. Elle rappelle que celui-ci est un acte obligatoire qui produit directement des droits et des obligations dans le chef des administrés, de sorte que toute violation de ses dispositions peut être invoquée devant les juridictions nationales. Or, en droit espagnol, comme sans doute dans d'autres ordres juridiques des États membres, l'administration serait tenue de prendre une décision sur les demandes formulées par les personnes concernées. Si, au-delà d'un certain délai, les autorités compétentes se sont abstenues de prendre position sur lesdites demandes, un tel silence équivaudrait à une réponse négative ou, au contraire, à une réponse positive dans certains cas, ce qui permettrait d'exercer un recours lorsque l'auteur de la demande en cause n'est pas satisfait de la réponse réservée à celle-ci. Une fois la voie juridictionnelle engagée, rien n'empêcherait ledit particulier d'invoquer toutes les règles du droit communautaire et de demander, le

cas échéant, un renvoi préjudiciel portant sur l'interprétation ou la validité de l'acte contesté sur le fondement de l'article 234 CE.

Appréciation de la Cour

32 À titre liminaire, il convient de relever que la requérante n'a pas contesté la constatation du Tribunal, au point 44 de l'ordonnance attaquée, selon laquelle le règlement attaqué revêt une portée générale. Elle n'a pas non plus contesté la constatation, au point 56 de ladite ordonnance, que les intérêts propres de la requérante n'étaient pas affectés par le règlement attaqué, ni celle, au point 50 de cette dernière, selon laquelle ses membres ne sont pas atteints par le règlement attaqué en raison de certaines qualités qui leur sont particulières ou d'une situation de fait qui les caractérise par rapport à toute autre personne.

33 Dans ces conditions, il convient d'examiner si la requérante, en tant que représentante des intérêts de ses membres, peut néanmoins être recevable à introduire, dans le respect de l'article 173, quatrième alinéa, du Traité, un recours en annulation du règlement attaqué, au seul motif que le droit à une protection juridictionnelle effective l'exigerait, compte tenu de l'absence alléguée de toute voie de recours devant la juridiction nationale.

34 Il y a lieu de rappeler que, selon l'article 173, deuxième et troisième alinéas, du Traité, la Cour est compétente pour se prononcer sur les recours pour incompétence, violation des formes substantielles, violation du Traité ou de toute règle de droit relative à son application, ou détournement de pouvoir, formés par un État membre, le Conseil ou la Commission, ou encore, lorsqu'ils tendent à la sauvegarde de leurs prérogatives, par le Parlement européen, par la Cour des comptes et par la Banque centrale européenne. Aux termes du quatrième alinéa de ladite disposition, «[t]oute personne physique ou morale peut former, dans les mêmes conditions, un recours contre les décisions dont elle est le destinataire et contre les décisions qui, bien que prises sous l'apparence d'un règlement ou d'une décision adressée à une autre personne, la concernent directement et individuellement.»

35 Ainsi, dans le cadre de l'article 173 du Traité, un règlement, en tant qu'acte de portée générale, ne peut être attaqué par des sujets de droit autres que les institutions, la Banque centrale européenne et les États membres (voir, en ce sens, arrêt du 6 mars 1979, Simmenthal/Commission, 92/78, Rec. p. 777, point 40).

36 Cependant, un acte de portée générale tel qu'un règlement peut, dans certaines circonstances, concerner individuellement certaines personnes physiques ou morales, revêtant dès lors un caractère décisionnel à leur égard (voir, notamment, arrêts du 16 mai 1991, Extramet Industrie/Conseil, C-358/89, Rec. p. I-2501, point 13; du 18 mai 1994, Codorniu/Conseil, C-309/89, Rec. p. I-1853, point 19, et du 31 mai 2001, Sadam Zuccherifici e.a./Conseil, C-41/99 P, Rec. p. I-4239, point 27). Tel est le cas si l'acte en cause atteint une personne physique ou morale en raison de certaines qualités qui lui sont particulières ou d'une situation de fait qui la caractérise par rapport à toute autre personne et de ce fait l'individualise d'une manière analogue à celle d'un destinataire (voir, notamment, arrêts du 15 juillet 1963, Plaumann/Commission, 25/62, Rec. p. 197, 223, et du 22 novembre 2001, Nederlandse Antillen/Conseil, C-452/98, Rec. p. I-8973, point 60).

37 À défaut de remplir cette condition, aucune personne physique ou morale n'est, en tout état de cause, recevable à introduire un recours en annulation contre un règlement (voir, à cet égard, ordonnance CNPAAP/Conseil, précitée, point 38).

38 Cependant, il convient de rappeler que la Communauté européenne est une communauté de droit dans laquelle ses institutions sont soumises au contrôle de la conformité

de leurs actes avec le Traité et les principes généraux du droit dont font partie les droits fondamentaux.

39 Dès lors, les particuliers doivent pouvoir bénéficier d'une protection juridictionnelle effective des droits qu'ils tirent de l'ordre juridique communautaire, le droit à une telle protection faisant partie des principes généraux de droit qui découlent des traditions constitutionnelles communes aux États membres. Ce droit a également été consacré par les articles 6 et 13 de la convention européenne de sauvegarde des droits de l'homme et des libertés fondamentales (voir, notamment, arrêts du 15 mai 1986, Johnston, 222/84, Rec. p. 1651, point 18, et du 27 novembre 2001, Commission/Autriche, C-424/99, Rec. p. I-9285, point 45).

40 Or, le Traité, par ses articles 173 et 184 (devenu article 241 CE), d'une part, et par son article 177, d'autre part, a établi un système complet de voies de recours et de procédures destiné à assurer le contrôle de la légalité des actes des institutions, en le confiant au juge communautaire (voir, en ce sens, arrêt du 23 avril 1986, Les Verts/Parlement, 294/83, Rec. p. 1339, point 23). Dans ce système, des personnes physiques ou morales ne pouvant pas, en raison des conditions de recevabilité visées à l'article 173, quatrième alinéa, du Traité, attaquer directement des actes communautaires de portée générale, ont la possibilité, selon les cas, de faire valoir l'invalidité de tels actes soit, de manière incidente en vertu de l'article 184 du Traité, devant le juge communautaire, soit devant les juridictions nationales et d'amener celles-ci, qui ne sont pas compétentes pour constater elles-mêmes l'invalidité desdits actes (voir arrêt du 22 octobre 1987, 314/85, Foto-Frost, Rec. p. 4199, point 20), à interroger à cet égard la Cour par la voie de questions préjudicielles.

41 Ainsi, il incombe aux États membres de prévoir un système de voies de recours et de procédures permettant d'assurer le respect du droit à une protection juridictionnelle effective.

42 Dans ce cadre, conformément au principe de coopération loyale énoncé à l'article 5 du Traité, les juridictions nationales sont tenues, dans toute la mesure du possible, d'interpréter et d'appliquer les règles internes de procédure gouvernant l'exercice des recours d'une manière qui permet aux personnes physiques et morales de contester en justice la légalité de toute décision ou de toute autre mesure nationale relative à l'application à leur égard d'un acte communautaire de portée générale, en excipant de l'invalidité de ce dernier.

43 À cet égard, il y a lieu de constater, ainsi que l'a relevé M. l'avocat général aux points 50 à 53 de ses conclusions, que n'est pas admissible une interprétation du régime des voies de recours telle que celle défendue par la requérante et selon laquelle un recours direct en annulation devant le juge communautaire serait ouvert dans la mesure où il pourrait être démontré, après un examen concret par ce dernier des règles procédurales nationales, que celles-ci n'autorisent pas le particulier à introduire un recours lui permettant de mettre en cause la validité de l'acte communautaire contesté. En effet, un tel régime exigerait dans chaque cas concret que le juge communautaire examine et interprète le droit procédural national, ce qui excéderait sa compétence dans le cadre du contrôle de la légalité des actes communautaires.

44 Enfin, il convient d'ajouter que, selon le système de contrôle de la légalité mis en place par le Traité, une personne physique ou morale ne peut former un recours contre un règlement que si elle est concernée non seulement directement mais également individuellement. S'il est vrai que cette dernière condition doit être interprétée à la lumière du principe d'une protection juridictionnelle effective en tenant compte des diverses circonstances qui sont de nature à individualiser un requérant (voir, par exemple, arrêts du 2 février

1988, Van der Kooy/Commission, 67/85, 68/85 et 70/85, Rec. p. 219, point 14; Extramet Industrie/Conseil, précité, point 13, et Codorniu/Conseil, précité, point 19), une telle interprétation ne saurait aboutir à écarter la condition en cause, qui est expressément prévue par le Traité, sans excéder les compétences attribuées par celui-ci aux juridictions communautaires.

45 Si un système de contrôle de la légalité des actes communautaires de portée générale autre que celui mis en place par le Traité originaire et jamais modifié dans ses principes est certes envisageable, il appartient, le cas échéant, aux États membres, conformément à l'article 48 UE, de réformer le système actuellement en vigueur.

46 Compte tenu de ce qui précède, il convient de constater que le Tribunal n'a pas commis une erreur de droit en déclarant le recours introduit par la requérante irrecevable sans examiner si, en l'occurrence, il existait une voie de recours devant une juridiction nationale permettant l'examen de la validité du règlement attaqué.

47 Dès lors, il y a lieu de rejeter le pourvoi.

Sur les dépens

48 Aux termes de l'article 69, paragraphe 2, du règlement de procédure, applicable à la procédure de pourvoi en vertu de l'article 118, toute partie qui succombe est condamnée aux dépens, s'il est conclu en ce sens. Le Conseil ayant conclu à la condamnation de la requérante et celle-ci ayant succombé en ses moyens, il y a lieu de la condamner aux dépens.

49 Aux termes de l'article 69, paragraphe 4, premier alinéa, du règlement de procédure, également applicable à la procédure de pourvoi en vertu dudit article 118, les institutions qui sont intervenues au litige supportent leurs propres dépens. Conformément à cette disposition, il y a lieu de décider que la Commission supporte ses propres dépens.

Dispositif

Par ces motifs,

LA COUR, déclare et arrête:

1) Le pourvoi est rejeté.
2) Unión de Pequeños Agricultores est condamnée aux dépens.
3) La Commission des Communautés européennes supporte ses propres dépens.

Résumé

Dans cet arrêt, la Cour de Justice réaffirme sa jurisprudence relative aux conditions d'accès des particuliers au juge communautaire. Elle rappelle qu'une personne physique ou morale ne peut former un recours en annulation contre un règlement que si elle est concernée directement et individuellement par ses dispositions. Une révision du Traité serait nécessaire pour établir un autre système.

Concernant les faits, une association professionnelle de petites entreprises agricoles espagnoles, l'Unión de Pequeños Agricultores, a **formé un pourvoi**

contre une ordonnance du 23 novembre 1999 **du Tribunal de première instance** par laquelle a été rejeté son recours tendant à l'annulation partielle d'un règlement concernant l'organisation commune du marché dans le secteur des matières grasses dont le marché de l'huile d'olive. **Le Tribunal de première instance a considéré comme manifestement irrecevable ce recours** au motif que les membres de l'association n'étaient pas concernés de manière individuelle par les dispositions du règlement en cause. La Cour précise que la question à trancher dans le cadre de ce pourvoi touche à la possibilité pour un particulier, non individuellement concerné par les dispositions d'un règlement, d'introduire un recours en annulation au seul motif que le droit à une protection juridictionnelle effective l'exigerait et ce, compte tenu de l'absence alléguée de toute voie de recours devant la juridiction nationale. Selon le Traité CE, „toute personne physique ou morale peut former (...) un recours contre les décisions dont elle est le destinataire et contre les décisions qui, bien que prises sous l'apparence d'un règlement ou d'une décision adressée à une autre personne, la concernent directement et individuellement“. Il est de jurisprudence constante qu'un particulier ne peut donc attaquer un acte de portée générale que si cet acte l'atteint en raison de certaines qualités qui lui sont particulières ou d'une situation de fait qui le caractérise par rapport à toute autre personne. À défaut de remplir cette condition, aucune personne physique ou morale n'est recevable à introduire un recours en annulation contre un règlement.

La Cour rappelle cependant, que la Communauté européenne est **une communauté de droit** dans laquelle ses institutions sont soumises au contrôle de la conformité de leurs actes avec le Traité et les principes généraux du droit dont font partie les droits fondamentaux. Dès lors, les particuliers doivent pouvoir bénéficier d'une protection juridictionnelle effective des droits qu'ils tirent de l'ordre juridique communautaire, qui fait partie des principes généraux du droit qui découlent des traditions constitutionnelles communes aux États membres. Or, le Traité a établi un système complet de voies de recours et de procédures destiné à assurer le contrôle de la légalité des actes des institutions dont le juge communautaire est le garant. Dans ce système, les personnes physiques ou morales, empêchées par ces conditions de recevabilité d'attaquer directement des actes communautaires de portée générale, peuvent faire valoir l'invalidité de ces actes:

• soit devant le juge communautaire par la voie d'un recours incident qui attaquerait la mesure communautaire prise en application de l'acte en cause,

• soit devant les juridictions nationales qui, non compétentes pour constater elles-mêmes l'invalidité desdits actes, interrogent la Cour par le biais du renvoi préjudiciel.

Concernant cette dernière hypothèse, il incombe aux Etats membres de prévoir un système de voies de recours et de procédures permettant d'assurer le respect du droit à une protection juridictionnelle effective. Conformément au principe de coopération loyale instauré par le Traité, les juridictions nationales sont tenues d'interpréter les règles de procédure nationales d'une manière qui permet aux personnes physiques ou morales de contester en justice la légalité d'une mesure nationale prise en application d'un règlement et, par là même, de remettre en cause la validité de ce dernier.

La Cour n'admet pas qu'un recours direct en annulation devant le juge communautaire soit ouvert s'il s'avérait que les règles procédurales nationales n'autorisent pas un particulier à introduire un recours lui permettant de mettre en cause la validité de l'acte communautaire contesté car cela conduirait le juge communautaire à interpréter le droit procédural national. Par ailleurs, si l'interprétation de la notion de „particulier individuellement concerné" implique, pour des raisons de protection juridictionnelle effective, qu'il soit tenu compte des diverses circonstances susceptibles d'individualiser un requérant, elle ne saurait conduire à la suppression de cette condition expressément prévue par le Traité. Dans ce cas, le juge communautaire excéderait sa compétence. Seuls les États membres ont, conformément à la procédure de révision du Traité, le pouvoir de modifier le système de contrôle de la légalité des actes communautaires de portée générale.

Pour mettre en perspective cet arrêt, il convient de rappeler que, dans ses conclusions du 21 mars 2002, l'avocat général avait proposé à la Cour une modification radicale de sa jurisprudence, qu'il estimait nécessaire pour assurer une protection juridictionnelle effective. Par ailleurs, en faisant référence à ces conclusions, le Tribunal de première instance, dans l'arrêt du 3 mai 2002, aff. T-177/01, Jego-Quéré et Cie, s'était écarté, à l'époque, de la jurisprudence de la Cour.

3.5. Glossar und Übungen

1.) ÜS->D:

l'arrêt de la Cour
le Pourvoi
le bien-fondé du pourvoi
la recevabilité du pourvoi
former un pourvoi contre une ordonnance du TPI
le recours en annulation
déclarer un recours
considérer un recours comme irrecevable
une protection juridictionnelle effective

bénéficier d'une protection juridictionnelle effective des droits
le contrôle juridictionnel de la légalité des actes des institutions
le contrôle de la conformité des actes avec le traité
l'ouverture du recours en annulation devant le juge communautaire
le rapport d'audience
l'appréciation de la Cour
la communauté de droit
la procédure de révision du Traité

2.) ANT (D): *Antworten Sie auf Deutsch in vollständigen Sätzen*

• Welcher Kontrolle sind die Institutionen unterworfen?
• Was ist die Rolle des Gemeinschaftsrichters?
• Wer kann um die Ungültigkeitserklärung der Gemeinschaftsrechtsakte ansuchen?
• Wo kann darum angesucht werden?
• Wozu sind die nationalen Rechtsinstanzen gezwungen?
• Wer hat das Recht, das Kontrollsystem zu ändern?

3.6. Die Untätigkeitsklage (Art. 232 Abs. 3 EGV)

Die **privilegierten Klagsbefugten** (Mitgliedstaat und jeweils andere Organe sowie die Europäische Zentralbank) können Untätigkeitsklage erheben, wenn ein **Organ** der Gemeinschaft (Parlament, Rat oder Kommission) es in **Verletzung des Vertrags unterlassen** hat, **einen Beschluss zu fassen**, und trotz **Aufforderung** zum Handeln binnen zweier Monate dazu **nicht Stellung genommen** hat. Einzelpersonen können gemäss Art. 232 Abs. 3 EGV die Untätigkeitsklage nur dann erheben, wenn ein Organ der Gemeinschaft es wiederum vertragswidrig unterlassen hat, einen anderen Akt als eine Empfehlung oder eine Stellungnahme **an sie zu richten**.

Bekämpft wird mit dieser Klage die **rechtswidrige Säumnis** von EG-Organen, die Untätigkeit in Form einer Unterlassung eines Beschlusses, zu dem das Organ verpflichtet gewesen wäre. Die Aufforderung an das Organ zum Tätigwerden ist **zwingende Voraussetzung** für **die Zulässigkeit der Klage**. Trifft das betroffene Organ binnen der Frist von zwei Monaten, die zur Stellungnahme eingeräumt wurden, keine verbindliche Entscheidung in der Sache, so ist innerhalb einer Frist von weiteren zwei Monaten die Klageerhebung möglich.

3.6.1. Fallstudie: Parlament vs. Rat (1985)

In diesem Fall hatte der EuGH Gelegenheit, die Bestimmungen des Art. 175 EG (jetzt 232 EGV) zu konkretisieren. Eine **vertragswidrige Untätigkeit** liegt demnach erst dann vor, wenn anhand der **Vertragsbestimmungen** bereits erkannt werden kann, welche **Rechtshandlungen** mit welchem Inhalt und Ziel das Organ hätte setzen müssen. Im konkreten Fall wurde etwa die Verpflichtung zu Rechtsakten betreffend „einen gemeinsamer Verkehrspolitik“ (ohne inhaltliche Determinierung dieser Politik im Vertrag) als zu unbestimmt angesehen, um als Basis für eine Untätigkeitsklage zu gelten. Wird die Untätigkeit des oder der Organe als vertragswidrig erklärt, so haben sie die sich aus dem Urteil des Gerichtshofs ergebenden Massnahmen zu ergreifen (Art. 233 EGV), d.h. insbesondere den geforderten Rechtsakt zu erlassen.

3.7. Glossar und Übungen

der privilegierte Klagsbefugte	le demandeur privilégié
das Organ	l'organe/l'institution
die Verletzung des Vertrags	la violation du Traité
unterlassen	omettre
einen Beschluss zu fassen	rendre une ordonnance
die Aufforderung	l'injonction
nicht Stellung nehmen	ne pas prendre de position
etw. an jdn. richten	destiner qch. à qqn.
die rechtswidrige Säumnis	la défaillance, négligence illégale
die zwingende Voraussetzung	une condition obligatoire
die Zulässigkeit der Klage	la recevabilité d'un recours
die vertragswidrige Untätigkeit	la carence illégale
die Vertragsbestimmungen	les dispositions du Traité
die Rechtshandlungen	les actes juridiques

Üs -> F: Die Untätigkeitsklage Abschnitt 1 und 2.

3.8. Die Schadenersatzklagen (Art. 235, 288 Abs. 2 EGV)

Gemäss Art. 288 Abs. 2 EGV haftet die EU den Gemeinschaftsbürgern gegenüber für die von ihren Organen oder Bediensteten **verursachten Schäden**. Diese Form der **Amtshaftung** der EU ist von der **Staatshaftung** der Migliedstaaten wegen nicht ordnungsgemässer Anwendung oder Umsetzung des Gemeinschaftsrechts abzugrenzen. Letzteres findet die Grundlagen zwar auch in den allgemeinen Grundsätzen des Gemeinschaftsrechts, die Geltendmachung des Anspruchs richtet sich jedoch materiell wie formell nach nationalem Staatshaftungsrecht. Art. 288 Abs. 2 EGV regelt die **ausservertragliche Haftung** der EU. Die Vertragliche Haftung der EU, z.B. aus Kaufverträgen oder Mietverträgen gemäss Art. 288 Abs. 1 EGV, soll hier nicht im Einzelnen dargestellt werden, da diese sich nach den Regeln des IPR richtet und daher vor nationalen Gerichten auf der Grundlage nationaler Rechtsvorschriften verhandelt wird. Der materielle **Amtshaftungsanpruch** wird gemäss Art; 235, 288 Abs. 2 EGV durch eine Schadenersatzklage vor dem EuG geltend gemacht.

3.8.1. Materielle Voraussetzungen

Gemäss Art. 288 Abs. 2 EGV richtet sich die Voraussetzung des Amtshaftungsanspruchs „nach den allgemeinen Rechtsgrundsätzen, die den Rechtsordnungen der Mitgliedstaaten gemeinsam sind“. Damit enthält die Regelung eine **Ermächtigung** und Aufforderung an den EuGH, im Wege richterlicher Rechtsfortbildung diese Voraussetzung durch wertende Rechtsvergleichung zu entwickeln. Nach der Rechtsprechung des EuGH[39] muss ein **rechtswidriges Verhalten** eines Organs oder Bediensteten der EU einen **adäquat kausalen Schaden** verursacht haben. Ein **Verschulden** des Organs oder Bediensteten in Form von Vorsatz oder Fahrlässigkeit ist nach der Rechtsprechung des EUGH nicht erforderlich[40].

3.8.1.1. Handeln des Organs oder der Bediensteten der EU

Das Handeln des Organs oder der Bediensteten der EU muss in Ausübung gemeinschaftsrechtlicher **Aufgaben**, also nicht nur bei Gelegenheit dienstlicher Verrichtungen, erfolgen. Ausser administrativem Handeln wird davon auch normatives Handeln in Form der Rechtsetzung durch den Rat oder die Kommission erfasst[41]. Das „Handeln“ kann sowohl in einem positiven Tun, aber auch in einem **pflichtwidrigen Unterlassen** bestehen[42]. Die Tatbestandsmässigkeit des Unterlassens setzt dabei wie nach deutschem Recht das Bestehen einer Handlungs-

39 E, 1971, 325, 337; 1987, 49, 90.
40 E, 1986, 1907
41 EuG, 1971, 975, 984; 1987, 49, 90.
42 EuG, 1984, 2589, 2597.

pflicht des Organs oder der Bediensten voraus. Das Verhalten muss jedoch dem Organ zuzurechnen sein.

3.8.1.2. Rechtswidrigkeit

Den Schwerpunkt der Prüfung des **Schadenersatzanspruches** bildet regelmässig die Rechtswidrigkeit des Verhaltens. Diese liegt bei der Verletzung einer Norm des Gemeinschaftsrechts vor, die zumindest auch den Schutz des Einzelnen zum Gegenstand hat. Im Zusammenhang mit administrativem Handeln legt der EuGH dieses Merkmal weit aus. Eine **positivrechtliche Regelung** des Primär- oder Sekundärrechts ist nicht erforderlich. Vielmehr genügt ein Verstoss gegen die gemeinschaftsrechtlich garantierten **rechtsstaatlichen Grundsätze**, z.B. gegen die **Verhältnismässigkeit** oder den **Vertrauensschutz**. Auch wenn der EuGH in diesem Zusammenhang häufig von einer höherrangigen Norm spricht, ist dies nicht im Sinne einer Über- oder Unterordnung gemeint. Vielmehrt ist dieser Begriff eher als „verbindliche" Norm zu verstehen, sodass die Verletzung geltenden Rechts genügt, ohne dass es auf seinen Rang ankäme[43]. Besonderer Prüfung bedarf dieses **Merkmal** hingegen bei Ansprüchen, die auf normatives Handeln gestützt werden. Hier ist nach der Rechtsprechung des EuGH die hinreichend qualifizierte Verletzung einer höherrangigen Schutznorm erforderlich. Eine eindeutige Definition dieses Merkmals ist der Rechtsprechung des EuGH nicht zu entnehmen und daher ist es im Einzelnen äusserst umstritten.

Bei Rechtsetzungsakten, die das Ergebnis einer durch weites gesetzgeberisches Ermessen gekennzeichneten wirtschaftspolitischen Entscheidung sind, liegt eine hinreichend qualifizierte Verletzung nach der Rechtsprechung des EuGH nur vor, wenn das handelnde Organ die Grenzen seiner Befugnisse **offenkundig und erheblich** überschritten hat[44]. Zur Bestimmung des Merkmals „offenkundig und erheblich" lehnt sich der EuGH an die aus dem **deutschen Entschädigungsrecht** bekannte **Sonderopfertheorie** an und passt sich insbesondere an den Kreis der von der rechtswidrigen Norm Betroffenen sowie den Grad ihrer **Beeinträchtigung** an. Im Einzelnen hat er in seiner bisherigen Rechtsprechung vier Gesichtspunkte herausgearbeitet:

- Bedeutung der verletzten Rechtsregel,
- Betroffenheit,
- Höhe des Schadens, Grad der Beeinträchtigung und
- Fehlen einer hinreichenden Begründung für das Verhalten der Gemeinschaftsorgane.

---

43 *Grabitz/v. Bogdandy* Art. 215 EGV, Rdnr. 34; *Bleckmann* Rdnr. 706.
44 EuGH NJW, 1980, 1214, 1215; NJwZ, 1992, 1077.

Fallstudie: nach EuGH NVwZ 1992, 1077:

Eine MilchmengenVO sah in ihrer ursprünglichen Form keine Ausnahmetatbestände für die Bauern vor, die aufgrund einer entsprechenden VO des Rats eine Nichtvermarktungsverpflichtung für Milch über 5 Jahre eingegangen waren und deshalb in dem massgeblichen Referenzjahr keine Milch produziert hatten.

In einem späteren Verfahren wurde die Gemeinschaftswidrigkeit der VO festgestellt, und es wurden nachträglich Ausnahmetatbestände aufgenommen. Die ca. 12.000 betroffenen Bauern verlangen nun Schadenersatz für die Zeit, in der sie keine Milchreferenzmenge zugewiesen bekommen haben.

Der EuGH hat zunächst festgestellt, dass die MilchmengenVO den Grundsatz des Vertrauensschutzes verletzt und damit gegen höherrangiges Recht verstösst. Des Weiteren ist er davon ausgegangen, dass der Gemeinschaftsgesetzgeber die Grenzen seines Ermessens offenkundig und erheblich überschritten hat, als er, ohne sich auf ein höheres öffentliches Interesse zu berufen, die besondere Lage der Erzeuger, die in Erfüllung ihrer Verpflichtung während des Referenzjahres keine Milch lieferten, ausser Acht gelassen hat. Offenkundig ist die Verletzung insbesondere deshalb, weil die MilchmengenVO für die Erzeuger nicht vorhersehbar war oder sich innerhalb der Grenzen normaler wirtschaftlicher Risiken hielt. Der EuGH hat daher den Schadenersatzanspruch der Milcherzeuger bejaht.

3.8.1.3. Umfang des Schadenersatzes

Der zu ersetzende Schaden umfasst den gesamten **Vermögensschaden**, einschliesslich des entgangenen Gewinns[45]. Auch immaterielle Schäden sind ersatzfähig[46]. Die Kausalität wird nach einer weiten **Adäquanztheorie** bestimmt, die insbesondere dann Bedeutung bekommt, wenn die Vermögenseinbusse auf wirtschaftliche Risiken zurückzuführen ist, die der Tätigkeit immanent sind[47].

3.8.1.4. Die prozessuale Geltendmachung

Der Schadenersatzanspruch ist im Wege der Amtshaftungsklage gemäss Art. 235 EGV geltend zu machen. Innerhalb der europäischen Gerichtsbarkeit liegt die **sachliche Zuständigkeit** für Klagen gemäss Art. 225 Abs. 1 EGV beim EuG.

Klagebefugt ist der Kläger, wenn er behauptet, dass ihm aus eigenem Recht ein Schadenersatzanspruch gemäss Art. 288 Abs. 2 EGV zusteht. Nach der früher

45 EuG, 1967, 331, 359.
46 EuG, 1979, 2093, 2103.
47 EuG, 1984, 4057, 4080.

vom EuGH vertretenen Auffassung fehlte das **Rechtsschutzbedürfnis** für eine Klage gemäss Art. 235 EGV dann, wenn der Schadenersatz auf einen rechtswidrigen Normativakt gestützt wurde. Der EuGH ging davon aus, dass insoweit die Nichtigkeits- und Untätigkeitsklage vorrangig seien[48] und Schadenersatz erst nach **Feststellung der Nichtigkeit** des Rechtsakts oder der Rechtswidrigkeit des Unterlassens in diesen Verfahren begehrt werden könne. Heute wird die Schadenersatzklage gemäss Art. 235 EGV selbstständiger Rechtsbehelf mit eigenen Funktionen im System der Klagearten verstanden, sodass sie auch auf einen rechtswidrigen Normativakt gestützt werden kann[49]. Klagegegner ist die Europäische Union. Die Union wird durch das Organ vertreten, von dem die **schadensbegründende Handlung** ausgegangen sein soll. Die Klagefrist beträgt gemäss Art. 43 der Satzung EuGH 5 Jahre nach Eintritt des Ereignisses, welches der Klage zugrunde liegt. Die Klagefrist ist gleichzeitig auch materielle Verjährungsfrist für den Schadenersatzanspruch[50].

3.8.1.5. Texte et résumé. Jurisprudence Médiateur / Lamberts 23.03.2004 Affaire C-234/02 P[51]

Mots clefs: Pourvoi – Irrecevabilité – Responsabilité non contractuelle – Traitement par le Médiateur européen d'une plainte relative à un concours interne de titularisation.

Dans l'affaire C-234/02 P, Médiateur européen, représenté par M. J. Sant'Anna, en qualité d'agent, ayant élu domicile à Luxembourg, partie requérante, soutenu par le Parlement européen, représenté par MM. H. Krück et C. Karamarcos, en qualité d'agents, ayant élu domicile à Luxembourg,
ayant pour objet un pourvoi formé contre l'arrêt du Tribunal de première instance des Communautés européennes (troisième chambre) du 10 avril 2002, Lamberts/Médiateur (T-209/00, Rec. p. II-2203), et tendant à l'annulation partielle de cet arrêt,
l'autre partie à la procédure étant: Frank Lamberts, représenté par Me E. Boigelot, avocat, ayant élu domicile à Luxembourg,
partie demanderesse en première instance ayant formé un pourvoi incident,

LA COUR,

composée de M. V. Skouris, président, MM. P. Jann, C. W. A. Timmermans, C. Gulmann (rapporteur), J. N. Cunha Rodrigues et A. Rosas, présidents de chambres, MM. J.-P. Puissochet et R. Schintgen, Mmes F. Macken et N. Colneric, et M. S. von Bahr, juges, avocat général: M. L. A. Geelhoed, greffier: Mme M. Múgica Arzamendi, administrateur principal,

---

48 EuG, 1963, 213, 239.
49 EuGH, NJW, 1980, 1214, 1215.
50 EuG, 1982, 85, 105.
51 Recueil de jurisprudence 2004, p. 0.

vu le rapport d'audience, ayant entendu les parties en leur plaidoirie à l'audience du 13 mai 2003, ayant entendu l'avocat général en ses conclusions à l'audience du 3 juillet 2003, rend le présent:

ARRET

Motifs de l'arrêt

1. Par requête déposée au greffe de la Cour le 24 juin 2002, le Médiateur européen (ci-après le «Médiateur») a, en vertu de l'article 49 du statut CE de la Cour de justice, formé un pourvoi contre l'arrêt du Tribunal de première instance du 10 avril 2002, Lamberts/Médiateur (T-209/00, Rec. p. II2203, ci-après l'«arrêt attaqué»), par lequel le Tribunal a déclaré recevable le recours en indemnité fondé sur le prétendu mauvais traitement d'une plainte par le Médiateur.

Le cadre juridique

2. L'article 195, paragraphes 1, 2 et 3, CE prévoit:

«1. Le Parlement européen nomme un Médiateur, habilité à recevoir les plaintes émanant de tout citoyen de l'Union ou de toute personne physique ou morale résidant ou ayant son siège statutaire dans un État membre et relatives à des cas de mauvaise administration dans l'action des institutions ou organes communautaires, à l'exclusion de la Cour de justice et du Tribunal de première instance dans l'exercice de leurs fonctions juridictionnelles.

Conformément à sa mission, le Médiateur procède aux enquêtes qu'il estime justifiées, soit de sa propre initiative, soit sur la base des plaintes qui lui ont été présentées directement ou par l'intermédiaire d'un membre du Parlement européen, sauf si les faits allégués font ou ont fait l'objet d'une procédure juridictionnelle. Dans les cas où le Médiateur a constaté un cas de mauvaise administration, il saisit l'institution concernée, qui dispose d'un délai de trois mois pour lui faire tenir son avis. Le Médiateur transmet ensuite un rapport au Parlement européen et à l'institution concernée.

La personne dont émane la plainte est informée du résultat de ces enquêtes. Chaque année, le Médiateur présente un rapport au Parlement européen sur les résultats de ses enquêtes.

2. [...] Le Médiateur peut être déclaré démissionnaire par la Cour de justice, à la requête du Parlement européen, s'il ne remplit plus les conditions nécessaires à l'exercice de ses fonctions ou s'il a commis une faute grave.

3. Le Médiateur exerce ses fonctions en toute indépendance. Dans l'accomplissement de ses devoirs, il ne sollicite ni n'accepte d'instructions d'aucun organisme. [...]»

3. Le 9 mars 1994, le Parlement européen a adopté la décision 94/262/CECA, CE, Euratom, concernant le statut et les conditions générales d'exercice des fonctions du Médiateur (JO L 113, p. 15). En application de l'article 14 de cette décision, le Médiateur a adopté, le 16 octobre 1997, des dispositions d'exécution qui sont entrées en vigueur le 1er janvier 1998 (ci-après les «dispositions d'exécution»). La procédure d'examen d'une plainte adressée au Médiateur est, ainsi, régie par l'article 195, paragraphe 1, CE, la décision 94/262 et lesdites dispositions d'exécution.

4. Il ressort, en substance, des articles 2, paragraphes 4, 7 et 8, de la décision 94/262 et 3 et 4, paragraphes 1 et 2, des dispositions d'exécution que, lorsque le Médiateur est

saisi d'une plainte relative à un cas de mauvaise administration dans l'action des institutions ou organes communautaires, il ouvre une enquête à cet égard sauf si, pour une des raisons indiquées dans ces dispositions, cette plainte doit être rejetée comme irrecevable, notamment lorsque le Médiateur ne trouve pas d'éléments suffisants pour justifier l'ouverture d'une enquête.

5. Conformément à l'article 2, paragraphe 5, de la décision 94/262, «[l]e Médiateur peut conseiller à la personne dont émane la plainte de s'adresser à une autre autorité». Par ailleurs, en vertu de l'article 2, paragraphe 6, de la décision 94/262, les plaintes présentées au Médiateur n'interrompent pas les délais de recours dans les procédures juridictionnelles ou administratives.

6. Selon les articles 195, paragraphe 1, deuxième alinéa, CE et 3, paragraphe 1, de la décision 94/262, le Médiateur procède, de sa propre initiative ou sur la base des plaintes qui lui sont présentées, aux enquêtes qu'il estime justifiées pour clarifier tout cas éventuel de mauvaise administration.

7. Conformément à l'article 3, paragraphe 1, de la décision 94/262, le Médiateur en informe l'institution ou l'organe communautaire faisant l'objet de la plainte ou d'une enquête, cette institution ou cet organe pouvant «lui faire parvenir toute observation utile».

8. Après examen de l'avis de ladite institution ou dudit organe et des observations éventuelles faites par le plaignant, le Médiateur peut décider soit de classer l'affaire par une décision motivée, soit de poursuivre son enquête. Il en informe le plaignant et l'institution ou l'organe concerné, conformément à l'article 4, paragraphe 5, des dispositions d'exécution.

9. Lorsque le Médiateur a constaté un cas de mauvaise administration dans l'action d'une institution ou d'un organe communautaire, il recherche, «[d]ans la mesure du possible [...] avec l'institution ou l'organe concerné une solution de nature à éliminer [ce cas] et à donner satisfaction à la plainte», ainsi que le prévoit l'article 3, paragraphe 5, de la décision 94/262.

10. À cet égard, l'article 6 des dispositions d'exécution, intitulé «Solutions à l'amiable», prévoit, à son paragraphe 1, que le Médiateur «coopère dans toute la mesure possible avec l'institution concernée pour trouver une solution à l'amiable éliminant le cas de mauvaise administration et donnant satisfaction au citoyen». Si le Médiateur estime qu'une telle coopération a abouti, il classe l'affaire par une décision motivée et en informe le citoyen et l'institution concernés. En revanche, conformément au paragraphe 3 de la même disposition, s'il «estime qu'une solution à l'amiable n'est pas possible, ou que la recherche d'une solution à l'amiable n'a pas abouti, il classe l'affaire par une décision motivée, qui peut comporter un commentaire critique, ou établit un rapport contenant des projets de recommandations».

11. Pour ce qui est de la possibilité de formuler un «commentaire critique» au sens de cette dernière disposition, l'article 7, paragraphe 1, des dispositions d'exécution dispose que le Médiateur formule un commentaire critique s'il estime notamment «qu'il n'est plus possible à l'institution concernée d'éliminer le cas de mauvaise administration» et que ledit cas «n'a pas d'implications générales».

Les faits à l'origine du litige

12. Il ressort des points 16 à 36 de l'arrêt attaqué que, en substance, les faits à l'origine du litige sont les suivants.

13. M. Lamberts a participé à un concours interne organisé par la Commission des Communautés européennes pour la titularisation d'agents temporaires de la catégorie A. Il a échoué à l'épreuve orale et impute cet échec au fait qu'il était, pendant cette épreuve, sous l'influence de médicaments pouvant causer un état de fatigue et réduire ses capacités de concentration. Ce traitement lui avait été prescrit à la suite d'un accident survenu quelques semaines avant l'épreuve orale. Il a souligné qu'il n'avait pas demandé l'ajournement de son épreuve orale en raison d'une clause figurant dans la convocation à ladite épreuve. Selon cette clause, «l'organisation des épreuves ne permet[tait] pas de changer l'horaire [...] indiqué».

14. Après avoir en vain demandé un réexamen de son cas auprès des instances de la Commission, il a saisi le Médiateur d'une plainte.

15. Après examen de cette plainte, le Médiateur a transmis, le 21 octobre 1999, sa décision sur cette plainte à M. Lamberts. Il y indique que, d'après son enquête, la Commission est disposée, dans la pratique, à prendre en compte des circonstances exceptionnelles qui empêchent un candidat d'être présent à la date indiquée dans une convocation à des épreuves orales. Il ajoute que, dans l'intérêt d'une bonne administration, la Commission devrait inclure une telle clause dans la lettre de convocation à l'examen oral de façon à informer les candidats de cette possibilité.

16. Toutefois, en ce qui concerne le fait que, en l'espèce, l'institution a refusé au plaignant de se présenter une seconde fois à l'épreuve orale, le Médiateur note en particulier, aux points 2.2 et 2.3 de sa décision, qu'un concours «doit être organisé dans le respect du principe de l'égalité de traitement des candidats. Le non-respect de ce principe peut entraîner l'annulation du concours. Cela peut engendrer des frais financiers et administratifs considérables pour l'administration. Il ressort de l'avis de la Commission que cette dernière a estimé qu'elle n'était pas en mesure de permettre à un candidat de présenter un second examen oral. Le Médiateur fait remarquer qu'aucun élément de l'affaire ne laisse à penser que la décision de la Commission de ne pas permettre au candidat de représenter l'examen oral a été prise en violation d'une quelconque règle ou d'un quelconque principe qui lie la Commission». Pour ces raisons, le Médiateur a estimé que, en l'espèce, «il n'y a pas eu mauvaise administration».

17. En conclusion, le Médiateur a émis un commentaire critique quant à la pratique administrative de la Commission en général. Dans ce commentaire, il réitère l'appréciation selon laquelle, dans l'intérêt d'une bonne administration, la Commission devrait, à l'avenir, inclure d'une façon générale une clause spécifique dans ses lettres de convocation à l'examen oral informant les candidats que la date indiquée peut être modifiée dans des circonstances exceptionnelles. Quant à la plainte de M. Lamberts, le Médiateur a toutefois conclu que, étant donné que «cet aspect de l'affaire a trait à des procédures relatives à des faits spécifiques appartenant au passé, il n'y a pas lieu de rechercher une solution à l'amiable». Aussi le Médiateur a-t-il classé l'affaire.

La procédure devant le Tribunal et l'arrêt attaqué:

18. Par requête déposée au greffe du Tribunal le 9 août 2000, M. Lamberts a introduit un recours dirigé contre le Médiateur et le Parlement, visant à la réparation du préjudice matériel et moral qu'il aurait subi du fait du traitement de sa plainte par le Médiateur. Le Médiateur et le Parlement ont conclu à ce que le recours soit rejeté comme irrecevable.

19. Par ordonnance du 22 février 2001, le Tribunal a rejeté comme irrecevable le recours pour autant qu'il était dirigé contre le Parlement (Lamberts/Médiateur et Parlement,

T-209/00, Rec. p. II-765). Par ordonnance du même jour, il a joint au fond l'exception d'irrecevabilité présentée par le Médiateur. Celui-ci a conclu, à titre subsidiaire, à ce que le recours soit rejeté comme non fondé.

20. Dans l'arrêt attaqué, le Tribunal a examiné d'abord la recevabilité du recours à l'encontre du Médiateur. Aux points 48 à 52 de cet arrêt, il a fait référence à la jurisprudence de la Cour, selon laquelle, en vertu des articles 235 CE et 288 CE, un recours peut être intenté contre tout organe de la Communauté afin d'engager la responsabilité non contractuelle de celle-ci et de réparer le préjudice causé par cet organe dans le cadre de l'exercice de ses compétences. Il a conclu qu'il était compétent pour connaître d'un recours en indemnité contre le Médiateur.

21. Le Tribunal a ensuite jugé, au point 57 de l'arrêt attaqué, que:

«[...] la décision 94/262 a conféré au Médiateur non seulement la tâche d'identifier et de chercher à éliminer les cas de mauvaise administration au nom de l'intérêt général mais également celle de rechercher, dans la mesure du possible, une solution conforme à l'intérêt particulier du citoyen concerné. Il est, certes, exact que le Médiateur dispose, tel qu'il le souligne lui-même, d'une très large marge d'appréciation quant au bien-fondé des plaintes et aux suites à donner à celles-ci et qu'il ne lui incombe, dans ce contexte, aucune obligation de résultat. Même si le contrôle du juge communautaire doit, par conséquent, être limité, il n'en reste pas moins que l'hypothèse ne saurait être exclue que, dans des circonstances tout à fait exceptionnelles, un citoyen puisse démontrer que le Médiateur a commis une faute manifeste dans l'exercice de ses tâches de nature à causer un préjudice au citoyen concerné.»

22. Aux points 58 et 59 du même arrêt, le Tribunal a considéré:

«58 [...] l'argumentation du Médiateur tirée du caractère non contraignant des actes qu'il peut prendre à l'issue de ses enquêtes ne peut pas non plus être suivie. En effet, il y a lieu de rappeler que le recours en indemnité a été institué par le Traité comme une voie de recours autonome, ayant sa fonction particulière dans le cadre du système des voies de recours et subordonnée à des conditions d'exercice conçues en vue de son objet spécifique [...]. Alors que les recours en annulation et en carence visent à sanctionner l'illégalité d'un acte juridiquement contraignant ou l'absence d'un tel acte, le recours en indemnité a pour objet la demande de réparation d'un préjudice découlant d'un acte, qu'il soit juridiquement contraignant ou non, ou d'un comportement, imputable à une institution ou à un organe communautaire [...].

59 En l'espèce, M. Lamberts reproche au Médiateur d'avoir eu un comportement fautif dans le traitement de sa plainte. Or, ne saurait être exclue l'hypothèse qu'un tel comportement puisse violer le droit, que le Traité et la décision 94/262 confèrent aux citoyens, à ce que le Médiateur cherche une solution extrajudiciaire à un cas de mauvaise administration les affectant et qu'il puisse leur porter préjudice.»

23. Le Tribunal a rejeté le recours comme dénué de fondement, dans la mesure où M. Lamberts n'avait pas démontré que le Médiateur avait commis des fautes de service dans le traitement de sa plainte.

24. Pour ce qui concerne les moyens pertinents dans le cadre du présent pourvoi, il résulte de l'arrêt attaqué ce qui suit.

25. En premier lieu, M. Lamberts avait reproché au Médiateur de ne pas avoir attiré son attention sur la possibilité d'introduire un recours en annulation de la décision de la Commission devant le Tribunal. Or, ce dernier a jugé qu'un agent des Communautés est censé connaître les modalités d'un recours devant le Tribunal. Le Médiateur peut conseil-

ler le justiciable sur ce point, mais aucune disposition de droit communautaire ne l'y oblige.

26. En deuxième lieu, M. Lamberts a fait grief au Médiateur d'avoir manqué d'impartialité et d'objectivité dans le traitement de sa plainte dans la mesure où celui-ci a pris en compte l'avis de la Commission alors que cet avis, en version anglaise, langue dans laquelle M. Lamberts avait introduit sa plainte, avait été soumis après le délai imparti par le Médiateur. En outre, cette version de l'avis ne correspondrait pas à la version française initialement transmise. À ce propos, le Tribunal a relevé que le délai fixé par le Médiateur à l'institution pour soumettre son avis n'est pas un délai de forclusion et que les versions linguistiques ne présentaient pas de différences en ce qui concerne les éléments pertinents pour l'examen par le Médiateur de la plainte dont il était saisi.

27. En troisième lieu, M. Lamberts a soutenu que pesait sur le Médiateur une obligation de moyens, afin de dégager une solution à l'amiable donnant satisfaction au citoyen. Le Tribunal a rappelé que le Médiateur dispose, à cet égard, d'une très large marge d'appréciation. Par conséquent, la responsabilité non contractuelle du Médiateur ne peut être engagée qu'en présence d'une méconnaissance flagrante et manifeste des obligations qui lui incombent dans ce contexte. Il ne peut, en principe, se limiter à transmettre les avis de l'institution au citoyen concerné. Or, en l'espèce, le Médiateur a examiné le bien-fondé du point de vue défendu par la Commission et il a pu, sans commettre de faute, conclure, dans sa décision, que la recherche d'une solution à l'amiable donnant satisfaction à M. Lamberts ne pouvait aboutir.

Les conclusions des parties devant la Cour

28. Par son pourvoi, le Médiateur conclut à ce qu'il plaise à la Cour:
- annuler l'arrêt attaqué en ce qu'il déclare recevable le recours en indemnité;
- déclarer ce recours irrecevable.

29. M. Lamberts a déposé un mémoire en réponse au greffe de la Cour. Il conclut à ce qu'il plaise à la Cour:
- rejeter le pourvoi;
- annuler l'arrêt attaqué en ce qui concerne le fond de la demande introduite en première instance et, partant:
- à titre principal:
- condamner le Médiateur à lui payer un montant de 2 468 787 euros à titre de dommages et intérêts pour préjudice matériel et financier et un montant de 124 000 euros à titre de dommages et intérêts pour préjudice moral, à majorer des intérêts judiciaires jusqu'au complet paiement,
- condamner le Médiateur aux dépens de l'instance,
- à titre subsidiaire:
- condamner le Médiateur à lui payer un montant de 1 234 394 euros à titre de dommages et intérêts pour préjudice matériel et financier et un montant de 124 000 euros à titre de dommages et intérêts pour préjudice moral, à majorer des intérêts judiciaires jusqu'au complet paiement,
- condamner le Médiateur aux dépens de l'instance.

30. Le Parlement a déposé un mémoire en intervention au soutien du Médiateur.

Sur le pourvoi principal

31. L'article 56 du statut de la Cour de justice dispose qu'un pourvoi peut être formé devant la Cour notamment contre les décisions du Tribunal qui mettent fin à un incident de procédure portant sur une exception d'incompétence ou d'irrecevabilité et que ce pourvoi peut être formé par toute partie ayant partiellement ou totalement succombé en ses conclusions.

32. Dans l'arrêt attaqué, le Tribunal a d'abord rejeté l'exception d'irrecevabilité soulevée par le Médiateur à l'encontre du recours de M. Lamberts pour ensuite rejeter le recours de celui-ci comme non fondé.

33. Le Médiateur ayant partiellement succombé en ses conclusions, son pourvoi contre l'arrêt du Tribunal en tant qu'il rejette son exception d'irrecevabilité est dès lors recevable (voir, en ce sens, arrêts du 21 janvier 1999, France/Comafrica e.a., C-73/97 P, Rec. p. I-185, et du 26 février 2002, Conseil/Boehringer, C-23/00 P, Rec. p. I-1873, point 50).

34. Il convient ensuite de relever que le Médiateur ne met pas en cause la constatation du Tribunal selon laquelle celui-ci est compétent, conformément aux articles 235 CE et 288, deuxième alinéa, CE, pour connaître des recours en indemnité dirigés à son encontre en tant qu'organe de la Communauté.

35. En effet, le Médiateur reconnaît que, en principe, un citoyen peut introduire un recours en indemnité en vue de la réparation des préjudices qu'il lui aurait causés du fait de ses éventuels comportements fautifs, à savoir des actes détachés des procédures d'enquête, qui auraient été commis en violation des devoirs imposés au Médiateur par le Traité et par son statut et qui auraient violé des droits subjectifs du citoyen, tel le droit à ce que certaines informations soient maintenues confidentielles.

36. En revanche, il estime contraire au droit communautaire qu'un recours en indemnité soit introduit à son encontre dans des circonstances telles que celles en l'espèce, ledit recours visant à faire contrôler la régularité de la procédure d'enquête qu'il a menée ainsi que celle de sa décision de clôturer la procédure. Ce faisant, le Tribunal aurait méconnu les limites qui s'imposent au contrôle juridictionnel de son activité.

37. À l'appui de son pourvoi, le Médiateur invoque un moyen unique tiré, d'une part, de la violation par le Tribunal du droit communautaire, en particulier, de l'article 195 CE et de la décision 94/262, et, d'autre part, d'une méconnaissance ou d'une mauvaise interprétation par le Tribunal de sa propre jurisprudence ainsi que de celle de la Cour.

38. Ce moyen s'articule en trois branches.

Sur la première branche du moyen

Présentation et argumentation

39. Par la première branche de son moyen, le Médiateur, soutenu par le Parlement, reproche au Tribunal d'avoir exercé un contrôle juridictionnel sur la régularité de la procédure d'enquête et de la décision de clôturer la procédure, alors que, en vertu des dispositions régissant l'exercice des fonctions du Médiateur et sa responsabilité, le contrôle est conféré au Parlement.

40. Il se fonde à cet égard sur les articles 195 CE et 3, paragraphes 7 et 8, de la décision 94/262, selon lesquels le Médiateur doit présenter au Parlement des rapports spéciaux et un rapport annuel sur son activité. Il relève, en substance, que ces rapports sont analysés par le Parlement et font l'objet d'une délibération. Il souligne que l'enquête menée sur la plainte de M. Lamberts était mentionnée dans le rapport annuel de 1999, qui a

été présenté au Parlement en avril 2000. Après l'avoir analysé, le Parlement a élaboré son propre rapport, qu'il a adopté en juillet 2000. En acceptant d'examiner au fond une affaire dans laquelle M. Lamberts contestait la manière dont le Médiateur avait Traité sa plainte et les conclusions auxquelles il avait abouti, le Tribunal aurait effectué de façon erronée un contrôle de la légalité de la procédure d'enquête menée par le Médiateur et de ses conclusions, qui ferait double emploi avec le contrôle qui incombe au Parlement en vertu du Traité CE et qui aurait déjà été effectué.

41. En outre, le Médiateur soutient que les articles 195, paragraphe 2, CE et 8 de la décision 94/262 prévoient une procédure particulière pour le cas où le Médiateur commettrait une faute grave ou plusieurs fautes qui feraient douter de sa capacité à remplir ses fonctions. Dans cette hypothèse, à la requête du Parlement, le Médiateur pourrait être déclaré démissionnaire par la Cour. Si M. Lamberts estimait que le Médiateur n'avait pas correctement Traité sa plainte, il aurait dû saisir le Parlement et non le Tribunal dans le cadre d'un recours en indemnité.

42. Le Médiateur et le Parlement ajoutent que les interprétations sur lesquelles s'est fondé le Tribunal pour déclarer recevable un recours visant à réparer un préjudice causé par le Médiateur sont susceptibles de porter atteinte à l'équilibre institutionnel instauré autour de lui et de remettre en cause son indépendance prévue à l'article 195, paragraphe 3, CE.

Appréciation de la Cour

43. Il convient de constater que le Tribunal n'a pas commis une erreur de droit en estimant qu'un contrôle juridictionnel des activités du Médiateur n'est pas exclu du fait des pouvoirs de contrôle dont le Parlement dispose à son encontre.

44. En effet, d'une part, l'obligation pour le Médiateur de faire rapport au Parlement ne peut être analysée comme un contrôle du Parlement sur la bonne exécution par le Médiateur de ses missions dans le traitement des plaintes des citoyens.

45. D'autre part, la procédure de démission d'office du Médiateur vise une appréciation de son activité envisagée globalement et non un contrôle par le Parlement de l'accomplissement par le Médiateur de ses missions lors du traitement d'une plainte d'un citoyen.

46. En tout état de cause, les compétences dont dispose le Parlement à l'égard du Médiateur ne s'apparentent pas à un pouvoir de contrôle juridictionnel.

47. Par conséquent, un contrôle juridictionnel de l'activité du Médiateur ne fait pas double emploi avec celui qu'exerce le Parlement.

48. S'agissant du risque allégué selon lequel un contrôle juridictionnel de l'activité du Médiateur remettrait en cause l'indépendance de celui-ci, la reconnaissance d'une responsabilité du fait dun préjudice causé par l'activité du Médiateur concerne non la responsabilité personnelle du Médiateur mais celle de la Communauté. Or, il n'apparaît pas que la possibilité de voir engagée, sous certaines conditions, la responsabilité de la Communauté en raison d'un comportement du Médiateur, dans l'exercice de ses fonctions, qui serait contraire au droit communautaire, soit de nature à mettre en cause l'indépendance du Médiateur.

49. Selon une jurisprudence constante en matière de responsabilité de la Communauté pour des dommages causés à des particuliers par une violation du droit communautaire qui est imputable à une institution ou un organe communautaire, un droit à réparation est reconnu dès lors que trois conditions sont réunies, à savoir que la règle de droit violée ait

pour objet de conférer des droits aux particuliers, que la violation soit suffisamment caractérisée et qu'il existe un lien de causalité direct entre la violation de l'obligation qui incombe à l'auteur de l'acte et le dommage subi par les personnes lésées (voir arrêt du 10 juillet 2003, Commission/Fresh Marine, C-472/00 P, Rec. p. I-7541, point 25 et jurisprudence citée). S'agissant de la deuxième condition, le critère décisif pour considérer qu'une violation du droit communautaire est suffisamment caractérisée est, dans des circonstances telles que celles de l'espèce, celui de la méconnaissance manifeste et grave, par l'institution ou l'organe communautaire concerné, des limites qui s'imposent à son pouvoir d'appréciation (arrêt Commission/Fresh Marine, précité, point 26).

50. Pour rechercher s'il s'est produit une violation suffisamment caractérisée du droit communautaire permettant d'engager la responsabilité non contractuelle de la Communauté en raison du comportement du Médiateur, il doit être tenu compte des spécificités de la fonction de ce dernier. Dans ce contexte, il convient de retenir que le Médiateur n'est tenu qu'à une obligation de moyens et qu'il bénéficie d'une marge d'appréciation étendue.

51. Ainsi, contrairement à ce qu'ont fait valoir le Médiateur et le Parlement, le contrôle exercé par le second sur le premier n'est pas exclusif d'un contrôle juridictionnel, lequel doit être exercé en tenant compte des spécificités de la fonction de Médiateur.

52. Par conséquent, le Tribunal n'a pas violé les dispositions de droit communautaire régissant l'exercice des fonctions de Médiateur et le contrôle sur celui-ci en déclarant recevable, en principe, un recours en indemnité fondé sur la responsabilité non contractuelle de la Communauté en raison du prétendu mauvais traitement d'une plainte par le Médiateur. C'est donc à juste titre que, au point 57 de l'arrêt attaqué, après avoir reconnu que le Médiateur dispose d'une large marge d'appréciation quant au bien-fondé des plaintes et aux suites à donner à celles-ci et qu'il ne lui incombe, dans ce contexte, aucune obligation de résultat, le Tribunal a jugé que, même si le contrôle du juge communautaire doit, par conséquent, être limité, il ne saurait être exclu que, dans des circonstances tout à fait exceptionnelles, un citoyen puisse démontrer que le Médiateur a commis une violation suffisamment caractérisée du droit communautaire dans l'exercice de ses fonctions de nature à causer un préjudice au citoyen concerné.

53. La première branche du moyen n'est dès lors pas fondée.

Sur la deuxième branche du moyen

Présentation et argumentation

54. Par la deuxième branche de son moyen, le Médiateur, soutenu par le Parlement, reproche au Tribunal d'avoir commis une erreur de droit en déclarant recevable un recours en indemnité visant en réalité à mettre en cause la régularité de la procédure d'enquête et de la décision de clôturer la procédure alors que, en vertu de la jurisprudence du Tribunal et de la Cour, les voies de recours prévues à cette fin par le Traité sont irrecevables, s'agissant du Médiateur.

55. Ce dernier a notamment fait valoir que les enquêtes qu'il mène et les conclusions auxquelles il parvient, même si elles sont dénommées «décisions», n'ont aucun effet juridique direct sur la situation des citoyens ni aucun effet juridique contraignant pour l'institution concernée. Il estime par conséquent que, même si ses enquêtes étaient entachées de vices de forme et ses conclusions d'erreurs de droit, lesdites enquêtes et conclusions ne sauraient en aucun cas être à l'origine de dommages pour les plaignants qui ont subi un

préjudice du fait d'un cas de mauvaise administration imputable à une institution communautaire et non au Médiateur.

56. Le Médiateur reproche en outre au Tribunal d'avoir procédé, aux points 64 à 85 de l'arrêt attaqué, à une analyse détaillée de son enquête et de ses conclusions, comme il l'aurait fait dans le cadre d'un recours en annulation, et d'avoir ainsi effectué un véritable contrôle de légalité sur l'ensemble de la procédure d'enquête et sur ses conclusions.

57. Ce faisant, le Tribunal n'aurait pas respecté la distinction entre les recours en indemnité, d'une part, et les recours en annulation et en carence, d'autre part, et aurait méconnu sa propre jurisprudence et celle de la Cour dont il résulterait que les enquêtes et les décisions du Médiateur ne peuvent pas faire l'objet d'un contrôle juridictionnel dans le cadre de ces deux derniers recours.

58. Le Médiateur reproche au Tribunal d'avoir néanmoins rendu possible un tel contrôle juridictionnel sous couvert d'un recours en indemnité et d'ouvrir ainsi la voie à l'introduction de nombreux recours en annulation, voire en carence, contre le Médiateur sous couvert de prétendus recours en indemnité. Le Tribunal n'aurait pas tenu compte de ce que, en réalité, le recours en indemnité contre le Médiateur constituait un détournement par M. Lamberts des voies de recours que sont le recours en annulation et le recours en carence.

Appréciation de la Cour

59. Le recours en responsabilité est une voie de recours autonome, ayant sa fonction particulière dans le cadre du système des voies de recours et subordonnée à des conditions d'exercice conçues en vue de son objet spécifique (arrêt du 28 avril 1971, Lütticke/Commission, 4/69, Rec. p. 325, point 6, et ordonnance du 21 juin 1993, Van Parijs e.a./Conseil et Commission, C-257/93, Rec. p. I-3335, point 14). Alors que les recours en annulation et en carence visent à sanctionner l'illégalité d'un acte juridiquement contraignant ou l'absence d'un tel acte, le recours en responsabilité a pour objet la demande en réparation d'un préjudice découlant d'un acte ou d'un comportement illicite imputable à une institution ou à un organe communautaire (voir, en ce sens, arrêts du 10 juillet 1985, CMC/Commission, 118/83, Rec. p. 2325, points 29 à 31; du 27 mars 1990, Grifoni/Commission, C308/87, Rec. p. I-1203, et du 15 septembre 1994, KYDEP/Conseil et Commission, C-146/91, Rec. p. I-4199).

60. L'une des conditions du droit à réparation est, tel que rappelé au point 49 du présent arrêt, l'existence d'une violation suffisamment caractérisée d'une règle de droit conférant des droits aux particuliers. Ainsi, en matière de responsabilité non contractuelle de la Communauté, il y a lieu d'apprécier le comportement qui est à l'origine du dommage pour établir la responsabilité d'une institution ou d'un organe communautaire.

61. De fait, si une juridiction communautaire ne pouvait apprécier la légalité du comportement d'une institution ou d'un organe communautaire, la procédure prévue à l'article 235 CE serait privée de son effet utile.

62. Par conséquent, dans le cadre d'un recours fondé sur la responsabilité non contractuelle de la Communauté et visant à la réparation d'un préjudice prétendument causé par la manière dont le Médiateur a Traité une plainte, il convient d'apprécier la légalité du comportement du Médiateur dans l'exercice de ses fonctions.

63. C'est donc à juste titre que le Tribunal a recherché, aux points 64 à 85 de l'arrêt attaqué, si le Médiateur avait accompli la violation suffisamment caractérisée du droit communautaire que lui reprochait M. Lamberts et qu'il a contrôlé la manière dont le Mé-

diateur avait Traité la plainte de celui-ci, afin de déterminer s'il devait faire droit au recours dont il était saisi.

64. En conclusion, le Tribunal n'a pas commis d'erreur de droit sur la portée du recours en indemnité en déclarant recevable le recours formé par M. Lamberts.

65. Par suite, la deuxième branche du moyen est non fondée.

Sur la troisième branche du moyen

Présentation et argumentation

66. Par la troisième branche de son moyen, le Médiateur, soutenu par le Parlement, reproche, en substance, au Tribunal d'avoir violé le droit communautaire en déclarant recevable le recours en indemnité intenté par M. Lamberts à son encontre, alors que ce recours visait la réparation d'un préjudice provoqué par le comportement de la Commission. En réalité, M. Lamberts, qui n'avait pas formé dans le délai requis un recours en annulation à l'encontre des décisions de la Commission prises à son égard, aurait recherché, sous couvert d'un recours en indemnité contre le Médiateur, à contourner les délais d'ordre public régissant le recours en annulation pour contester, devant la juridiction communautaire, la légalité desdites décisions de la Commission.

Appréciation de la Cour

67. Le Médiateur ne saurait être en aucun cas tenu pour responsable du comportement de la Commission. Une action visant à obtenir la réparation d'un préjudice causé par le comportement d'une institution ou d'un organe communautaire doit être dirigée contre cette institution ou cet organe.

68. À l'appui du recours formé en première instance devant le Tribunal, M. Lamberts a fait valoir qu'il avait subi un dommage causé par des fautes et des négligences qu'aurait commises le Médiateur dans le traitement de sa plainte. Son recours ne vise donc pas à la réparation d'un préjudice causé par un comportement dommageable de la Commission.

69. Dès lors, c'est à juste titre que, au point 51 de l'arrêt attaqué, le Tribunal a jugé que, par le recours formé devant lui, M. Lamberts vise à obtenir un dédommagement pour le préjudice qu'il estimait avoir subi en raison d'une négligence commise par le Médiateur dans l'exercice des fonctions qui lui ont été attribuées par le Traité CE.

70. La troisième branche du moyen invoqué par le Médiateur n'est par conséquent pas fondée.

71. Dans ces conditions, le pourvoi principal doit être rejeté.

Sur le pourvoi incident

72. À l'appui de son pourvoi incident, M. Lamberts invoque deux moyens.

73. Le Médiateur et le Parlement soutiennent que le pourvoi incident doit être rejeté comme irrecevable.

Sur le premier moyen

74. Par son premier moyen, M. Lamberts fait grief au Tribunal d'avoir violé la décision 94/262 en ne retenant aucune faute dans le chef du Médiateur. Le Tribunal aurait

ainsi violé l'article 2, paragraphe 5, de cette décision, en ne sanctionnant pas le Médiateur pour ne pas lui avoir conseillé en temps utile d'introduire un recours devant le juge communautaire ainsi que l'article 3, paragraphe 5, de celleci, en le ne sanctionnant pas pour n'avoir pas tenté d'obtenir une solution à l'amiable lui donnant satisfaction, alors que le Médiateur n'avait, ce faisant, pas rempli la mission pour laquelle il a été institué par le Parlement.

Sur la recevabilité du moyen

75. Il convient de relever que, dès lors qu'un requérant conteste l'interprétation ou l'application du droit communautaire faite par le Tribunal, les points de droit examinés en première instance peuvent être à nouveau discutés au cours d'un pourvoi. En effet, si un requérant ne pouvait fonder de la sorte son pourvoi sur des moyens et arguments déjà utilisés devant le Tribunal, la procédure de pourvoi serait privée d'une partie de son sens (voir ordonnance du 11 novembre 2003, Martinez/Parlement, C-488/01 P, non encore publiée au Recueil, point 39, et jurisprudence citée).

76. Cependant, il résulte des articles 225 CE, 58, premier alinéa, du statut de la Cour de justice et 112, paragraphe 1, premier alinéa, sous c), du règlement de procédure de cette dernière qu'un pourvoi doit indiquer de façon précise les éléments critiqués de l'arrêt dont l'annulation est demandée ainsi que les arguments juridiques qui soutiennent de manière spécifique cette demande (voir ordonnance Martinez/Parlement, précitée, point 40, et jurisprudence citée).

77. Ne répond pas à cette exigence le pourvoi qui, sans même comporter une argumentation visant spécifiquement à identifier l'erreur de droit dont serait entaché l'arrêt attaqué, se limite à reproduire les moyens et les arguments déjà présentés devant le Tribunal. En effet, un tel pourvoi constitue en réalité une demande visant à obtenir un simple réexamen de la requête présentée devant le Tribunal, ce qui échappe à la compétence de la Cour (arrêt du 4 juillet 2000, Bergaderm et Goupil/Commission, C-352/98 P, Rec. p. I5291, point 35).

78. Or, en l'occurrence, par son premier moyen, M. Lamberts a spécifiquement identifié l'erreur de droit reprochée au Tribunal et effectivement critiqué l'interprétation du droit communautaire sur la base de laquelle celui-ci s'est fondé. Ce moyen vise, en effet, à mettre en cause la position arrêtée par le Tribunal sur une question de droit qui lui était soumise en première instance, à savoir l'interprétation à donner aux dispositions communautaires selon lesquelles le Médiateur peut conseiller au plaignant de s'adresser à une autre autorité et doit tenter dans la mesure du possible de rechercher une solution à l'amiable.

79. Le premier moyen est donc recevable.

Sur le bien-fondé du moyen

80. Il convient de constater que les dispositions régissant l'exercice des fonctions de Médiateur et plus particulièrement l'article 2, paragraphe 5, de la décision 94/262 n'imposent au Médiateur aucune obligation d'informer le plaignant des autres voies de recours qui s'offrent à lui et des délais à respecter pour utiliser les voies de recours juridictionnelles. Il ne lui incombe pas, à plus forte raison, de conseiller au plaignant de suivre une voie de recours quelconque.

81. S'il peut être dans l'intérêt du bon accomplissement de la mission qui lui a été conférée par le Traité que le Médiateur informe, le cas échéant, le citoyen concerné des

recours à introduire afin de servir au mieux ses intérêts, l'article 2, paragraphe 5, de la décision 94/262 ne saurait être interprété comme constitutif d'un droit pour le plaignant à être renvoyé devant le Tribunal pour y former un recours en annulation contre la décision de l'institution, objet de la plainte.

82. En ce qui concerne la recherche d'une solution à l'amiable dans le litige opposant la personne qui l'a saisi d'une plainte à une institution communautaire, conformément à l'article 3, paragraphe 5, de la décision 94/262, le Médiateur est uniquement tenu de coopérer avec l'institution concernée afin de rechercher une solution de nature à éliminer le cas de mauvaise administration et à donner satisfaction au plaignant. Il dispose, à cet égard, d'un pouvoir d'appréciation très étendu. En particulier, il doit apprécier si la recherche d'une solution donnant satisfaction au plaignant est envisageable, étant précisé qu'il existe des situations dans lesquelles la recherche d'une telle solution n'est pas possible, ainsi qu'il ressort de l'article 6, paragraphe 3, des dispositions d'exécution, auquel cas le Médiateur classe l'affaire par une décision motivée. En tout état de cause, il ne peut être reproché au Médiateur de ne pas avoir correctement rempli la mission qui lui est confiée au seul motif qu'il a conclu à l'impossibilité de trouver une solution donnant satisfaction au plaignant. Le Tribunal n'a donc commis aucune erreur de droit ni dans son interprétation des dispositions communautaires selon lesquelles le Médiateur recherche, dans la mesure du possible, une solution à l'amiable ni en jugeant, au point 85 de son arrêt, que le Médiateur peut, sans commettre de faute de service, conclure dans la décision clôturant une enquête déterminée que la recherche d'une solution à l'amiable donnant satisfaction au plaignant ne peut aboutir.

83. Le premier moyen de M. Lamberts doit donc être rejeté comme non fondé.

Sur le second moyen

84. Par son second moyen, M. Lamberts reproche au Tribunal d'avoir commis deux erreurs d'appréciation importantes.

85. En premier lieu, il reproche au Tribunal d'avoir commis une erreur d'appréciation en ce qu'il a relevé, au point 82 de l'arrêt attaqué, qu'«il ressort tant de l'avis de la Commission sur la plainte du requérant que de la lettre du 15 décembre 1999 du membre de la Commission responsable des affaires du personnel, que la Commission refusait de permettre au requérant de se présenter une seconde fois à l'épreuve orale ou de rechercher toute autre solution alternative», alors que M. Lamberts n'avait jamais demandé à présenter une seconde fois l'épreuve orale.

86. À cet égard, il convient, d'une part, de relever que le Tribunal a rappelé, au point 81 de l'arrêt attaqué, qu'il existe des situations dans lesquelles la recherche, par le Médiateur, d'une solution à l'amiable n'est pas possible et a considéré, au point 82, que tel était le cas en l'espèce, puisque la Commission refusait de permettre à M. Lamberts de se présenter une seconde fois à l'épreuve orale ou de rechercher toute autre solution alternative.

87. D'autre part, l'argument de M. Lamberts critiquant le point 82 de l'arrêt attaqué ne vise pas à démontrer en quoi le Tribunal aurait commis une erreur de droit en vérifiant si, en l'espèce, une solution à l'amiable était possible.

88. L'argument avancé par M. Lamberts en premier lieu doit dès lors être rejeté comme irrecevable pour les raisons rappelées au point 76 du présent arrêt.

89. En second lieu, le Tribunal aurait commis une erreur d'appréciation en se fondant sur une motivation manifestement erronée lorsque, au point 84 de l'arrêt attaqué, il prétend que «ce n'est que dans le cadre de la procédure devant le Tribunal que le requérant a,

à titre d'exemple, indiqué différentes solutions alternatives qui, selon lui, auraient dû et pu être envisagées», alors qu'il ressortirait clairement des pièces du dossier et, à cet égard, de l'annexe 26 notamment, où le requérant fait référence à la notion de «conseiller spécial», que M. Lamberts a fait part de telles solutions lors de l'instruction de la plainte et avant que le Médiateur ne prenne sa décision, et que ce dernier n'en a jamais tenu compte.

90. Il convient de constater que, en ce qu'elle renvoie à l'ensemble des pièces d'un dossier, cette critique relative au point 84 de l'arrêt attaqué doit être considérée comme une critique de l'appréciation des preuves retenues par le Tribunal, non soumise au contrôle de la Cour dans le cadre d'un pourvoi, celui-ci étant limité aux questions de droit, conformément aux articles 225 CE et 58 du statut de la Cour de justice.

91. À supposer que le renvoi à l'annexe 26 du dossier présenté par M. Lamberts devant le Tribunal puisse être analysé comme un moyen tiré de la dénaturation de ce document, il convient de constater que cette annexe est constituée par une correspondance entre M. Lamberts et le secrétariat du Médiateur, et en particulier par une lettre du 12 mars 1999 dans laquelle il est fait référence à la notion de «conseiller spécial». Dans cette lettre, M. Lamberts fait allusion à une pratique d'intégration sans concours préalable, contraire aux règles d'accès à la fonction publique communautaire telles que prévues par le statut des fonctionnaires des Communautés européennes, qui aurait été mise en oeuvre dans le cadre de l'intégration du personnel du secrétariat de Schengen au secrétariat général du Conseil de l'Union européenne, et demande que l'autorité investie du pouvoir de nomination à la Commission fasse preuve de flexibilité à son égard.

92. Au vu des pièces susmentionnées, il n'apparaît pas que, à un stade antérieur à celui de la procédure devant le Tribunal, M. Lamberts ait concrètement proposé des solutions envisageables de préférence à une nouvelle invitation à se présenter à l'épreuve orale. Par ailleurs, c'est à juste titre que le Tribunal n'a pas pris en considération la proposition de faire preuve de flexibilité à l'égard de M. Lamberts comme une solution alternative susceptible d'être envisagée.

93. C'est donc sans dénaturer les éléments de preuve qui lui ont été soumis que, au point 84 de l'arrêt attaqué, le Tribunal a considéré que M. Lamberts n'avait pas proposé de solutions alternatives à un stade antérieur à l'introduction de son recours, de telle sorte que le Médiateur n'avait pu prendre spécifiquement position sur de telles propositions avant l'introduction dudit recours.

94. Au vu de ce qui précède, le pourvoi incident est rejeté dans son ensemble.

Sur les dépens

95. Aux termes de l'article 69, paragraphe 2, du règlement de procédure, toute partie qui succombe est condamnée aux dépens, s'il est conclu en ce sens. Conformément à l'article 69, paragraphe 3, du même règlement, la Cour peut cependant répartir les dépens ou décider que chaque partie supporte ses propres dépens si les parties succombent respectivement sur un ou plusieurs chefs, ou pour des motifs exceptionnels. Chacune des parties ayant succombé partiellement en ses moyens, il y a lieu de décider que chacune supporte ses propres dépens. Par ailleurs, aux termes de l'article 69, paragraphe 4, du règlement de procédure, le Parlement qui est intervenu au litige supporte ses propres dépens.

Dispositif

Par ces motifs,

LA COUR déclare et arrête:

1) Le pourvoi principal et le pourvoi incident sont rejetés.

Résumé

La Cour a considéré que le juge communautaire **était compétent pour connaître d'un recours en indemnité** contre le Médiateur. Compte tenu des spécificités de la fonction du Médiateur, le contrôle du juge communautaire doit être limité et destiné à **vérifier si** le Médiateur a commis **une violation** manifeste et grave **du droit communautaire** dans l'exercice de ses fonctions de nature à **causer un préjudice au citoyen** concerné. La fonction de Médiateur européen a été créée par le Traité de Maastricht afin de **gérer les plaintes relatives à la mauvaise administration des institutions** et organes de la Communauté européenne. Il est nommé par le Parlement européen et peut être déclaré démissionnaire par la Cour de justice, à la requête du Parlement européen. Chaque année, le Médiateur présente un rapport au Parlement européen sur les résultats de ses enquêtes.

Lors d'un concours, M. Lamberts a échoué à l'épreuve orale parce qu'il était sous l'influence de médicaments prescrits à la suite d'un accident. Il n'avait pas demandé l'ajournement de son épreuve orale en raison d'une clause figurant dans la convocation selon laquelle „l'organisation des épreuves ne permet pas de changer l'horaire indiqué". Après avoir en vain demandé un réexamen de son cas auprès des instances de la Commission, il a saisi le Médiateur d'une plainte. Dans sa décision, le Médiateur a indiqué que la Commission devrait, à l'avenir, inclure une clause dans la lettre de convocation pour informer les candidats de la possibilité d'un ajournement dans des circonstances exceptionnelles. En l'espèce, toutefois, il a estimé qu'il n'y avait pas eu mauvaise administration car la décision de la Commission refusant que M. Lamberts se présente une seconde fois à l'épreuve orale n'a violé aucune règle liant cette institution.

M. Lamberts a **introduit un recours en indemnité** contre le Médiateur devant le Tribunal de Première Instance. Ce dernier a soutenu que **le recours** devait être déclaré irrecevable parce que le Parlement est compétent pour contrôler ses décisions. Le 10 avril 2002, le Tribunal a jugé que le recours était recevable, mais il l'a rejeté comme étant **dénué de fondement**, dans la mesure où M. Lamberts n'avait pas démontré que le Médiateur avait commis une quelconque faute de service dans le traitement de sa plainte.

Le Médiateur a formé un pourvoi contre l'arrêt du Tribunal qui avait déclaré le recours en indemnité recevable. Il a estimé contraire au droit communautaire qu'un recours en indemnité visant à faire **contrôler la régularité de la procédure d'enquête et de sa décision de clôturer la procédure** soit introduit à son encontre. Ce faisant, le Tribunal aurait dépassé les limites qui s'imposent au contrôle juridictionnel de son activité. De plus, le Médiateur soutient que le recours de M. Lamberts visait la réparation d'un préjudice provoqué par le comportement de la Commission et pas par son intervention en tant que Médiateur.

La Cour constate d'abord que les compétences dont dispose le Parlement à l'égard du Médiateur ne s'apparentent pas à un pouvoir de contrôle juridictionnel. Un contrôle juridictionnel de l'activité du Médiateur ne fait, par conséquent, pas double emploi avec celui qu'exerce le Parlement. La reconnaissance d'une responsabilité du fait d'un préjudice causé par le Médiateur concerne non la responsabilité personnelle du Médiateur mais celle de la Communauté. La possibilité de voir engagée la responsabilité de la Communauté en raison d'un comportement du Médiateur ne **met** donc pas **en cause l'indépendance du Médiateur**. En outre, le contrôle juridictionnel de l'activité du Médiateur doit être exercé en tenant compte des spécificités de sa fonction. Dans ce contexte, la Cour retient que le Médiateur n'est tenu qu'à une obligation de moyens et qu'il bénéficie d'une marge d'appréciation étendue. Elle précise que même si le contrôle du juge communautaire doit être limité, il ne saurait être exclu que dans des circonstances tout à fait exceptionnelles telles, qu'un citoyen puisse démontrer que le Médiateur aurait commis une violation manifeste et grave du droit communautaire dans l'exercice de ses fonctions de nature à causer un préjudice à celui-ci.

La Cour précise ensuite que le recours en indemnité est une voie de recours autonome qui ne doit pas être confondue avec le recours en annulation visant à sanctionner l'illégalité d'un acte juridiquement contraignant. Toutefois, l'une des conditions du droit à réparation est l'existence d'une violation suffisamment caractérisée d'une règle conférant des droits à des particuliers. En conséquence, dans le cadre d'un recours en responsabilité visant à la réparation d'un préjudice prétendument causé par la manière dont le Médiateur a Traité une plainte, il est nécessaire d'apprécier la légalité du comportement du Médiateur pour déterminer si le recours est fondé.

La Cour précise enfin que le Médiateur ne peut en aucun cas être tenu pour responsable du comportement de la Commission. Elle relève que dans son recours introduit devant le Tribunal, M. Lamberts a soutenu avoir subi un dommage causé par des fautes et des négligences qu'aurait commises le Médiateur. Son recours ne vise donc pas à la réparation d'un préjudice causé par un comportement dommageable de la Commission. La Cour considère donc que le Tribunal n'a commis aucune erreur de droit en déclarant recevable le recours formé par M Lamberts.

3.9. Glossar und Übungen

der verursachte Schaden	le dommage causé
die Amtshaftung	la responsabilité admnistrative
die Staatshaftung	la responsabilité de l'Etat
die ausservertragliche Haftung	la responsabilité délictuelle
der Amtshaftungsanspruch	l'action en responsabilité
die Ermächtigung	l'autorisation
das rechtswidrige Verhalten	le comportement illégal
der adäquat kausale Schaden	le dommage à l'origine du préjudice
das Verschulden	la faute
das pflichtwidrige Unterlassen	la négligence illégitime
der Schadenersatzanspruch	la demande en dommages-intérêts
die positivrechtliche Regelung	la réglementation positive
die rechtsstaatlichen Grundsätze	les fondements démocratiques
die Verhältnismässigkeit	la proportionnalité
der Vertrauensschutz	la protection de la confiance
offenkundig und erheblich	manifeste et important
das deutsche Entschädigungsrecht	le droit allemand de l'indemnisation
die Sonderopfertheorie	la théorie du sacrifice
die Beeinträchtigung	l'atteinte
der Vermögensschaden	le dommage matériel
die Adäquanztheorie	la théorie de l'adéquation
die sachliche Zuständigkeit	la compétence matérielle
das Rechtsschutzbedürfnis	le besoin de protection juridique
die Feststellung der Nichtigkeit	la constatation de la nullité
die schadensbegründende Handlung	l'agissement dommageable

1.) ÜS ->D:

introduire un recours en indemnité
être comptétent pour reconnaître un recours en indemnité
un recours dénué de fondement
vérifier la violation du droit communautaire
causer un préjudice au citoyen
gérer les plaintes relatives à la mauvaise administration des institutions
contrôler la régularité de la procédure d'enquête
contrôler la décision de clôturer la procédure
mettre en cause l'indépendance du médiateur

2.) DEF: Definition, Rechte und Pflichten des „Médiateur" (20 Zeilen)

3.) ÜS -> D: 2. „L'article 195 prévoit: 1.2.3."

4.) Resümee (D) des Rechtlichen Rahmens (1. - 11.) (25 Zeilen) des Sachverhalts (12. - 17.) (25 Zeilen)

5.) Comparaison (F) des présentations et argumentations avec les appréciations de la Cour (39. - 42.) (43. - 53.) (1e branche); (54. - 58.) (59. - 65.) (2e branche); (66.) (67. - 73.) (3e branche)

3.10. Die Haftung der Mitgliedstaaten für gemeinschaftswidriges Verhalten

Ausser den Organen der Gemeinschaft können auch die Migliedstaaten bei der Anwendung des Gemeinschaftsrechts Schäden für den **Gemeinschaftsbürger** verursachen. In diesen Fällen kommt eine Schadenersatzpflicht auf der Grundlage des Art. 288 Abs. 2 EGV nicht in Betracht, da dieser seinem ausdrücklichen Wortlaut nach ausschliesslich auf Schadenersatzpflichten aufgrund von Rechtsverlezungen durch die Organe und Bediensteten der Gemeinschaften anwendbar ist. Ansprüche aus Art. 288 EGV können zudem nur gegen die Gemeinschaft gerichtet werden, die Mitgliedstaaten kommen als Anspruchsgegner im Sinne des Art. 288 Abs. 2 EGV in Betracht[52].

Da andere ausdrückliche Regelungen des Gemeinschaftsrechts über die Staatshaftung fehlen, kommen als Grundlagen eines Ersatzanspruchs zunächst nur die Vorschriften des nationalen Staatshaftungsrechts in Betracht, in der Bundesrepublik Art. 34 S. 1 GG, § 839 BGB. Soweit bei der Anwendung von unmittelbar geltenden Vorschriften und Regelungen des Gemeinschaftsrechts in der Bundesrepublik durch nationale Organe **Amtspflichtverletzungen begangen** werden, ist eine Haftung möglich, da alle von nationalen Organen zu berücksichtigenden Rechtsquellen, also auch die des Gemeinschaftsrechts, Grundlage eines Amtshaftungsanspruches sein können[53]. Die **Tatbestände**, aus denen sich die Verletzung des Gemeinschaftsrechts ergeben kann, sind dabei unterschiedlich. So kann die rechtzeitige Umsetzung von Richtlinien unterbleiben oder die Anwendung des primären Gemeinschaftsrechts durch den Mitgliedstaat fehlerhaft sein.

---

52 Allg. Meinung: *Priess*, NVwZ, 1993, 118, 119; *Jarras* NJW, 1994, 881.
53 *Priess*, NVwZ, 1993, 118, 199.

3.10.1. Haftung wegen nicht rechtzeitiger oder nicht ordnungsgemässer Umsetzung von Richtlinien

Richtlinien sind gem. Art. 249 Abs. 3 EGV an die Mitgliedstaaten gerichtet und bedürfen der Umsetzung durch den Mitgliedstaat, um über den Umsetzungsakt unmittelbare Wirkungen für den Gemeinschaftsbürger zu entfalten. **Kommt** der Mitgliedstaat seiner **Umsetzungspflicht** innerhalb der Umsetzungsfrist nicht **nach**, ist zu prüfen, ob die Richtlinie im Einzelfall ohne weiteren Umsetzungsakt nach Ablauf der Umsetzungsfrist unmittelbare Wirkung für den Gemeinschaftsbürger entfalten kann. Im Einzelfall kann dem Gemeinschaftsbürger auch diese unmittelbare Wirkung nicht weiterhelfen. Konkret kann dies insbesondere der Fall sein, weil die Richtlinie mangels hinreichender Klarheit oder Unbedingtheit gegenüber dem Mitgliedstaat nicht unmittelbar anwendbar ist oder mangels **horizontaler Drittwirkung** gegenüber einem Privaten ihre begünstigende Wirkung nicht entfalten kann.

Gleichwohl ist in jedem Fall, in dem Schadenersatzansprüche als Sekundäransprüche aus der nicht rechtzeitigen Richtlinienumsetzung geltend gemacht werden sollen, zu prüfen, ob dem Gemeinschaftsbürger über die unmittelbare Anwendung der Richtlinie Zahlungsansprüche zustehen.

Sofern eine Richtlinie in unmittelbarer Anwendung finanzielle Ansprüche gewähren soll, erstreckt sich die Prüfung der hinreichenden **Genauigkeit** auf drei Gesichtspunkte[54]:

- der Inhalt des materiellen Anspruchs muss feststehen (die Frage „was"?),
- der Gläubiger des Anspruchs muss sich aus der Richtlinie ergeben (die Frage „wer"?),
- der Schuldner des geltend zu machenden Anspruchs muss ebenfalls feststehen (die Frage „gegen Wen"?).

Nur wenn diese drei Voraussetzungen erfüllt sind, ist die Richtlinie als „Anspruchsgrundlage" für Zahlungsanprüche geeignet. Ist dies nicht der Fall, ist zu prüfen, ob Schadenersatzansprüche begründet sind. Dazu der nachstehende Fall.

Fallstudie: Pauschalreise ohne Sicherung (EuGH, NJW, 1996, 3142, C-178/94)

Durch die Richtlinie 90/314/EWG wurden die Mitgliedstaaten verpflichtet bis zum 31.12.1992 unter anderem eine sogenannte Insolvenzsicherung für Pauschalreisen einzuführen. Die darauf bezogene Regelung in Art. 7 der Richtlinie lautet: „Der Veranstalter und/oder Vermittler, der Vertragspartei ist, weist nach, dass im

54 EuGH, NJW, 1992, 165; *Heilbonner*, JZ, 1992, 284, 285.

Falle der Zahlungsunfähigkeit oder des Konkurses die Erstattung gezahlter Beträge und die Rückreise des Verbrauchers sichergestellt sind".

In der Bundesrepublik Deutschland wurde die Richtlinie erst zum 01.07.1994 durch die Einführung des § 651 k BGB umgesetzt. D hatte 1993 eine Pauschalreise gebucht und den gesamten Reisepreis gezahlt. Werthaltige Unterlagen, wie ein Flugticket oder ein Hotelvoucher wurden ihm nicht übergeben. Noch vor Antritt der Reise ist der Reiseveranstalter in Konkurs (Insolvenz) gegangen, sodass D die Reise nicht antreten konnte. D macht nunmehr gegen die Bundesrepublik Deutschland den verlorenen Reisepreis geltend mit dem Grund, dass er den verlorenen Reisepreis von der obligatorischen Insolvenzversicherung erstattet bekommen hätte, wenn die Bundesrepublik Deutschland die Richtlinie 90/314/EG rechtzeitig zum 31.12.1992 umgesetzt hätte. Die Bundesrepublik wendet ein, dass ein Staatshaftungsanspruch die Feststellung der Gemeinschaftswidrigkeit in einem Vertragsverletzungsverfahren voraussetze. Im Übrigen sei die Umsetzungsfrist zu knapp bemessen worden. Schliesslich könne von einem gravierenden, einen **Schadenersatzanspruch auslösenden Handeln** nicht ausgegangen werden, da über die sogenannte „Vorkasse"-Rechtsprechung des Bundesgerichtshofs, wonach der Reisende über eine Anzahlung von 10 % hinaus weitere Zahlungen auf den Reisepreis nur Zug um Zug gegen Übergabe der Reisepapiere erbringen müsse, auf anderem Wege eine Sicherung des Reisenden erfolge, die D nicht beachtet habe. Zumindest könnte deshalb nicht von einem schuldhaften Verfahren ausgegangen werden. Das Landesgericht Bonn legt in zulässiger Form dem EuGH einzelne Fragen zur Ausgestaltung des Schadenersatzanspruches unter Berücksichtigung der Ausführungen der Bundesrepublik zur Vorabentscheidung gemäss Art. 234 EGV vor.

Wie wird der EuGH im zulässigen Vorabentscheidungsbegehren entscheiden?

A. Aus einer **unmittelbaren Anwendung der Richtlinie** kann D keine Ansprüche herleiten, da die Richtlinie für D nicht anspruchsbegründend formuliert ist. Dies wäre nur dann der Fall, wenn auch der Schuldner des Anspruchs sich unmittelbar aus der Richtlinie ergeben würde. Hier ist in der Richtlinie nur allgemein bestimmt, dass die Rückzahlung des Kaufpreises „sichergestellt" sein muss. Wer konkret Anspruchsgegner ist, ergibt sich nicht unmittelbar aus der Richtlinie.

B. D könnte jedoch gegen die Bundesrepublik, gestützt auf die nicht erfolgte Umsetzung der Richtlinie, auf **Schadenersatz** klagen. Damit steht nicht mehr ein primär an der Richtlinie anknüpfender Anspruch in Frage, sondern eine Art Sekundäranspruch, der an die schadenbegründende Handlung „**Nichtumsetzung**" anknüpft und immer einen klar bestimmten Schuldner, nämlich den Staat, hat.

Eine Herleitung des Schadenersatzanspruchs aus Normen des Gemeinschaftsrechts oder aus deutschen Amtshaftungsvorschriften gemäss Art. 34 S. 1 GG, §

839 BGB in der bisher geltenden Auslegung des Bundesgerichtshofs kommt nicht in Betracht, da nach dem deutschem Staatshaftungsrecht eine Haftung für legislatives Unrecht, insbesondere legislatives Unterlassen nicht gegeben ist.

Bei diesem Ergebnis stehen zu bleiben, würde bedeuten, dass die Nichtumsetzung von Richtlinien, die einer unmittelbaren Geltung nicht zugänglich sind, für die Mitgliedstaaten ohne Folgen bliebe. Damit wäre die volle Wirkung der Richtlinienbestimmungen nicht hinreichend gewährleistet, da die Mitgliedstaaten, ohne eine Sanktion fürchten zu müssen, ihre Umsetzung unterlassen könnten[55].

• Um die weitgehendste Wirksamkeit der Regelungen des Gemeinschaftsrechts, den sogenannten „effet utile“, zu gewährleisten, hat der EuGH daher das Rechtsinstitut der „gemeinschaftsrechtlich gebotenen Staatshaftung“ geschaffen, um dem betroffenen Gemeinschaftsbürger einen Schadenersatzanspruch bei gemeinschaftswidriger Nichtumsetzung einer Richtlinie zu verschaffen. Neben dem „effet utile“ zieht der EuGH als normative Grundlage auch Art. 10 EG heran. Aus dem in dieser Norm enthaltenen Gebot des gemeinschaftsfreundlichen Verhaltens ergebe sich auch die Verpflichtung, „die rechtswidrigen Folgen eines Verstosses gegen das Gemeinschftsrecht zu beheben“[56].

Nicht sicher geklärt ist, ob der EuGH den Anspruch unmittelbar aus dem Gemeinschaftsrecht herleitet[57]. Der EuGH spricht in seiner Francovich-Entscheidung eigentlich zunächst eindeutig von einem Anspruch „der unmittelbar im Gemeinschaftsrecht begründet ist“[58]. Zum Teil wird jedoch auch vertreten, dass sich die materielle Haftungsnorm aus dem Recht der Mitgliedstaaten ergeben muss[59]. Denn insoweit führt der EuGH aus, dass der Staat verpflichtet sei, „im Rahmen des nationalen Rechts die Folgen des verursachten Schadens zu beheben“.

In unserer Erläuterung folgen wir dem Lösungsweg des BGH, der das nationale Recht nur zur materiellen und formellen Ausgestaltung des gemeinschaftsrechtlich gebotenen Anspruchs heranzieht [60]. Grundlage ist der Grundsatz des Gemeinschaftsrechts, dass die Mitgliedstaaten zum Ersatz der Schäden verpflichtet sind, (lediglich) die Folgen des verursachten Schadens im Rahmen des nationalen Handlungsrechts zu beheben. In der Klausur hat das den Vorteil, dass das gelten-

---

55 EuGH, NJW, 1992, 165, 167; 1996, 3141, 3142.

56 EuGH, NJW, 1992, 165, 167; 1996, 3141, 3142; 1997, 2585, 2586, C-373/95; LG Bonn ZIP 1999, 959, 960; *Bröhmer*, JuS 1997, 117, 119 f.; *Nassal*, WM, 1999, 657, 658.

57 *Jarras*, NJW, 1994, 881.

58 EuGH, NJW, 1992, 165 Rz. 41, dem folgend *Saenger*, JuS, 1997, 865, 871; *Ehlers*, JZ, 1996, 776, 778.

59 *Streinz*, EuZW, 1993, 599; *Nettesheim*, JuS, 1997, 999, 1000.

60 BGH, NJW, 1997, 123, 124 – Brasserie du Pêcheur: keine europarechtskonforme Auslegung der Art. 34 GG, § 839 BGB notwendig.

de Staatshaftungsrecht, insbesondere die Amtshaftung, unbesehen etwaiger europarechtlicher Besonderheiten auch hinsichtlich der Staatshaftung für legislatives Unrecht, keiner Modifikation bedarf, weil auf einer eigenen gemeinschaftsrechtlichen Grundlage der gemeinschaftsrechtlich gebotenen Haftung Rechnung getragen wird.

• Wenn eine Richtlinie durch die Mitgliedstaaten nicht rechtzeitig umgesetzt worden ist, knüpft der EuGH den gemeinschaftsrechtlich begründeten Staatshaftungsanspruch an drei Voraussetzungen[61]:

1- Die Richtlinie bezweckt die Verleihung von Rechten an den **Geschädigten**. Um diese Voraussetzung zu erfüllen, ist nicht die Verleihung eines „subjektiven Rechts" in dem engen Sinne erforderlich, wie dies im bundesdeutschen Recht gesehen wird. Vielmehr genügt es, wenn der materielle Gehalt einem bestimmten, abgegrenzten Personenkreis zugute kommen soll. Das Recht darf auch nicht staatsgerichtet sein, da die Verpflichtung des Staates, durch die Umsetzung eine **Begünstigung** zu gewähren möglicherweise auch gegenüber Dritten, in Frage steht[62].

2- Der Verstoss gegen das Gemeinschaftsrecht ist hinreichend qualifiziert. Liegt der Verstoss gegen das Gemeinschaftsrecht darin, dass bis zum Ablauf der Umsetzungsfrist für die Richtlinie **der Verpflichtung** zur Umsetzung nicht **nachgekommen wurde**, so ist dieser Verstoss immer offensichtlich und erheblich[63]. Das Merkmal bedarf also in diesem Fall keiner besonderen Prüfung (so insbesondere der EuGH in seiner ursprünglichen Entscheidung zur gemeinschaftsrechtlich begründeten Staatshaftung[64]).

Schwieriger ist die Beurteilung, wenn ein Mitgliedstaat fristgerecht aber **fehlerhaft** die Richtlinie **umgesetzt hat**. Bei dieser Fallgestaltung kommt es darauf an, ob die Umsetzung inhaltlich noch vertretbar war. Ist das der Fall, liegt kein hinreichend qualifizierter Verstoss vor[65]. Das Merkmal „hinreichend qualifizierter Verstoss" bedarf hier also einer genauso sorgfältigen Prüfung wie bei einem Verstoss eines Mitgliedstaats gegen Primärrecht. Es kommt darauf an, dass die Auslegung des Gemeinschaftsrechts (hier der Umsetzung der Richtlinie) ein gewisses Mass an Plausibilität für sich hatte und in diesem Sinne guten Glaubens getroffen werden konnte. Indiz für **die Vertretbarkeit einer Auslegung** ist insbesondere, ob sie auch von einigen anderen Mitgliedstaaten geteilt wurde[66].

---

61 EuGH, NJW, 1996, 3141, 3142.
62 *Jarras*, NJW, 1994, 881, 883.
63 EuG, 1996, I, 4845 – *Dillenkofer*, verb. C-178/94 u.a.
64 EuGH, NJW, 1992, 165 – *Francovich*.
65 EuGH, EuZW, 1996, 276 Rz. 37 ff. – *British Telecommunications*.
66 EuGH, EuZW, 1996, 276 Rz. 42 ff. – *British Telecommunications*.

3- Es besteht ein unmittelbarer Kausalzusammenhang zwischen der Pflichtverletzung des Staates und dem Schaden, der dem Geschädigten entstanden ist. Sind die vorstehenden drei Voraussetzungen erfüllt, können nationale Regelungen den **Inhalt des Staatshaftungsanspruchs** ausgestalten. Die im Schadensrecht einzelner Mitgliedstaaten festgelegten Voraussetzungen dürfen jedoch nicht ungünstiger sein als bei ähnlichen Klagen, die nur nationales Recht betreffen (Diskriminierungsverbot), und sie dürfen nicht so ausgestaltet sein, dass sie es praktisch unmöglich machen oder übermässig erschweren, die Entschädigung zu erlangen **(Effizienzgebot)**[67].
Damit darf in Deutschland der Staatshaftungsanspruch nicht mit der zu gemäss Art. 34 S. 1 GG, § 839 BGB entwickelten Begründung zurückgewiesen werden, eine Haftung für legislatives Unterlassen könne in der Bundesrepublik nicht geltend gemacht werden. Zu denken wäre aber beispielsweise an eine **Verjährung** des Anspruchs nach nationalem Recht entsprechend § 852 BGB, die Haftungsprivilegierung von Gerichten (entsprechend § 839 Abs. 2 S. 1 BGB) und die Subsidiarität (entsprechend § 839 Abs. 1 S. 2 BGB). Entschieden hat der EuGH, dass unter dem Gesichtspunkt der Schadenabwendungspflichten (insbesondere durch Ausschöpfung der zur Verfügung stehenden Rechtsschutzmöglichkeiten) der Anspruch ganz entfallen kann[68].

Fraglich ist, ob die Voraussetzungen für einen gemeinschaftsrechtlich begründeten Amtshaftungsanspruch im vorliegenden Fall erfüllt sind.

1) Die Richtlinie müsste individualschützend sein. Das mit der Richtlinie 90/314/EWG verfolgte Ziel ist auf die Sicherstellung der Rückzahlung des Reisepreises im Konkurs des Reiseveranstalters/-vermittlers gerichtet. Diese Rückzahlung soll ausschliesslich den Interessen des Verbrauchers, hier des D, dienen. Damit verleiht die Richtlinie dem Einzelnen besondere Rechte[69].

2) Im Falle der nicht fristgerechten Richtlinienumsetzung ist nach Ansicht des EuGH ein hinreichend qualifizierter Verstoss gegen das Gemeinschaftsrecht gegeben, weil durch die Vorgabe der Umsetzungsfrist der Mitgliedstaat nicht mehr zwischen mehreren Möglichkeiten wählen kann. Ein **Ermessenspielraum** besteht nicht mehr, sodass mit fruchtlosem Ablauf der Umsetzungsfrist ein offenkundiger unerheblicher Verstoss gegen das Gemeinschaftsrecht gegeben ist. Der Einwand der Bundesrepublik, die Umsetzungsfrist sei zu kurz bemessen worden, ist unerheblich, da die Bundesrepublik ihre politischen und juristischen Möglichkeiten zum Beispiel durch Erhebung einer Klage gemäss Art. 230 EGV hätte nutzen können, um diese Einwände geltend zu machen. Ist die Überschreitung der Um-

---

67 EuGH, NJW, 1992, 165 Rz. 43 – *Francovich.*
68 EuGH, NJW, 1996, 1267 Rz. 81 ff. – *Brasserie du Pêcheur.*
69 EuGH, NJW, 1996, 3141, 3143.

setzungsfrist festzustellen, kommt es wegen der Offenkundigkeit auch nicht darauf an, dass die Überschreitung, wie die Bundesrepublik meint, zunächst formell in einem **Vertragsverletzungsverfahren** festgestellt wird oder ein Verschulden des staatlichen Amtsträgers nachgewiesen wird.

Durch die sogenannte „Vorkasse"-Rechtsprechung des Bundesgerichtshofs war die Umsetzung der Richtlinie auch nicht entbehrlich. Zum einen deckt diese Rechtsprechung nicht die Sicherung des gesamten Reisepreises ab, da nur der 10% des Reisepreises überschreitende Teil erfasst wird. Darüber hinaus geht der Schutz der Richtlinie weiter, da nach der „Vorkasse"-Rechtsprechung der Verbraucher unmittelbar gegen den Anbieter der einzelnen Reiseleistung vorgehen muss und auch insoweit das Insolvenzrisiko trägt. Die Rechtsprechung des BGH erreicht damit nicht das Schutzziel der Richtlinie, sodass es auf die Frage, ob Rechtsprechungsgrundsätze überhaupt geeignet sind, eine Richtlinienumsetzung entbehrlich zu machen, nicht ankommt[70]. Damit ist ein hinreichend qualifizierter Verstoss zu bejahen.

3) Schliesslich muss zwischen der Verletzung des Gemeinschafsrechts durch die Bundesrepublik und dem Schaden des D ein Kausalzusammenhang bestehen. Wäre die Richtlinie fristgerecht umgesetzt worden, hätte D bei Buchung seiner Reise 1993 eine Insolvenzversicherung erhalten. Durch das Fehlen dieser Verpflichtung zur Insolvenzversicherung hat D seinen Reisepreis durch den Konkurs des Reiseanstalters verloren. Andernfalls wäre eine Erstattung durch die Insolvenzversicherung erfolgt. Damit hat D einen gemeinschaftsrechtlich begründeten Schadenersatzanspruch gegen die Bundesrepublik Deutschland, formell und materiell ausgestaltet durch die nationalen Vorschriften der Art. 34 GG, § 839 BGB, auf Ersatz seines Schadens in Höhe des Reisepreises[71]. Was die **Begrenzung der Schadenshöhe** durch nationale Vorschriften des Staatshaftungsrechts vgl. EuGH, NJW, 1996, 1267, 1271 betrifft, so ist eine Beschränkung auf „Eigentumsverletzungen" im deutschen Staatshaftungsrecht unzulässig. Prozessual ist für die gerichtliche Geltendmachung dieses Anspruchs gemäss Art. 34 S. 3 GG, § 40 Abs. 2 VwGO der Rechtsweg zu den ordentlichen Gerichten eröffnet. Ohne Rücksicht auf den Streitwert sind gemäss § 71 Abs. 2 Nr. 2 GVG die Landesgerichte zuständig. Gemäss § 17 Abs. 1 ZPO war dies bei Klageerhebung örtlich das Landesgericht Bonn als Gericht beim Sitz der Bundesorgane der Bundesrepublik Deutschland.

---

70 EuGH, NJW, 1996, 3141, 3144; *Streinz/Leible*, ZIP, 1996, 1931, 1933- dort auch zum „Rechtsnorm-vorbehalt" für die Richtlinienumsetzung.

71 *Stöhr*, JuS, 1999, 1063 – *Abwicklung der Staatshaftungsansprüche*.

3.10.2. Haftung der Mitgliedstaaten bei anderen Verstössen gegen das EG Recht

Auch andere Verstösse gegen das Gemeinschaftsrecht, insbesondere das primäre Gemeinschaftsrecht, können Schadenersatzpflichten der Mitgliedstaaten auslösen. Anders als im Fall der nicht fristgerechten Richtlinienumsetzung, wo es lediglich auf die formale Bestimmung des Fristablaufs ankommt, ist in diesen Fällen die Frage des Vorliegens eines hinreichend **qualifizierten Verstosses** immer genauer zu prüfen, da das Vorliegen der Pflichtverletzung in diesen Fällen nicht so evident ist, insbesondere wenn ein Ermessen des Mitgliedstaates zum Beispiel bei der Auslegung und Anwendung des Gemeinschaftsrechts gegeben ist.

Der EuGH sieht in diesen Fällen einen hinreichend qualifizierten Verstoss als gegeben an, wenn der Mitgliedstaat, die „Grenzen, die seinem Ermessen gesetzt sind, offenkundig und erheblich überschritten hat“[72]. Gesichtspunkte, die für ein offenkundiges und erhebliches Überschreiten der Befugnisse sprechen, sind:

• die Klarheit und Genauigkeit der verletzten Vorschrift des Gemeinschaftsrechts,
• der **Umfang** des Ermessensspielraums, den die verletzte Vorschrift belässt,
• der **Verschuldensgrad**, insbesondere die Frage, ob ein bewusster, vorsätzlicher Verstoss vorliegt. Unter diesem Gesichtspunkt kann ein hinreichend qualifizierter Verstoss dann angenommen werden, wenn der Mitgliedstaat trotz des Erlasses eines Urteils in einem Vertragsverletzungsverfahren oder Vorabsentscheidungsverfahren bzw. einer einschlägigen ständigen Rechtsprechung des EuGH den Gemeinschaftsrechtsverstoss nicht abstellt,
• die **Entschuldbarkeit** eines möglichen Rechtsirrtums.

Ist nach den vorgenannten Kriterien ein offenkundiger und erheblicher Verstoss gegen das Gemeinschaftsrecht festzustellen, bedarf es keiner weiteren **Verschuldensprüfung**[73]. Dies ist jedoch auch nicht erforderlich, da im Rahmen der Prüfung des hinreichend qualifizierten Verstosses auch Verschuldensgesichtspunkte bereits berücksichtigt werden[74]. Die vom EuGH entwickelten Kriterien decken sich damit nicht mit den zu Art. 288 Abs. 2 EGV geschaffenen Voraussetzungen für die ausservertragliche Haftung der Gemeinschaft. Die Gesichtspunkte der „Anzahl der Betroffenen“ oder die „Höhe des Schadens“ werden nicht übernommen. Zu erklären ist dies aus der stärkeren Betonung der „Evidenz“ des Gemeinschaftsrechtsverstosses und die Wertung nach der Schwere des Vertosses[75].

---

72 EuGH, NJW, 1997, 1267, 1270, C-46/93- *Brasserie du Pêcheur.*
73 EuGH, NJW, 1996, 1267.
74 JuS, 1997, 117, 123.
75 Ähnlich auch *Ehlers*, JZ, 1996, 776, 778.

3.11. Glossar und Übungen

der Gemeinschaftsbürger	le citoyen communautaire
in Betracht kommen	entrer en considération
Amtspflichtverletzungen begehen	commettre des fautes administratives
der Amtshaftungsanspruch	le recours en responsabilité de l'Etat
der Tatbestand	l'élement constitutif
der Umsetzungspflicht nachkommen	respecter l'obligation de transposition
die horizontale Drittwirkung	l'effet horizontal (tiers)
die hinreichende Genauigkeit	l'exactitude suffisante
in Konkurs gehen	faire faillite
die unmittelbare Anwendung der Richtlinie	l'application directe de la directive
Schadenersatz auslösendes Handeln	actes conduisant à réparation
Schadenersatz in Anspruch nehmen	réclamer des dommages-intérêts
von einem schuldhaften Verfahren ausgehen	partir d'une procédure préjudiciable
die Nichtumsetzung	la non transposition
der Geschädigte	la victime
die Umsetzung einer Begünstigung	l'application d'un traitement préférentiel
der Verpflichtung nachkommen	respecter l'obligation
fehlerhaft umsetzen	appliquer de façon erronée
die Vertretbarkeit einer Auslegung	le bien fondé d'une interprétation
den Inhalt des Staatshaftungsanspruchs ausgestalten	structurer le contenu de l'action en responsabilité
das Effizienzgebot	le principe d'efficacité
die Verjährung	la prescription
der Ermessenspielraum	la marge d'appréciation
das Vertragsverletzungsverfahren	le recours en manquement
die Begrenzung der Schadenshöhe	la limitation du montant de l'indemnisation
die gerichtliche Geltendmachung eines Anspruches	la validation juridictionnelle d'un droit
qualifizierter Verstoss	une violation qualifiée
der Umfang	l'étendue
der Verschuldensgrad	le degré de la faute
die Entschuldbarkeit	l'excusabilité
die Verschuldensprüfung	l'analyse de la faute

1.) ÜS –> F:

• Die Mitgliedstaaten haften für die nicht rechtzeitige und nicht ordnungsgemässe Umsetzung der Richtlinien.
• Die Prüfung der hinreichenden Genauigkeit betrifft den materiellen Anspruch, den Gläubiger und den Schuldner.
• Der Gläubiger erhebt Anklage auf Schadenersatz gegen die Bundesregierung wegen Nichtumsetzung der Richtlinie.
• Der BGH zieht das nationale Recht nur zur materiellen und formellen Ausgestaltung des Gemeinschaftsrechts heran.
• Der EuGH definiert den hinreichend qualifizierten Verstoss als die offenkundige und erhebliche Überschreitung der Grenzen des Ermessensfreiraums durch einen Mitgliedstaat.

2.) Resümee (D) der Fallstudie EuGH NJW 1996, 3142

Sachverhalt (12 Zeilen), Rechtliche Argumentation (25 Zeilen)

3.12. Texte et résumé. Jurisprudence Köbler / Republik Österreich 30.09.2003 Affaire C-224/01[76]

Égalité de traitement – Rémunération des professeurs d'université – **Discrimination indirecte** – Indemnité d'ancienneté – Responsabilité d'un État membre pour des dommages causés aux particuliers par des violations du droit communautaire qui lui sont imputables – Violations imputables à une juridiction nationale. Demande de décision préjudicielle: Landesgericht für Zivilrechtssachen Wien – Autriche.

Mots clés:

1. Droit communautaire – Droits conférés aux particuliers – Violation par un État membre – Obligation de réparer le préjudice causé aux particuliers – Violation imputable à une juridiction suprême – Absence d'incidence – Juridiction compétente pour trancher un litige relatif à une telle réparation – Application du droit national
2. Droit communautaire – Droits conférés aux particuliers – Violation par un État membre – Obligation de réparer le préjudice causé aux particuliers – Conditions en cas de violation imputable à une juridiction suprême – Caractère manifeste de la violation – Critères
3. Libre circulation des personnes – Travailleurs – Égalité de traitement – Rémunération des professeurs d'université – Discrimination indirecte – Indemnité d'ancienneté ne

76 Recueil de jurisprudence 2003, page I-10239.

prenant en compte que l'ancienneté acquise auprès des universités de l'État membre concerné – Inadmissibilité – Justification – Absence

(Traité CE, art. 48 (devenu, après modification, art. 39 CE); règlement du Conseil n° 1612/68, art. 7, § 1)

Sommaire

1. Le principe selon lequel les États membres sont obligés de **réparer les dommages causés aux particuliers** par les violations du droit communautaire qui leur sont imputables est également applicable lorsque la violation en cause découle d'une décision d'une juridiction statuant en dernier ressort.

En effet, ce principe, inhérent au système du Traité, est valable pour toute hypothèse de violation du droit communautaire par un État membre, et ce quel que soit l'organe de l'État membre dont l'action ou l'omission est à l'origine du manquement.

C'est à l'ordre juridique interne de chaque État membre qu'il appartient de désigner la juridiction compétente pour **trancher les litiges relatifs à ladite réparation**. En effet, sous la réserve que les États membres doivent assurer, dans chaque cas, une protection effective aux droits individuels dérivés de l'ordre juridique communautaire, il n'appartient pas à la Cour d'intervenir dans la solution des problèmes de compétence que peut soulever, au plan de l'organisation judiciaire nationale, la qualification de certaines situations juridiques fondées sur le droit communautaire. (voir points 30-31, 33, 46-47, 50, disp. 1).

2. Les États membres sont obligés de réparer les dommages causés aux particuliers par les violations du droit communautaire qui leur sont imputables lorsque la règle de droit communautaire violée a pour objet de conférer des droits aux particuliers, que la violation est suffisamment caractérisée et qu'il existe **un lien de causalité direct entre cette violation et le préjudice subi** par les personnes lésées. Afin de déterminer si la violation est suffisamment caractérisée lorsque la violation en cause découle d'une décision d'une juridiction statuant en dernier ressort, le juge national compétent doit, en tenant compte de la spécificité de la fonction juridictionnelle ainsi que des exigences légitimes de sécurité juridique, rechercher si cette violation présente un caractère manifeste.

En particulier, le juge national doit tenir compte de tous les éléments qui caractérisent la situation qui lui est soumise. Parmi ces éléments figurent notamment le degré de clarté et de précision de la règle violée, le caractère délibéré de la violation, le caractère excusable ou inexcusable de l'erreur de droit, la position prise, le cas échéant, par une institution communautaire, ainsi que l'inexécution, par la juridiction en cause, de son obligation de renvoi préjudiciel en vertu de l'article 234, troisième alinéa, CE.

En tout état de cause, une violation du droit communautaire est suffisamment caractérisée lorsque la décision concernée est intervenue en méconnaissance manifeste de la jurisprudence de la Cour en la matière (voir points 51-56, disp. 1).

3. Les articles 48 du Traité (devenu, après modification, article 39 CE) et 7, paragraphe 1, du règlement n° 1612/68, relatif à la libre circulation des travailleurs à l'intérieur de la Communauté, doivent être interprétés en ce sens qu'ils s'opposent à l'octroi par un État membre, en tant qu'employeur, d'une indemnité spéciale d'ancienneté aux professeurs d'université, qui procure un avantage financier s'ajoutant au salaire de base, dont le montant est déjà fonction de l'ancienneté de service, et que reçoit un professeur d'université s'il a exercé cette profession pendant au moins quinze années auprès d'une université dudit État membre et si, en outre, il reçoit depuis au moins quatre années l'indemnité normale d'ancienneté.

En excluant, pour l'octroi de l'indemnité spéciale d'ancienneté qu'il prévoit, toute possibilité de prendre en compte les périodes d'activités qu'un professeur d'université a effectuées dans un autre État membre, un tel régime est en effet susceptible d'entraver la libre circulation des travailleurs.

S'il ne saurait être exclu qu'un objectif de fidélisation des travailleurs envers leurs employeurs dans le cadre d'une politique de recherche ou d'enseignement universitaire constitue une raison impérieuse d'intérêt général, l'entrave que comporte une telle mesure ne peut être justifiée au regard d'un tel objectif (voir points 70-72, 83, disp. 2).

4. Une violation du droit communautaire ne revêt pas le caractère manifeste requis pour que se trouve engagée, en vertu du droit communautaire, la responsabilité d'un État membre du fait d'une décision de l'une de ses juridictions statuant en dernier ressort, lorsque, d'une part, le droit communautaire ne règle pas explicitement le point de droit en cause, la question ne trouve pas non plus de réponse dans la jurisprudence de la Cour et cette réponse n'est pas évidente, et que, d'autre part, ladite violation ne présente pas un caractère délibéré mais résulte de la lecture erronée d'un arrêt de la Cour (voir points 122-123, 126, disp. 3).

Dans l'affaire C-224/01, ayant pour objet une demande adressée à la Cour, en application de l'article 234 CE, par le Landesgericht für Zivilrechtssachen Wien (Autriche) et tendant à obtenir, dans le litige pendant devant cette juridiction entre Gerhard Köbler

et Republik Österreich,

une décision à titre préjudiciel sur l'interprétation, d'une part, de l'article 48 du Traité CE (devenu, après modification, article 39 CE) et, d'autre part, de la jurisprudence de la Cour découlant notamment des arrêts du 5 mars 1996, Brasserie du pêcheur et Factortame (C-46/93 et C-48/93, Rec. p. I-1029), et du 17 septembre 1997, Dorsch Consult (C-54/96, Rec. p. I-4961),

LA COUR,

composée de M. G. C. Rodríguez Iglesias, président, MM. J.-P. Puissochet, M. Wathelet, R. Schintgen et C. W. A. Timmermans (rapporteur), présidents de chambre, MM. C. Gulmann, D. A. O. Edward, A. La Pergola, P. Jann et V. Skouris, Mmes F. Macken et N. Colneric, MM. S. von Bahr, J. N. Cunha Rodrigues et A. Rosas, juges, avocat général: M. P. Léger, greffier: M. H. A. Rühl, administrateur principal,
considérant les observations écrites présentées:
- pour M. Köbler, par Me A. König, Rechtsanwalt,
- pour la Republik Österreich, par M. M. Windisch, en qualité d'agent,
- pour le gouvernement autrichien, par M. H. Dossi, en qualité d'agent,
- pour le gouvernement allemand, par MM. A. Dittrich et W.-D. Plessing, en qualité d'agents,
- pour le gouvernement français, par MM. R. Abraham et G. de Bergues ainsi que Mme C. Isidoro, en qualité d'agents,
- pour le gouvernement néerlandais, par Mme H. G. Sevenster, en qualité d'agent,
- pour le gouvernement du Royaume-Uni, par M. J. E. Collins, en qualité d'agent, assisté de MM. D. Anderson, QC, et M. Hoskins, barrister,
- pour la Commission des Communautés européennes, par MM. J. Sack et H. Kreppel, en qualité d'agents,

vu le rapport d'audience,

ayant entendu les observations orales de M. Köbler, représenté par Me A. König, du gouvernement autrichien, représenté par M. E. Riedl, en qualité d'agent, du gouvernement allemand, représenté par M. A. Dittrich, du gouvernement français, représenté par M. R. Abraham, du gouvernement néerlandais, représenté par Mme H. G. Sevenster, du gouvernement du Royaume-Uni, représenté par M. J. E. Collins, assisté de MM. D. Anderson et M. Hoskins, ainsi que de la Commission, représentée par MM. J. Sack et H. Kreppel, à l'audience du 8 octobre 2002,
ayant entendu l'avocat général en ses conclusions à l'audience du 8 avril 2003, rend le présent

ARRET

Motifs de l'arrêt

1 Par ordonnance du 7 mai 2001, parvenue à la Cour le 6 juin suivant, le Landesgericht für Zivilrechtssachen Wien a posé, en vertu de l'article 234 CE, cinq **questions préjudicielles relatives à l'interprétation**, d'une part, de **l'article 48 du Traité CE** (devenu, après modification, article 39 CE) et, d'autre part, de la jurisprudence de la Cour découlant notamment des arrêts du 5 mars 1996, Brasserie du pêcheur et Factortame (C-46/93 et C-48/93, Rec. p. I-1029), et du 17 septembre 1997, Dorsch Consult (C-54/96, Rec. p. I-4961).

2 Ces questions ont été soulevées dans le cadre d'une action en responsabilité engagée par M. Köbler contre la Republik Österreich (république d'Autriche) pour violation d'une disposition du droit communautaire par un arrêt du Verwaltungsgerichtshof, la juridiction suprême administrative.

Le cadre juridique

3 L'article 48, paragraphe 3, du Gehaltsgesetz 1956 (loi salariale de 1956, BGBl. 1956/54), tel que modifié en 1997 (BGBl. I, 1997/109, ci-après le «GG»), prévoit:

«Pour autant que cela soit nécessaire afin de s'assurer des services d'un scientifique ou d'un artiste du pays ou de l'étranger, le président fédéral peut octroyer un traitement de base supérieur à celui prévu à l'article 48, paragraphe 2, lors de la nomination à un poste de professeur des universités (article 21 du Bundesgesetz über die Organisation der Universitäten [loi fédérale relative à l'organisation des universités], BGBl. 1993/805, dénommé UOG 1993') ou de professeur ordinaire des universités ou d'un établissement d'enseignement supérieur.»

4 L'article 50 bis, paragraphe 1, du GG est libellé comme suit:

«Un professeur d'université (article 21 de l'UOG 1993) ou un professeur ordinaire d'université ou d'un établissement d'enseignement supérieur, qui peut se prévaloir d'une ancienneté de quinze ans acquise dans cette affectation au sein des universités autrichiennes ou des établissements d'enseignement supérieur et qui a bénéficié pendant quatre ans de l'indemnité d'ancienneté prévue à l'article 50, paragraphe 4, peut prétendre, à compter de la date à laquelle ces deux conditions sont réunies, à une indemnité spéciale d'ancienneté prise en considération pour le calcul de la pension de retraite, dont le montant correspond à celui de l'indemnité d'ancienneté prévue à l'article 50, paragraphe 4.»

Le litige au principal

5 M. Köbler est lié depuis le 1er mars 1986 à l'État autrichien par un contrat de droit public en tant que professeur d'université titulaire à Innsbruck (Autriche). Lors de sa nomination, il lui a été attribué le traitement de professeur d'université titulaire au dixième échelon, majoré de l'indemnité normale d'ancienneté.

6 Par lettre du 28 février 1996, M. Köbler a sollicité l'attribution de l'indemnité spéciale d'ancienneté des professeurs d'université, au titre de l'article 50 bis du GG. Il a fait valoir que, s'il ne justifiait certes pas de quinze ans d'ancienneté en tant que professeur dans des universités autrichiennes, il posséderait en revanche l'ancienneté requise si la durée de ses services dans les universités d'autres États membres de la Communauté était prise en considération. Il a soutenu que la condition d'une ancienneté de quinze ans acquise uniquement dans des universités autrichiennes – sans qu'il soit tenu compte de celle obtenue dans des universités d'autres États membres – constituait, depuis l'adhésion de la république d'Autriche à la Communauté, une discrimination indirecte injustifiée en droit communautaire.

7 Dans le litige auquel a conduit cette prétention de M. Köbler, le Verwaltungsgerichtshof (Autriche) a saisi la Cour, par ordonnance du 22 octobre 1997, d'une demande préjudicielle enregistrée au greffe de la Cour sous le numéro C-382/97.

8 Par lettre du 11 mars 1998, le greffier de la Cour a demandé au Verwaltungsgerichtshof s'il jugeait nécessaire de maintenir sa demande préjudicielle à la lumière de l'arrêt du 15 janvier 1998, Schöning-Kougebetopoulou (C-15/96, Rec. p. I-47).

9 Par ordonnance du 25 mars 1998, le Verwaltungsgerichtshof a invité les parties au litige porté devant lui à se prononcer sur la demande du greffier de la Cour, en observant à titre provisoire que le point de droit faisant l'objet de la procédure préjudicielle concernée avait été résolu en faveur de M. Köbler.

10 Par ordonnance du 24 juin 1998, le Verwaltungsgerichtshof a retiré sa demande préjudicielle et, par arrêt du même jour, il a rejeté le recours de M. Köbler, aux motifs que l'indemnité spéciale d'ancienneté constituait une prime de fidélité qui justifiait objectivement une dérogation aux dispositions du droit communautaire relatives à la libre circulation des travailleurs.

11 Cet arrêt du 24 juin 1998 énonce notamment:

« Le Verwaltungsgerichtshof a admis dans son ordonnance du 22 octobre 1997 portant renvoi préjudiciel [dans l'affaire C-382/97] que l'indemnité spéciale d'ancienneté des professeurs d'université titulaires' n'a ni le caractère d'une prime de fidélité ni celui d'une gratification, mais qu'elle fait partie du traitement dans le cadre du système d'avancement.

Cette thèse juridique, formulée de manière non contraignante à l'égard des parties à la procédure contentieuse administrative, est abandonnée.

Cela montre que l'indemnité spéciale d'ancienneté au titre de l'article 50 bis du Gehaltsgesetz de 1956 ne relève pas de la détermination de la valeur marchande' qui doit s'effectuer dans le cadre de la procédure de nomination, mais qu'il faut considérer qu'elle a pour but d'offrir aux chercheurs qui évoluent sur un marché du travail très mobile une incitation positive à un déroulement de carrière dans les universités autrichiennes. Elle ne peut donc être un élément du traitement proprement dit et, du fait qu'elle a vocation à être une prime de fidélité, elle suppose une durée déterminée de service en qualité de professeur d'université titulaire dans des universités autrichiennes. Cette définition ne fait pas fondamentalement obstacle à ce que l'indemnité spéciale d'ancienneté soit conçue comme un élément du traitement mensuel et à ce que cette prime de fidélité ait, en conséquence, un caractère durable.

Puisque, en Autriche – pour ce qui concerne le cas d'espèce – l'État fédéral est seul responsable des universités, les dispositions de l'article 50 bis du Gehaltsgesetz de 1956 ne s'appliquent – contrairement à la situation qui était à la base de l'arrêt [Schöning-Kougebetopoulou, précité] – que pour un seul employeur. La prise en compte de périodes de service antérieures demandée par le requérant entre dans le cadre de la valeur marchande' lors des négociations en vue d'une nomination. La prise en considération de ces périodes de service antérieures aux fins de l'indemnité spéciale d'ancienneté n'est pas non plus prévue pour les chercheurs autrichiens qui reprennent l'enseignement en Autriche après avoir exercé à l'étranger et elle serait contraire au souci de récompenser une fidélité de plusieurs années envers un employeur, dont la Cour a admis qu'il justifie une disposition enfreignant en soi le principe de non-discrimination.

Puisque le prétendu droit invoqué en l'espèce par le requérant à une indemnité spéciale d'ancienneté au titre de l'article 50 bis du Gehaltsgesetz de 1956 porte sur une prime de fidélité prévue par la loi et que la Cour, pour les motifs mentionnés, a admis qu'un tel système justifiait un régime qui soit quelque peu en contradiction avec le principe de non-discrimination, le recours reposant sur la violation de ce principe de non-discrimination doit être jugé non fondé; il convenait donc de le rejeter [¼]»

12 M. Köbler a introduit un recours en dommages et intérêts contre la Republik Österreich devant la juridiction de renvoi, aux fins de voir réparer le préjudice qu'il aurait subi en raison de l'absence de versement d'une indemnité spéciale d'ancienneté. Il soutient que l'arrêt du Verwaltungsgerichtshof du 24 juin 1998 a enfreint des dispositions du droit communautaire directement applicables, telles qu'interprétées par la Cour dans les arrêts où elle a jugé qu'une indemnité spéciale d'ancienneté ne constitue pas une prime de fidélité.

13 La Republik Österreich prétend que l'arrêt du Verwaltungsgerichtshof du 24 juin 1998 n'enfreint pas le droit communautaire directement applicable. En outre, selon elle, la décision d'une juridiction statuant en dernier ressort telle que le Verwaltungsgerichtshof ne saurait fonder une obligation de réparation à charge de l'État.

Les questions préjudicielles

14 Le Landesgericht für Zivilrechtssachen Wien, estimant que, dans l'affaire dont il est saisi, l'interprétation du droit communautaire est incertaine et qu'une telle interprétation est nécessaire pour rendre sa décision, a décidé de surseoir à statuer et de poser à la Cour les questions préjudicielles suivantes:

«1) La jurisprudence de la Cour selon laquelle la responsabilité de l'État est engagée en cas de violation du droit communautaire, quel que soit l'organe de l'État membre auquel cette violation est imputable (notamment, par exemple, arrêt [Brasserie du pêcheur et Factortame, précité]), est-elle également applicable dans le cas où le comportement de l'organe réputé contraire au droit communautaire est constitué par une décision d'une juridiction suprême d'un État membre telle que, en l'espèce, le Verwaltungsgerichtshof?

2) Dans l'hypothèse d'une réponse affirmative à la première question:

La jurisprudence de la Cour selon laquelle il appartient à l'ordre juridique de chaque État membre de désigner la juridiction compétente pour trancher les litiges qui mettent en cause des droits individuels, dérivés de l'ordre juridique communautaire (notamment, par exemple, arrêt [Dorsch Consult, précité]), est-elle également applicable dans le cas où le comportement de l'organe réputé contraire au droit communautaire est constitué par une décision d'une juridiction suprême d'un État membre telle que, en l'espèce, le Verwaltungsgerichtshof?

3) Dans l'hypothèse d'une réponse affirmative à la deuxième question:

La thèse juridique formulée dans l'arrêt susmentionné du Verwaltungsgerichtshof, selon laquelle l'indemnité spéciale d'ancienneté est une sorte de prime de fidélité, est-elle contraire à une disposition directement applicable du droit communautaire, en particulier au principe de non-discrimination indirecte établi à l'article 48 du Traité CE, et à la jurisprudence pertinente constante de la Cour à cet égard?

4) Dans l'hypothèse d'une réponse affirmative à la troisième question:

Cette disposition du droit communautaire qui a été enfreinte crée-t-elle pour le demandeur au principal un droit subjectif?

5) Dans l'hypothèse d'une réponse affirmative à la quatrième question:

La Cour dispose-t-elle, sur la base du libellé de la demande préjudicielle, de toutes les informations lui permettant de juger elle-même si le Verwaltungsgerichtshof a manifestement et notablement abusé dans le cas d'espèce du pouvoir d'appréciation dont il dispose, ou bien s'en remet-elle à la juridiction autrichienne de renvoi pour trancher cette question?»

Sur les première et deuxième questions

15 Par ses première et deuxième questions, qu'il convient d'examiner ensemble, la juridiction de renvoi demande en substance si le principe selon lequel les États membres sont obligés de réparer les dommages causés aux particuliers par les violations du droit communautaire qui leur sont imputables est également applicable lorsque la violation en cause découle d'une décision d'une juridiction statuant en dernier ressort et si, dans l'affirmative, il appartient à l'ordre juridique de chaque État membre de désigner la juridiction compétente pour trancher les litiges relatifs à cette réparation.

Observations soumises à la Cour

16 M. Köbler, les gouvernements allemand et néerlandais ainsi que la Commission considèrent que la responsabilité d'un État membre peut être engagée pour violation du droit communautaire en raison d'une faute imputable à une juridiction. Cependant, ces gouvernements ainsi que la Commission considèrent que cette responsabilité devrait être limitée et soumise à différentes conditions restrictives s'ajoutant à celles déjà formulées dans l'arrêt Brasserie du pêcheur et Factortame, précité.

17 À cet égard, les gouvernements allemand et néerlandais font valoir qu'il n'y aurait de «violation suffisamment caractérisée» au sens de cet arrêt que si une décision judiciaire méconnaissait de façon particulièrement grave et manifeste le droit communautaire applicable. Selon le gouvernement allemand, la méconnaissance d'une règle de droit par une juridiction n'est particulièrement grave et manifeste que lorsque l'interprétation ou la non-application du droit communautaire est, d'une part, objectivement indéfendable et doit, d'autre part, être considérée subjectivement comme une violation intentionnelle. De tels critères restrictifs se justifieraient afin de protéger tant le principe de l'autorité de la chose jugée que l'indépendance du pouvoir judiciaire. Par ailleurs, un régime restrictif de responsabilité de l'État pour les préjudices causés par des décisions juridictionnelles erronées répond, selon le gouvernement allemand, à un principe général commun aux droits des États membres au sens de l'article 288 CE.

18 Les gouvernements allemand et néerlandais soutiennent que la responsabilité de l'État membre devrait rester limitée aux décisions juridictionnelles non susceptibles de recours, notamment parce que l'article 234 CE n'imposerait une obligation de renvoi préjudiciel qu'aux juridictions appelées à rendre de telles décisions. Le gouvernement néerlandais considère que la responsabilité de l'État ne devrait pouvoir être engagée que dans l'hypothèse d'une violation manifeste et grave de cette obligation de renvoi.

19 La Commission fait valoir qu'une limitation de la responsabilité de l'État du fait des décisions juridictionnelles existe dans tous les États membres et est nécessaire afin de préserver l'autorité de la chose jugée des décisions finales ainsi que, partant, la stabilité du droit. C'est pourquoi elle préconise de ne reconnaître une «violation suffisamment caractérisée» du droit communautaire que lorsque la juridiction nationale abuse manifestement de son pouvoir ou méconnaît visiblement le sens et la portée du droit communautaire. En l'occurrence, la faute alléguée du Verwaltungsgerichtshof serait excusable et ce caractère excusable serait un des critères permettant de conclure à l'absence d'une violation suffisamment caractérisée du droit (voir arrêt du 4 juillet 2000, Haim, C-424/97, Rec. p. I-5123, point 43).

20 Pour leur part, la Republik Österreich et le gouvernement autrichien (ci-après, ensemble, «la république d'Autriche») ainsi que les gouvernements français et du Royaume-Uni soutiennent que la responsabilité d'un État membre ne peut pas être engagée pour une violation du droit communautaire imputable à une juridiction. Ils invoquent des arguments tirés de l'autorité de la chose jugée, du principe de sécurité juridique, de l'indépendance du pouvoir judiciaire, de la place du pouvoir judiciaire dans l'ordre juridique communautaire ainsi que de la comparaison avec les procédures ouvertes devant la Cour pour mettre en oeuvre la responsabilité de la Communauté en vertu de l'article 288 CE.

21 La république d'Autriche fait notamment valoir que le réexamen de l'appréciation en droit d'une juridiction statuant en dernier ressort serait incompatible avec la fonction d'une telle juridiction, car le but de ses décisions serait de clôturer définitivement un litige. Par ailleurs, étant donné que le Verwaltungsgerichtshof aurait examiné en détail le droit communautaire dans son arrêt du 24 juin 1998, il serait compatible avec le droit communautaire d'exclure une autre possibilité de recours devant une juridiction autrichienne. En outre, la république d'Autriche soutient que les conditions de mise en oeuvre de la responsabilité d'un État membre ne peuvent pas différer de celles applicables à la responsabilité de la Communauté dans des circonstances comparables. Vu que l'article 288, deuxième alinéa, CE ne pourrait pas être appliqué à une violation du droit communautaire par la Cour, puisqu'elle serait appelée dans cette hypothèse à trancher une question relative à un dommage qu'elle aurait elle-même causé, de telle manière qu'elle serait à la fois juge et partie, la responsabilité des États membres ne pourrait pas non plus être engagée pour un dommage causé par une juridiction statuant en dernier ressort.

22 Par ailleurs, la république d'Autriche fait valoir que l'article 234 CE n'a pas pour objet de conférer des droits aux particuliers. En effet, dans le cadre d'une procédure préjudicielle pendante devant la Cour, les parties au principal ne pourraient ni modifier les questions préjudicielles ni les faire déclarer sans objet (voir arrêt du 9 décembre 1965, Singer, 44/65, Rec. p. 1191). En outre, seule la violation d'une disposition ayant pour objet de conférer des droits aux particuliers serait susceptible, le cas échéant, d'engager la responsabilité de l'État membre. Dès lors, celle-ci ne pourrait être mise en oeuvre pour une violation de l'article 234 CE par une juridiction statuant en dernier ressort.

23 Le gouvernement français prétend que la reconnaissance d'un droit à réparation en raison d'une application prétendument erronée du droit communautaire par une décision

définitive d'une juridiction nationale serait contraire au principe du respect de l'autorité de la chose définitivement jugée, tel que reconnu par la Cour dans son arrêt du 1er juin 1999, Eco Swiss (C-126/97, Rec. p. I-3055). Ce gouvernement fait notamment valoir que le principe de l'intangibilité de la chose définitivement jugée revêt une valeur fondamentale dans les systèmes juridiques fondés sur la prééminence du droit et le respect des décisions de justice. Or, si la responsabilité de l'État pour violation du droit communautaire par un organe judiciaire était reconnue, cette prééminence et ce respect seraient remis en cause.

24 Le gouvernement du Royaume-Uni soutient que, en principe et sauf exception liée notamment à la violation d'un droit fondamental protégé par la convention européenne de sauvegarde des droits de l'homme et des libertés fondamentales, signée à Rome le 4 novembre 1950 (ci-après la «CEDH»), aucune action en responsabilité ne peut être engagée contre la Couronne pour des décisions judiciaires. Il ajoute que le principe de protection effective des droits conférés par les règles communautaires, qui sous-tend le principe de la responsabilité de l'État, est loin d'être absolu et cite à cet égard les délais de forclusion. Ce principe ne serait susceptible de fonder un recours en indemnité contre l'État que dans de rares cas, pour certaines décisions judiciaires nationales strictement définies. Les bénéfices résultant de la reconnaissance d'un droit à des dommages et intérêts en raison d'une décision judiciaire erronée seraient par conséquent limités. Le gouvernement du Royaume-Uni considère qu'il convient de mettre en balance ces bénéfices et certaines préoccupations très importantes.

25 À cet égard, il invoque, premièrement, les principes de sécurité juridique et d'autorité de la chose jugée. La loi découragerait la remise en cause de décisions judiciaires, excepté par la voie de l'appel. Il s'agirait de protéger la partie victorieuse et de renforcer l'intérêt général à la sécurité juridique. Dans le passé, la Cour se serait montrée prête à limiter la portée du principe de protection effective afin de préserver les «principes qui sont à la base du système juridictionnel national, tels que ceux de la sécurité juridique et du respect de la chose jugée qui en constitue l'expression» (arrêt Eco Swiss, précité, points 43 à 48). La reconnaissance de la responsabilité de l'État pour une faute du pouvoir judiciaire créerait un risque de confusion juridique et laisserait les parties en litige dans l'incertitude quant à leur situation.

26 Deuxièmement, le gouvernement du Royaume-Uni fait valoir que l'autorité et la réputation du pouvoir judiciaire seraient affaiblies si une erreur judiciaire pouvait, dans le futur, déboucher sur une action en réparation. Troisièmement, il soutient que l'indépendance du pouvoir judiciaire constitue dans l'ordre constitutionnel de tous les États membres un principe fondamental, qui ne pourrait cependant jamais être considéré comme acquis. L'acceptation d'une responsabilité de l'État pour des actes juridictionnels serait de nature à engendrer des risques de remise en cause de cette indépendance.

27 Quatrièmement, accorder aux juridictions nationales la compétence de trancher elles-mêmes dans des affaires où s'applique le droit communautaire impliquerait d'accepter que ces juridictions commettent parfois des erreurs contre lesquelles il n'est pas possible de faire appel ou qu'il n'est pas possible de corriger autrement. Cet inconvénient aurait toujours été considéré comme acceptable. À cet égard, le gouvernement du Royaume Uni relève que, dans l'hypothèse où la responsabilité de l'État pourrait être engagée par une faute du pouvoir judiciaire, en sorte que la Cour pourrait être amenée à se prononcer sur une question préjudicielle portant sur ce point, la Cour aurait non seulement le pouvoir de se prononcer sur l'exactitude des décisions des juridictions suprêmes nationales, mais encore celui d'apprécier le caractère sérieux et excusable des erreurs que celles-ci pourraient avoir commises. Les conséquences de cette situation sur la relation, d'une importance vi-

tale, entre la Cour et les juridictions nationales ne seraient de toute évidence pas bénéfiques.

28 Cinquièmement, le gouvernement du Royaume-Uni fait valoir qu'il pourrait être difficile de déterminer la juridiction compétente pour juger une telle affaire de responsabilité de l'État, plus particulièrement au Royaume-Uni eu égard tant à son système juridictionnel unitaire qu'à l'application stricte du principe «stare decisis». Sixièmement, il soutient que, si la responsabilité de l'État pour une faute du pouvoir judiciaire peut être engagée, la responsabilité de la Communauté pour les fautes des juridictions communautaires doit alors pouvoir être mise en oeuvre de la même manière et aux mêmes conditions.

29 S'agissant spécifiquement de la deuxième question préjudicielle, M. Köbler ainsi que les gouvernements autrichien et allemand font valoir qu'il appartient à l'ordre juridique de chaque État membre de désigner la juridiction compétente pour trancher les litiges qui mettent en cause des droits individuels tirés du droit communautaire. Cette question devrait donc recevoir une réponse affirmative.

Réponse de la Cour

Sur le principe de la responsabilité de l'État

30 Il y a lieu de rappeler d'emblée que la Cour a déjà jugé que le principe de **la responsabilité d'un État membre pour des dommages causés aux particuliers par des violations du droit communautaire** qui **lui sont imputables est inhérent au système du Traité** (arrêts du 19 novembre 1991, Francovich e.a., C-6/90 et C-9/90, Rec. p. I-5357, point 35; Brasserie du pêcheur et Factortame, précité, point 31; du 26 mars 1996, British Telecommunications, C-392/93, Rec. p. I-1631, point 38; du 23 mai 1996, Hedley Lomas, C-5/94, Rec. p. I-2553, point 24; du 8 octobre 1996, Dillenkofer e.a., C-178/94, C-179/94 et C-188/94 à C-190/94, Rec. p. I-4845, point 20; du 2 avril 1998, Norbrook Laboratories, C-127/95, Rec. p. I-1531, point 106, et Haim, précité, point 26).

31 La Cour a également jugé que ce principe est valable pour toute hypothèse de violation du droit communautaire par un État membre, et ce quel que soit l'organe de l'État membre dont l'action ou l'omission est à l'origine du manquement (arrêts Brasserie du pêcheur et Factortame, précité, point 32; du 1er juin 1999, Konle, C-302/97, Rec. p. I-3099, point 62, et Haim, précité, point 27).

32 Si, dans l'ordre juridique international, l'État dont la responsabilité est engagée du fait de la violation d'un engagement international est considéré dans son unité, que la violation à l'origine du préjudice soit imputable au pouvoir législatif, judiciaire ou exécutif, il doit en être d'autant plus ainsi dans l'ordre juridique communautaire que toutes les instances de l'État, y compris le pouvoir législatif, sont tenues, dans l'accomplissement de leurs tâches, au respect des normes imposées par le droit communautaire et susceptibles de régir directement la situation des particuliers (arrêt Brasserie du pêcheur et Factortame, précité, point 34).

33 Eu égard au rôle essentiel joué par le pouvoir judiciaire dans la protection des droits que les particuliers tirent des règles communautaires, la pleine efficacité de celles-ci serait remise en cause et la protection des droits qu'elles reconnaissent serait affaiblie s'il était exclu que les particuliers puissent, sous certaines conditions, obtenir réparation lorsque leurs droits sont lésés par une violation du droit communautaire imputable à une décision d'une juridiction d'un État membre statuant en dernier ressort.

34 Il convient de souligner à cet égard qu'une juridiction statuant en dernier ressort constitue par définition la dernière instance devant laquelle les particuliers peuvent faire valoir les droits que le droit communautaire leur reconnaît. Une violation de ces droits par une décision d'une telle juridiction qui est devenue définitive ne pouvant normalement plus faire l'objet d'un redressement, les particuliers ne sauraient être privés de la possibilité d'engager la responsabilité de l'État afin d'obtenir par ce biais une protection juridique de leurs droits.

35 C'est d'ailleurs, notamment, afin d'éviter que des droits conférés aux particuliers par le droit communautaire soient méconnus que en vertu de l'article 234, troisième alinéa, CE, une juridiction dont les décisions ne sont pas susceptibles d'un recours juridictionnel de droit interne est tenue de saisir la Cour.

36 Dès lors, il découle des exigences inhérentes à la protection des droits des particuliers qui se prévalent du droit communautaire qu'ils doivent avoir la possibilité d'obtenir devant une juridiction nationale réparation du préjudice causé par la violation de ces droits du fait d'une décision d'une juridiction statuant en dernier ressort (voir, en ce sens, arrêt Brasserie du pêcheur et Factortame, précité, point 35).

37 Certains des gouvernements ayant soumis des observations dans le cadre de la présente procédure ont fait valoir que le principe de la responsabilité de l'État pour les dommages causés aux particuliers par des violations du droit communautaire ne pouvait être appliqué aux décisions d'une juridiction nationale statuant en dernier ressort. À cet effet, ont été invoqués des arguments tirés, notamment, du principe de sécurité juridique, plus particulièrement de l'autorité de la chose définitivement jugée, de l'indépendance et de l'autorité du juge ainsi que de l'absence d'une juridiction compétente pour connaître des litiges relatifs à la responsabilité de l'État du fait de telles décisions.

38 À cet égard, il y a lieu de relever que l'importance du principe de l'autorité de la chose définitivement jugée ne saurait être contestée (voir arrêt Eco Swiss, précité, point 46). En effet, en vue de garantir aussi bien la stabilité du droit et des relations juridiques qu'une bonne administration de la justice, il importe que des décisions juridictionnelles devenues définitives après épuisement des voies de recours disponibles ou après expiration des délais prévus pour ces recours ne puissent plus être remises en cause.

39 Il y a lieu de considérer cependant que la reconnaissance du principe de la responsabilité de l'État du fait de la décision d'une juridiction statuant en dernier ressort n'a pas en soi pour conséquence de remettre en cause l'autorité de la chose définitivement jugée d'une telle décision. Une procédure visant à engager la responsabilité de l'État n'a pas le même objet et n'implique pas nécessairement les mêmes parties que la procédure ayant donné lieu à la décision ayant acquis l'autorité de la chose définitivement jugée. En effet, le requérant dans une action en responsabilité contre l'État obtient, en cas de succès, la condamnation de celui-ci à réparer le dommage subi, mais pas nécessairement la remise en cause de l'autorité de la chose définitivement jugée de la décision juridictionnelle ayant causé le dommage. En tout état de cause, le principe de la responsabilité de l'État inhérent à l'ordre juridique communautaire exige une telle réparation, mais non la révision de la décision juridictionnelle ayant causé le dommage.

40 Il en découle que le principe de l'autorité de la chose définitivement jugée ne s'oppose pas à la reconnaissance du principe de la responsabilité de l'État du fait de la décision d'une juridiction statuant en dernier ressort.

41 Les arguments fondés sur l'indépendance et l'autorité du juge ne sauraient non plus être retenus.

42 En ce qui concerne l'indépendance du juge, il convient de préciser que le principe de responsabilité visé concerne non la responsabilité personnelle du juge, mais celle de l'État. Or, il n'apparaît pas que la possibilité de voir engagée, sous certaines conditions, la responsabilité de l'État pour des décisions juridictionnelles contraires au droit communautaire comporte des risques particuliers de remise en cause de l'indépendance d'une juridiction statuant en dernier ressort.

43 Quant à l'argument tiré du risque de voir l'autorité d'une juridiction statuant en dernier ressort affectée par le fait que ses décisions devenues définitives pourraient être remises en cause implicitement par une procédure permettant d'engager la responsabilité de l'État en raison de celles-ci, il convient de constater que l'existence d'une voie de droit permettant, sous certaines conditions, la réparation des effets dommageables d'une décision juridictionnelle erronée pourrait aussi bien être considérée comme confortant la qualité d'un ordre juridique et donc finalement aussi l'autorité du pouvoir juridictionnel.

44 Plusieurs gouvernements ont également soutenu que constituait un obstacle à l'application du principe de la responsabilité de l'État aux décisions d'une juridiction nationale statuant en dernier ressort la difficulté de désigner une juridiction compétente pour connaître des litiges relatifs à la réparation des dommages résultant de telles décisions.

45 À cet égard, il y a lieu de considérer que, étant donné que, pour des motifs liés essentiellement à la nécessité d'assurer aux particuliers la protection des droits que les règles communautaires leur reconnaissent, le principe de la responsabilité de l'État qui est inhérent à l'ordre juridique communautaire doit s'appliquer à l'égard des décisions d'une juridiction nationale statuant en dernier ressort, il incombe aux États membres de permettre aux intéressés d'invoquer ce principe en mettant à leur disposition une voie de droit appropriée. La mise en oeuvre dudit principe ne saurait être compromise par l'absence d'un for compétent.

46 Selon une jurisprudence constante, en l'absence d'une réglementation communautaire, c'est à l'ordre juridique interne de chaque État membre qu'il appartient de désigner les juridictions compétentes et de régler les modalités procédurales des recours en justice destinés à assurer la pleine sauvegarde des droits que les justiciables tirent du droit communautaire (voir arrêts du 16 décembre 1976, Rewe, 33/76, Rec. p. 1989, point 5; Comet, 45/76, Rec. p. 2043, point 13; du 27 février 1980, Just, 68/79, Rec. p. 501, point 25; Francovich e.a., précité, point 42, et du 14 décembre 1995, Peterbroeck, C-312/93, Rec. p. I-4599, point 12)

47 Sous la réserve que les États membres doivent assurer, dans chaque cas, une protection effective aux droits individuels dérivés de l'ordre juridique communautaire, il n'appartient pas à la Cour d'intervenir dans la solution des problèmes de compétence que peut soulever, sur le plan de l'organisation judiciaire nationale, la qualification de certaines situations juridiques fondées sur le droit communautaire (arrêts du 18 janvier 1996, SEIM, C-446/93, Rec. p. I-73, point 32, et Dorsch Consult, précité, point 40).

48 Il y a lieu encore d'ajouter que, si des considérations liées au respect du principe de l'autorité de la chose définitivement jugée ou de l'indépendance des juges ont pu inspirer aux systèmes de droit nationaux des restrictions, parfois sévères, à la possibilité d'engager la responsabilité de l'État pour des dommages causés par des décisions juridictionnelles erronées, de telles considérations n'ont pas été de nature à exclure de façon absolue cette possibilité. En effet, l'application du principe de la responsabilité de l'État aux décisions juridictionnelles a été acceptée sous une forme ou une autre par la plupart des États membres, comme M. l'avocat général l'a relevé aux points 77 à 82 de ses conclusions, même si ce n'est que sous des conditions restrictives et hétérogènes.

49 Il peut encore être relevé que, dans le même sens, la CEDH, et plus particulièrement son article 41, permet à la Cour européenne des droits de l'homme de condamner un État ayant violé un droit fondamental à compenser les dommages qui ont résulté de ce comportement pour la personne lésée. Il résulte de la jurisprudence de ladite Cour qu'une telle compensation peut être également accordée lorsque la violation résulte du contenu d'une décision d'une juridiction nationale statuant en dernier ressort (voir Cour eur. D. H., arrêt Dulaurans c. France du 21 mars 2000, non encore publié).

50 Il découle de ce qui précède que le principe selon lequel les États membres sont obligés de réparer les dommages causés aux particuliers par les violations du droit communautaire qui leur sont imputables est également applicable lorsque la violation en cause découle d'une décision d'une juridiction statuant en dernier ressort. Il appartient à l'ordre juridique de chaque État membre de désigner la juridiction compétente pour trancher les litiges relatifs à cette réparation.

Sur les conditions de la responsabilité de l'État

51 Pour ce qui est des conditions dans lesquelles un État membre est tenu de réparer les dommages causés aux particuliers par des violations du droit communautaire qui lui sont imputables, il résulte de la jurisprudence de la Cour qu'elles sont au nombre de trois, à savoir que la règle de droit violée ait pour objet de conférer des droits aux particuliers, que la violation soit suffisamment caractérisée et qu'il existe un lien de causalité direct entre la violation de l'obligation qui incombe à l'État et le dommage subi par les personnes lésées (arrêt Haim, précité, point 36).

52 La responsabilité de l'État pour des dommages causés par la décision d'une juridiction nationale statuant en dernier ressort qui viole une règle de droit communautaire est régie par les mêmes conditions.

53 En ce qui concerne plus particulièrement la deuxième de ces conditions et son application en vue d'établir une responsabilité éventuelle de l'État en raison d'une décision d'une juridiction nationale statuant en dernier ressort, il y a lieu de tenir compte de la spécificité de la fonction juridictionnelle ainsi que des exigences légitimes de sécurité juridique, comme l'ont fait valoir également les États membres qui ont présenté des observations dans cette affaire. La responsabilité de l'État du fait d'une violation du droit communautaire par une telle décision ne saurait être engagée que dans le cas exceptionnel où le juge a méconnu de manière manifeste le droit applicable.

54 Afin de déterminer si cette condition est réunie, le juge national saisi d'une demande en réparation doit tenir compte de tous les éléments qui caractérisent la situation qui lui est soumise.

55 Parmi ces éléments figurent notamment le degré de clarté et de précision de la règle violée, le caractère délibéré de la violation, le caractère excusable ou inexcusable de l'erreur de droit, la position prise, le cas échéant, par une institution communautaire, ainsi que l'inexécution, par la juridiction en cause, de son obligation de renvoi préjudiciel en vertu de l'article 234, troisième alinéa, CE.

56 En tout état de cause, une violation du droit communautaire est suffisamment caractérisée lorsque la décision concernée est intervenue en méconnaissance manifeste de la jurisprudence de la Cour en la matière (voir, en ce sens, arrêt Brasserie du pêcheur et Factortame, précité, point 57).

57 Les trois conditions rappelées au point 51 du présent arrêt sont nécessaires et suffisantes pour engendrer au profit des particuliers un droit à obtenir réparation, sans pour

autant exclure que la responsabilité de l'État puisse être engagée dans des conditions moins restrictives sur le fondement du droit national (voir arrêt Brasserie du pêcheur et Factortame, précité, point 66).

58 Sous réserve du droit à réparation qui trouve directement son fondement dans le droit communautaire dès lors que ces conditions sont réunies, c'est dans le cadre du droit national de la responsabilité qu'il incombe à l'État de réparer les conséquences du préjudice causé, étant entendu que les conditions fixées par les législations nationales en matière de réparation des dommages ne sauraient être moins favorables que celles qui concernent des réclamations semblables de nature interne et ne sauraient être aménagées de manière à rendre, en pratique, impossible ou excessivement difficile l'obtention de la réparation (arrêts précités Francovich e.a., points 41 à 43, et Norbrook Laboratories, point 111).

59 Il résulte de tout ce qui précède qu'il convient de répondre aux première et deuxième questions que le principe selon lequel les États membres sont obligés de réparer les dommages causés aux particuliers par les violations du droit communautaire qui leur sont imputables est également applicable lorsque la violation en cause découle d'une décision d'une juridiction statuant en dernier ressort, dès lors que la règle de droit communautaire violée a pour objet de conférer des droits aux particuliers, que la violation est suffisamment caractérisée et qu'il existe un lien de causalité direct entre cette violation et le préjudice subi par les personnes lésées. Afin de déterminer si la violation est suffisamment caractérisée lorsque la violation en cause découle d'une telle décision, le juge national compétent doit, en tenant compte de la spécificité de la fonction juridictionnelle, rechercher si cette violation présente un caractère manifeste. C'est à l'ordre juridique de chaque État membre qu'il appartient de désigner la juridiction compétente pour trancher les litiges relatifs à ladite réparation.

Sur la troisième question

60 Il convient de rappeler, à titre liminaire, que, selon une jurisprudence constante, la Cour n'est pas compétente, dans le cadre de l'application de l'article 234 CE, pour **statuer sur la compatibilité d'une disposition nationale avec le droit communautaire**. La Cour peut cependant dégager du libellé des questions formulées par le juge national, eu égard aux données exposées par celui-ci, les éléments relevant de l'interprétation du droit communautaire, en vue de permettre à ce juge de résoudre le problème juridique dont il se trouve saisi (voir, notamment, arrêt du 3 mars 1994, Eurico Italia e.a., C-332/92, C-333/92 et C-335/92, Rec. p. I-711, point 19).

61 Par sa troisième question, la juridiction de renvoi vise en substance à savoir si les articles 48 du Traité et 7, paragraphe 1, du règlement (CEE) n° 1612/68 du Conseil, du 15 octobre 1968, relatif à la libre circulation des travailleurs à l'intérieur de la Communauté (JO L 257, p. 2), doivent être interprétés en ce sens qu'ils s'opposent à l'octroi, dans les conditions telles que celles prévues à l'article 50 bis du GG, d'une indemnité spéciale d'ancienneté qui, selon l'interprétation donnée par le Verwaltungsgerichtshof dans son arrêt du 24 juin 1998, constitue une prime de fidélité.

Observations soumises à la Cour

62 M. Köbler fait valoir d'abord que l'indemnité spéciale d'ancienneté prévue à l'article 50 bis du GG n'est pas une prime de fidélité mais un élément ordinaire du salaire, ainsi

que le Verwaltungsgerichtshof l'aurait admis dans un premier temps. En outre, jusqu'à l'arrêt du Verwaltungsgerichtshof du 24 juin 1998, aucune juridiction autrichienne n'aurait considéré que ladite indemnité constituait une prime de fidélité.

63 Ensuite, même dans l'hypothèse où cette indemnité serait une prime de fidélité et où une telle prime pourrait justifier une discrimination indirecte, M. Köbler soutient qu'il n'existe pas de jurisprudence constante et certaine de la Cour à ce sujet. Dans ces conditions, le Verwaltungsgerichtshof aurait excédé ses pouvoirs en retirant sa demande préjudicielle et en prenant sa décision seul puisque l'interprétation et la définition de notions de droit communautaire relèveraient de la compétence exclusive de la Cour.

64 Enfin, M. Köbler fait valoir que les critères d'octroi de l'indemnité spéciale d'ancienneté excluent que soit justifiée la discrimination indirecte qu'elle opère à son encontre. Cette indemnité serait due indépendamment du point de savoir dans quelle université autrichienne le demandeur a exercé ses fonctions et il ne serait même pas exigé que le demandeur ait enseigné pendant quinze ans de manière continue dans la même discipline.

65 Exposant que la Cour ne peut interpréter le droit national, la république d'Autriche soutient qu'il y a lieu de comprendre la troisième question préjudicielle en ce sens que la juridiction de renvoi souhaite obtenir une interprétation de l'article 48 du Traité. À cet égard, elle fait valoir que ladite disposition ne s'oppose pas à un système de rémunération qui permet de tenir compte des qualifications acquises auprès d'autres employeurs nationaux ou étrangers par un candidat à un emploi en vue de la détermination de son traitement et qui, en outre, prévoit une indemnité pouvant être qualifiée de prime de fidélité dont l'obtention est liée à une durée de service déterminée auprès du même employeur.

66 La république d'Autriche explique que, compte tenu du fait que M. Köbler, en tant que professeur ordinaire d'université, se trouve dans un rapport d'emploi de droit public, son employeur est l'État autrichien. Dès lors, le professeur passant d'une université autrichienne à l'autre ne changerait pas d'employeur. La république d'Autriche relève qu'il existe également en Autriche des universités privées. Les professeurs qui y enseignent seraient les employés de ces institutions et non de l'État, de sorte que leurs relations de travail ne seraient pas soumises aux dispositions du GG.

67 La Commission fait valoir pour sa part que l'article 50 bis du GG opère, en violation de l'article 48 du Traité, une discrimination entre les périodes de service accomplies dans les universités autrichiennes et celles accomplies dans les universités d'autres États membres.

68 Force est de constater, selon la Commission, que le Verwaltungsgerichtshof a méconnu, dans son appréciation finale, la portée de l'arrêt Schöning-Kougebetopoulou, précité. À la lumière des nouveaux éléments d'interprétation du droit national, la Commission considère que cette juridiction aurait dû maintenir sa demande préjudicielle en la reformulant. En effet, la Cour n'aurait jamais jugé explicitement qu'une prime de fidélité peut justifier une disposition discriminatoire à l'égard des travailleurs d'autres États membres.

69 Par ailleurs, la Commission fait valoir que, même si l'indemnité spéciale d'ancienneté en cause au principal doit être considérée comme une prime de fidélité, elle ne pourrait justifier une entrave à la libre circulation des travailleurs. Elle considère que, en principe, le droit communautaire ne s'oppose pas à ce qu'un employeur cherche à retenir les travailleurs qualifiés en accordant des augmentations de salaire ou des primes à son personnel en fonction de la durée de service dans l'entreprise. Toutefois, la «prime de fidélité» visée à l'article 50 bis du GG se distinguerait de primes qui produisent leurs effets uniquement au sein de l'entreprise, dans la mesure où elle agirait au niveau de l'État membre concerné, à l'exclusion des autres États membres, et, partant, affecterait directement la

libre circulation des enseignants. En outre, les universités autrichiennes seraient non seulement en concurrence avec les établissements des autres États membres, mais également entre elles. Or, ladite disposition ne produirait pas d'effets quant à ce second type de concurrence.

Réponse de la Cour

70 L'indemnité spéciale d'ancienneté octroyée par l'État autrichien, en tant qu'employeur, aux professeurs d'université en vertu de l'article 50 bis du GG procure un avantage financier s'ajoutant au salaire de base, dont le montant est déjà fonction de l'ancienneté de service. Un professeur d'université reçoit ladite indemnité s'il a exercé cette profession pendant au moins quinze années auprès d'une université autrichienne et si, en outre, il reçoit depuis au moins quatre années l'indemnité normale d'ancienneté.

71 Dès lors, l'article 50 bis du GG exclut, pour l'octroi de l'indemnité spéciale d'ancienneté qu'il prévoit, toute possibilité de prendre en compte les périodes d'activités qu'un professeur d'université a effectuées dans un État membre autre que la république d'Autriche.

72 Force est de constater qu'un tel régime est susceptible d'entraver la libre circulation des travailleurs à un double titre.

73 En premier lieu, ce régime joue au détriment des travailleurs migrants ressortissants d'autres États membres que la république d'Autriche, dès lors que ces travailleurs se voient refuser la reconnaissance de périodes de service qu'ils ont accomplies dans ces États en tant que professeur d'université, au seul motif que ces périodes n'ont pas été effectuées dans une université autrichienne (voir, en ce sens, concernant une disposition grecque comparable, arrêt du 12 mars 1998, Commission/Grèce, C-187/96, Rec. p. I-1095, points 20 et 21).

74 En second lieu, ce refus absolu de reconnaître les périodes effectuées en tant que professeur d'université dans un État membre autre que la république d'Autriche entrave la libre circulation de travailleurs établis en Autriche, dans la mesure où il est de nature à dissuader ces derniers de quitter le pays pour exercer cette liberté. En effet, à leur retour en Autriche, leurs années d'expérience en tant que professeur d'université dans un autre État membre, donc dans l'exercice d'activités comparables, ne seraient pas prises en compte pour l'indemnité spéciale d'ancienneté prévue à l'article 50 bis du GG.

75 Ces considérations ne sont pas affectées par la circonstance, invoquée par la république d'Autriche, que la rémunération de professeurs d'universités migrants est, en raison de la possibilité offerte par l'article 48, paragraphe 3, du GG de leur accorder un salaire de base plus élevé afin de promouvoir le recrutement de professeurs d'universités étrangères, souvent plus avantageuse que celle que reçoivent les professeurs d'universités autrichiennes même compte tenu de l'indemnité spéciale d'ancienneté.

76 En effet, d'une part, l'article 48, paragraphe 3, du GG n'offre qu'une simple possibilité et ne garantit pas que le professeur d'une université étrangère recevra dès sa nomination en qualité de professeur dans une université autrichienne une rémunération plus élevée que celle de professeurs d'universités autrichiennes ayant la même expérience. D'autre part, le complément de rémunération que l'article 48, paragraphe 3, du GG permet d'offrir au moment de l'engagement est d'une tout autre nature que l'indemnité spéciale d'ancienneté. Dès lors, ladite disposition n'empêche pas que l'article 50 bis du GG ait pour effet une inégalité de traitement des professeurs d'universités migrants par rapport aux profes-

seurs d'universités autrichiennes et crée ainsi une entrave à la libre circulation des travailleurs garantie par l'article 48 du Traité.

77 En conséquence, une mesure telle que l'octroi de l'indemnité spéciale d'ancienneté prévue à l'article 50 bis du GG est susceptible d'entraver la libre circulation des travailleurs, ce qui est, en principe, interdit par les articles 48 du Traité et 7, paragraphe 1, du règlement n° 1612/68. Une telle mesure ne pourrait être admise que si elle poursuivait un objectif légitime compatible avec le Traité et se justifiait par des raisons impérieuses d'intérêt général. Mais encore faudrait-il, en pareil cas, que son application soit propre à garantir la réalisation de l'objectif en cause et n'aille pas au-delà de ce qui est nécessaire pour atteindre cet objectif (voir, notamment, arrêt du 31 mars 1993, Kraus, C-19/92, Rec. p. I-1663, point 32; du 30 novembre 1995, Gebhard, C-55/94, Rec. p. I-4165, point 37, et du 15 décembre 1995, Bosman, C-415/93, Rec. p. I-4921, point 104).

78 Le Verwaltungsgerichtshof a jugé dans son arrêt du 24 juin 1998 que l'indemnité spéciale d'ancienneté prévue à l'article 50 bis du GG constituait, selon le droit national, une prime visant à récompenser la fidélité des professeurs d'universités autrichiennes à l'égard de leur unique employeur, à savoir l'État autrichien.

79 Il convient donc d'examiner si le fait que ladite indemnité constitue, selon le droit national, une prime de fidélité peut être considéré, en droit communautaire, comme indiquant qu'elle est guidée par une raison impérieuse d'intérêt général qui est susceptible de justifier l'entrave à la libre circulation que cette indemnité comporte.

80 À cet égard, il convient de relever, à titre liminaire, que la Cour n'a pas encore eu l'occasion de juger si une prime de fidélité pouvait justifier une entrave à la libre circulation des travailleurs.

81 Aux points 27 de l'arrêt Schöning-Kougebetopoulou, précité, et 49 de l'arrêt du 30 novembre 2000, Österreichischer Gewerkschaftsbund (C-195/98, Rec. p. I-10497), la Cour a rejeté l'argumentation présentée à cet égard respectivement par les gouvernements allemand et autrichien. En effet, la Cour y a constaté que la réglementation qui était en cause n'était, en aucun cas, susceptible de viser à récompenser la fidélité du travailleur envers son employeur, car la majoration de salaire que ce travailleur recevait pour son ancienneté était déterminée par les années de service effectuées auprès d'une pluralité d'employeurs. Puisque, dans les affaires à l'origine de ces arrêts, la majoration de salaire ne constituait pas une prime de fidélité, il n'était pas nécessaire pour la Cour d'examiner si une telle prime pourrait, en soi, justifier une entrave à la libre circulation des travailleurs.

82 En l'occurrence, le Verwaltungsgerichtshof a jugé dans son arrêt du 24 juin 1998 que l'indemnité spéciale d'ancienneté prévue à l'article 50 bis du GG récompense la fidélité du travailleur envers un seul employeur.

83 S'il ne saurait être exclu qu'un objectif de fidélisation des travailleurs envers leurs employeurs dans le cadre d'une politique de recherche ou d'enseignement universitaire constitue une raison impérieuse d'intérêt général, force est de constater que, eu égard aux caractéristiques particulières de la mesure en cause au principal, l'entrave qu'elle comporte ne pourrait être justifiée au regard d'un tel objectif.

84 D'une part, bien que tous les professeurs d'universités publiques autrichiennes soient les salariés d'un unique employeur, à savoir l'État autrichien, ils sont affectés à différentes universités. Or, sur le marché de l'emploi des professeurs d'universités, les diverses universités autrichiennes se trouvent en concurrence non seulement avec les universités d'autres États membres et celles de pays tiers, mais aussi entre elles. Quant à ce second type de concurrence, il convient de constater que la mesure en cause au principal n'est pas

apte à favoriser la fidélité d'un professeur envers l'université autrichienne où il exerce ses fonctions.

85 D'autre part, si l'indemnité spéciale d'ancienneté vise à récompenser la fidélité des travailleurs envers leur employeur, elle a également pour conséquence de récompenser les professeurs d'universités autrichiennes qui continuent à exercer leur profession sur le territoire autrichien. Ladite indemnité est donc susceptible d'avoir des conséquences sur le choix opéré par ces professeurs entre un emploi dans une université autrichienne et un emploi dans l'université d'un autre État membre.

86 Dès lors, l'indemnité spéciale d'ancienneté en cause au principal n'a pas seulement pour effet de récompenser la fidélité du travailleur envers son employeur. Elle entraîne également un cloisonnement du marché de l'emploi des professeurs d'universités sur le territoire autrichien et va à l'encontre du principe même de la libre circulation des travailleurs.

87 Il ressort de ce qui précède qu'une mesure telle que l'indemnité spéciale d'ancienneté prévue à l'article 50 bis du GG comporte une entrave à la libre circulation des travailleurs qui ne peut être justifiée par une raison impérieuse d'intérêt général.

88 Dès lors, il convient de répondre à la troisième question préjudicielle que les articles 48 du Traité et 7, paragraphe 1, du règlement n° 1612/68 doivent être interprétés en ce sens qu'ils s'opposent à l'octroi, dans des conditions telles que celles prévues à l'article 50 bis du GG, d'une indemnité spéciale d'ancienneté qui, selon l'interprétation donnée par le Verwaltungsgerichtshof dans son arrêt du 24 juin 1998, constitue une prime de fidélité.

Sur les quatrième et cinquième questions

89 Par ses quatrième et cinquième questions, qu'il convient de traiter ensemble, la juridiction de renvoi vise en substance à savoir si, dans l'espèce au principal, la responsabilité de l'État membre est engagée en raison d'une violation du droit communautaire par l'arrêt du Verwaltungsgerichtshof du 24 juin 1998.

Observations soumises à la Cour

90 Concernant la quatrième question, M. Köbler, le gouvernement allemand et la Commission font valoir que l'article 48 du Traité est d'application directe et crée pour les particuliers des droits subjectifs que les autorités et les juridictions nationales ont l'obligation de préserver.

91 La république d'Autriche soutient qu'il ne convient de donner une réponse à la quatrième question que si la Cour ne répond pas aux questions précédentes dans le sens qu'elle suggère. Dans la mesure où la quatrième question n'aurait été posée que pour le cas où il serait répondu par l'affirmative à la troisième question, qu'elle considère comme étant irrecevable, elle propose à la Cour de laisser sans réponse cette quatrième question. Par ailleurs, elle fait valoir que celle-ci n'est pas claire, vu que l'ordonnance de renvoi ne comporterait pas de motivation à cet égard.

92 Concernant la cinquième question, M. Köbler soutient qu'il y a lieu d'y répondre par l'affirmative, car la Cour disposerait de tous les éléments lui permettant de juger elle-même si le Verwaltungsgerichtshof a manifestement et notablement abusé, dans l'affaire au principal, du pouvoir d'appréciation dont il dispose.

93 La république d'Autriche considère qu'il appartient aux juridictions nationales d'appliquer les critères de la responsabilité des États membres pour les dommages causés aux particuliers par des violations du droit communautaire.

94 Toutefois, pour le cas où la Cour répondrait elle-même à la question de savoir si la responsabilité de la république d'Autriche est engagée, elle soutient, premièrement, que l'article 177 du Traité CE (devenu article 234 CE) n'a pas pour objet de conférer des droits aux particuliers. Elle considère donc que cette condition de la responsabilité n'est pas remplie.

95 Deuxièmement, il serait indiscutable que les juridictions nationales ont, dans le cadre d'un litige pendant devant elles, un large pouvoir d'appréciation pour déterminer si elles doivent formuler ou non une demande préjudicielle. À cet égard, la république d'Autriche soutient que, dans la mesure où la Cour avait considéré, dans son arrêt Schöning-Kougebetopoulou, précité, que les primes de fidélité ne sont pas, par principe, contraires aux dispositions relatives à la libre circulation des travailleurs, le Verwaltungsgerichtshof est parvenu à juste titre à la conclusion qu'il pouvait, dans le litige dont il avait à connaître, trancher lui-même les questions de droit communautaire.

96 Troisièmement, dans l'hypothèse où la Cour reconnaîtrait que le Verwaltungsgerichtshof n'a pas respecté le droit communautaire dans son arrêt du 24 juin 1998, le comportement de cette juridiction ne pourrait, en tout état de cause, être qualifié de violation caractérisée dudit droit.

97 Quatrièmement, la république d'Autriche prétend que le retrait par le Verwaltungsgerichtshof de la demande préjudicielle adressée à la Cour ne peut en aucun cas présenter un lien de causalité avec le dommage invoqué concrètement par M. Köbler. Une telle argumentation reposerait en effet sur la supposition parfaitement inadmissible qu'une décision à titre préjudiciel de la Cour aurait, en cas de maintien de la demande, nécessairement confirmé la thèse juridique de M. Köbler. En d'autres termes, elle impliquerait que le dommage constitué par le non-paiement de l'indemnité spéciale d'ancienneté pour la période du 1er janvier 1995 au 28 février 2001 ne serait pas survenu si la demande préjudicielle avait été maintenue et avait donné lieu à une décision de la Cour. Or, il ne serait ni possible de fonder l'argumentation d'une partie au principal en préjugeant ce que la Cour aurait décidé dans le cadre d'une procédure préjudicielle ni admissible de faire valoir un dommage sur cette base.

98 Le gouvernement allemand soutient, pour sa part, qu'il incombe à la juridiction nationale compétente de déterminer si les conditions de la responsabilité de l'État membre sont remplies.

99 La Commission considère que la responsabilité de l'État membre n'est pas engagée dans l'affaire au principal. En effet, bien que, selon elle, le Verwaltungsgerichtshof ait, dans son arrêt du 24 juin 1998, mal interprété l'arrêt Schöning-Kougebetopoulou, précité, et, en outre, violé l'article 48 du Traité en jugeant que l'article 50 bis du GG n'était pas contraire au droit communautaire, cette violation serait en quelque sorte excusable.

Réponse de la Cour

100 Il ressort de la jurisprudence de la Cour que la mise en oeuvre des critères permettant d'établir la responsabilité des États membres pour des dommages causés aux particuliers par des violations du droit communautaire doit, en principe, être opérée par les juridictions nationales (arrêt Brasserie du pêcheur et Factortame, précité, point 58), conformément aux orientations fournies par la Cour pour procéder à cette mise en oeuvre

(arrêts Brasserie du pêcheur et Factortame, précité, points 55 à 57; British Telecommunications, précité, point 41; du 17 octobre 1996, Denkavit e.a., C-283/94, C-291/94 et C-292/94, Rec. p. I-5063, point 49, et Konle, précité, point 58).

101 Toutefois, dans la présente affaire, la Cour dispose de tous les éléments pour établir si les conditions nécessaires pour engager la responsabilité de l'État membre sont réunies.

Sur la règle de droit violée, qui doit conférer des droits aux particuliers

102 Les règles de droit communautaire dont la violation est en cause dans l'affaire au principal sont, comme il résulte de la réponse à la troisième question, les articles 48 du Traité et 7, paragraphe 1, du règlement n° 1612/68. Ces dispositions précisent les conséquences qui résultent du principe fondamental de la libre circulation des travailleurs à l'intérieur de la Communauté en interdisant toute discrimination fondée sur la nationalité entre les travailleurs des États membres, notamment quant à la rémunération.

103 Il ne saurait être contesté que ces dispositions ont pour objet de conférer des droits aux particuliers.

Sur la violation suffisamment caractérisée

104 À titre liminaire, il convient de rappeler le déroulement de la procédure ayant donné lieu à l'arrêt du Verwaltungsgerichtshof du 24 juin 1998.

105 Dans le litige pendant devant celui-ci entre M. Köbler et le Bundesminister für Wissenschaft, Forschung und Kunst (ministre fédéral des Sciences, de la Recherche et des Arts) concernant le refus de ce dernier d'accorder à M. Köbler l'indemnité spéciale d'ancienneté prévue à l'article 50 bis du GG, ladite juridiction a posé une question préjudicielle à la Cour sur l'interprétation de l'article 48 du Traité et les articles 1er à 3 du règlement n° 1612/68, par ordonnance du 22 octobre 1997 enregistrée au greffe de la Cour sous le numéro C-382/97.

106 Le Verwaltungsgerichtshof expose notamment dans cette ordonnance que, pour trancher le litige pendant devant lui, «il est d'une importance décisive de savoir s'il est contraire au droit d'origine communautaire consacré par l'article 48 du Traité [¼] que le législateur autrichien fasse dépendre l''indemnité spéciale d'ancienneté pour les professeurs d'université ordinaires', laquelle indemnité n'a ni le caractère d'une prime de fidélité ni le caractère d'une récompense mais constitue une partie du traitement dans le cadre du système d'avancement dans l'échelle des salaires, d'une ancienneté de quinze ans qui doit avoir été acquise dans une université autrichienne».

107 Il convient de constater d'abord que cette ordonnance de renvoi fait apparaître sans aucune ambiguïté que le Verwaltungsgerichtshof considérait alors que, en vertu du droit national, l'indemnité spéciale d'ancienneté visée ne constituait pas une prime de fidélité.

108 Ensuite, il résulte des observations écrites du gouvernement autrichien dans l'affaire C-382/97 que, afin de démontrer que l'article 50 bis du GG n'était pas susceptible de violer le principe de la libre circulation des travailleurs inscrit à l'article 48 du Traité, ce gouvernement a uniquement soutenu que l'indemnité spéciale d'ancienneté prévue par cette disposition constituait une prime de fidélité.

109 Enfin, il convient de rappeler que la Cour avait déjà jugé aux points 22 et 23 de son arrêt Schöning-Kougebetopoulou, précité, qu'une mesure qui fait dépendre la rémuné-

ration d'un travailleur de son ancienneté mais exclut toute possibilité de prendre en compte des périodes d'emploi comparables effectuées dans le service public d'un autre État membre est susceptible de violer l'article 48 du Traité.

110 Vu que, d'une part, la Cour avait déjà jugé qu'une telle mesure était susceptible de violer cette disposition du Traité et que, d'autre part, la seule justification invoquée à cet égard par le gouvernement autrichien n'était pas pertinente à la lumière de l'ordonnance de renvoi elle-même, le greffier de la Cour, par lettre du 11 mars 1998, a transmis l'arrêt Schöning-Kougebetopoulou, précité, au Verwaltungsgerichtshof, afin de lui permettre d'examiner s'il disposait des éléments d'interprétation du droit communautaire nécessaires pour trancher le litige pendant devant lui, et lui a demandé si, à la lumière de cet arrêt, il jugeait nécessaire de maintenir sa demande préjudicielle.

111 Par ordonnance du 25 mars 1998, le Verwaltungsgerichtshof a invité les parties au litige porté devant lui à se prononcer sur la demande du greffier de la Cour, en observant, à titre provisoire, que le point de droit faisant l'objet de la procédure préjudicielle concernée avait été résolu en faveur de M. Köbler.

112 Par ordonnance du 24 juin 1998, le Verwaltungsgerichtshof a retiré sa demande préjudicielle en considérant que le maintien de cette demande était devenu inutile pour la solution du litige. Il a indiqué que la question décisive en l'espèce était celle de savoir si l'indemnité spéciale d'ancienneté prévue à l'article 50 bis du GG était une prime de fidélité ou non et que cette question devait être tranchée dans le cadre du droit national.

113 À cet égard, le Verwaltungsgerichtshof a exposé dans son arrêt du 24 juin 1998 qu'il «[était] parti du principe, dans son ordonnance du 22 octobre 1997, [¼] que l''indemnité spéciale d'ancienneté des professeurs d'université titulaires' n'a ni le caractère d'une prime de fidélité ni celui d'une gratification» et que «[c]ette thèse juridique, formulée de manière non contraignante à l'égard des parties à la procédure contentieuse administrative, est abandonnée». En effet, le Verwaltungsgerichtshof parvient dans cet arrêt à la conclusion que ladite indemnité constitue bien une prime de fidélité.

114 Il découle de ce qui précède que, après que le greffier de la Cour a demandé au Verwaltungsgerichtshof s'il maintenait sa demande préjudicielle, ce dernier a revu la qualification, en droit national, de l'indemnité spéciale d'ancienneté.

115 À la suite de cette requalification de l'indemnité spéciale d'ancienneté prévue à l'article 50 bis du GG, le Verwaltungsgerichtshof a rejeté le recours de M. Köbler. En effet, dans son arrêt du 24 juin 1998, il a déduit de l'arrêt Schöning-Kougebetopoulou, précité, que, cette indemnité devant être qualifiée de prime de fidélité, elle pouvait être justifiée même si elle était en soi contraire au principe de non-discrimination inscrit à l'article 48 du Traité.

116 Or, ainsi qu'il ressort des points 80 et 81 du présent arrêt, la Cour ne s'est pas exprimée dans l'arrêt Schöning-Kougebetopoulou, précité, sur la question de savoir si et sous quelles conditions l'entrave à la libre circulation des travailleurs que comporte une prime de fidélité pouvait être justifiée. Les considérations que le Verwaltungsgerichtshof a déduites dudit arrêt reposent donc sur une lecture erronée de celui-ci.

117 Dès lors, vu que, d'une part, le Verwaltungsgerichtshof a modifié son interprétation du droit national en qualifiant la mesure prévue à l'article 50 bis du GG de prime de fidélité, après que l'arrêt Schöning-Kougebetopoulou, précité, lui a été envoyé, et que, d'autre part, la Cour n'avait pas encore eu l'occasion de se prononcer quant au point de savoir si l'entrave à la libre circulation des travailleurs que comporte une prime de fidélité pouvait être justifiée, le Verwaltungsgerichtshof aurait dû maintenir sa demande préjudicielle.

118 En effet, cette juridiction ne pouvait considérer que la solution du point de droit en cause résultait d'une jurisprudence établie de la Cour ou ne laissait place à aucun doute raisonnable (voir arrêt du 6 octobre 1982, CILFIT e.a., 283/81, Rec. p. 3415, points 14 et 16). Partant, elle était dans l'obligation, en vertu de l'article 177, troisième alinéa, du Traité, de maintenir sa demande préjudicielle.

119 En outre, ainsi qu'il ressort de la réponse à la troisième question, une mesure telle que l'indemnité spéciale d'ancienneté prévue à l'article 50 bis du GG, même si elle peut être qualifiée de prime de fidélité, comporte une entrave à la libre circulation des travailleurs contraire au droit communautaire. Dès lors, le Verwaltungsgerichtshof a violé le droit communautaire par son arrêt du 24 juin 1998.

120 Il convient donc d'examiner si cette violation du droit communautaire revêt un caractère manifeste eu égard notamment aux éléments à prendre en considération à cette fin conformément aux indications figurant aux points 55 et 56 du présent arrêt.

121 À cet égard, il y a lieu de considérer, en premier lieu, que la violation des règles communautaires faisant l'objet de la réponse à la troisième question ne saurait en soi recevoir une telle qualification.

122 En effet, le droit communautaire ne règle pas explicitement le point de savoir si une mesure de fidélisation d'un travailleur envers son employeur, telle qu'une prime de fidélité, qui comporte une entrave à la libre circulation des travailleurs est susceptible d'être justifiée et donc d'être conforme au droit communautaire. Ladite question ne trouvait pas non plus de réponse dans la jurisprudence de la Cour. En outre, cette réponse n'était pas évidente.

123 En second lieu, la circonstance que la juridiction nationale en cause aurait dû, ainsi qu'il a été constaté au point 118 du présent arrêt, maintenir sa demande préjudicielle n'est pas de nature à infirmer cette conclusion. En effet, en l'occurrence, le Verwaltungsgerichtshof avait décidé de retirer la demande préjudicielle en estimant que la réponse à la question de droit communautaire à résoudre était déjà donnée par l'arrêt Schöning-Kougebetopoulou, précité. C'est donc à cause de sa lecture erronée de cet arrêt que le Verwaltungsgerichtshof n'a plus estimé nécessaire de soumettre cette question d'interprétation à la Cour.

124 Dans ces conditions, et eu égard aux circonstances de l'espèce, il n'y a pas lieu de considérer la violation constatée au point 119 du présent arrêt comme étant revêtue d'un caractère manifeste et donc comme suffisamment caractérisée.

125 Il y a lieu d'ajouter que cette réponse est sans préjudice des obligations résultant, dans le chef de l'État membre concerné, de la réponse apportée par la Cour à la troisième question préjudicielle.

126 Il convient dès lors de répondre aux quatrième et cinquième questions qu'une violation du droit communautaire telle que celle résultant, dans les circonstances de l'espèce au principal, de l'arrêt du Verwaltungsgerichtshof du 24 juin 1998 ne revêt pas le caractère manifeste requis pour que se trouve engagée, en vertu du droit communautaire, la responsabilité d'un État membre du fait d'une décision de l'une de ses juridictions statuant en dernier ressort.

Sur les dépens

127 Les frais exposés par les gouvernements autrichien, allemand, français, néerlandais et du Royaume Uni, ainsi que par la Commission, qui ont soumis des observations à la Cour, ne peuvent faire l'objet d'un remboursement. La procédure revêtant, à l'égard des

parties au principal, le caractère d'un incident soulevé devant la juridiction de renvoi, il appartient à celle-ci de statuer sur les dépens.

Dispositif

Par ces motifs,

LA COUR,

statuant sur les questions à elle soumises par le Landesgericht für Zivilrechtssachen Wien, par ordonnance du 7 mai 2001, dit pour droit:

1) Le principe selon lequel les États membres sont obligés de réparer les dommages causés aux particuliers par les violations du droit communautaire qui leur sont imputables est également applicable lorsque la violation en cause découle d'une décision d'une juridiction statuant en dernier ressort, dès lors que la règle de droit communautaire violée a pour objet de conférer des droits aux particuliers, que la violation est suffisamment caractérisée et qu'il existe un lien de causalité direct entre cette violation et le préjudice subi par les personnes lésées. Afin de déterminer si la violation est suffisamment caractérisée lorsque la violation en cause découle d'une telle décision, le juge national compétent doit, en tenant compte de la spécificité de la fonction juridictionnelle, **rechercher si cette violation présente un caractère manifeste**. C'est à l'ordre juridique de chaque État membre qu'il appartient de désigner la juridiction compétente pour trancher les litiges relatifs à ladite réparation.

2) Les articles 48 du Traité CE (devenu, après modification, article 39 CE) et 7, paragraphe 1, du règlement (CEE) n°1612/68 du Conseil, du 15 octobre 1968, relatif à la libre circulation des travailleurs à l'intérieur de la Communauté, doivent être interprétés en ce sens qu'ils s'opposent à l'octroi, dans des conditions telles que celles prévues à l'article 50 bis du Gehaltsgesetz 1956 (loi salariale de 1956), tel que modifié en 1997, d'une indemnité spéciale d'ancienneté qui, selon l'interprétation donnée par le Verwaltungsgerichtshof (Autriche) dans son arrêt du 24 juin 1998, constitue une prime de fidélité.

3) Une violation du droit communautaire telle que celle résultant, dans les circonstances de l'espèce au principal, de l'arrêt du Verwaltungsgerichtshof du 24 juin 1998 ne revêt pas le caractère manifeste requis pour que se trouve engagée, en vertu du droit communautaire, la responsabilité d'un État membre du fait d'une décision de l'une de ses juridictions statuant en dernier ressort.

Résumé

Dans son arrêt, la Cour rappelle qu'un Etat membre est responsable des dommages causés à un particulier par une violation du droit communautaire imputable à une juridiction suprême **si la violation est manifeste**. La décision du Verwaltungs-gerichtshof rejetant le recours de M. Köbler ne constitue pas une violation du droit communautaire revêtue d'un caractère manifeste et n'engage donc pas la responsabilité de l'État autrichien.

M. Köbler travaille en tant que professeur titulaire à l'université d'Innsbruck (Autriche) depuis le 1er mars 1986. En 1996, il a demandé l'attribution de l'indemnité spéciale d'ancienneté des professeurs d'université. L'octroi de cette indemnité est subordonné par la loi autrichienne à une expérience de 15 ans acquise exclusivement dans les universités autrichiennes. M. Köbler pouvait justifier ces 15 ans d'expérience dès lors qu'étaient pris en considération les années de services effectués dans les universités d'autres États membres. Au refus de sa demande, M. Köbler a introduit un recours devant les tribunaux autrichiens, soutenant qu'une telle exigence constituait une discrimination indirecte contraire au droit communautaire. Sur ce point le Verwaltungsgerichtshof – juridiction administrative statuant en dernier ressort – a saisi la Cour de justice des Communautés européennes. Suite à un arrêt de la Cour dans une affaire similaire, cette juridiction autrichienne a retiré sa demande préjudicielle. Par arrêt du 24 juin 1998, le Verwaltungsgerichtshof a rejeté le recours de M. Köbler au motif que l'indemnité spéciale d'ancienneté constituait une prime de fidélité qui justifiait une dérogation aux dispositions relatives à la libre circulation des travailleurs.

M. Köbler a introduit, devant le Landesgericht für Zivilrechtssachen Wien, un recours en dommages et intérêts contre la République autrichienne au motif que l'arrêt du Verwaltungsgerichtshof est contraire au droit communautaire. La juridiction de renvoi a posé des questions à la Cour à ce sujet. Les États membres sont tenus de réparer les dommages causés aux particuliers par les violations du droit communautaire imputables aux juridictions nationales statuant en dernier ressort.

La Cour rappelle tout d'abord qu'elle a déjà jugé que le système du Traité CE imposait aux États membres la réparation des dommages causés aux particuliers du faits de violations du droit communautaire qui leur sont imputables, quel que soit l'organe de l'État membre à l'origine du préjudice. En effet, le rôle essentiel joué par le pouvoir judiciaire dans la protection des droits de particuliers découlant du droit communautaire serait affaibli si les particuliers ne pouvaient pas, sous certaines conditions, obtenir réparation des dommages causés par une violation du droit communautaire imputable à une juridiction d'un État membre statuant en dernier ressort. Dans un tel cas, les particuliers doivent avoir la possibilité d'engager la responsabilité de l'État afin d'obtenir une protection juridique de leurs droits. Selon une jurisprudence constante, la Cour a fixé trois conditions nécessaires et suffisantes pour engager la responsabilité de l'État par des violations du droit communautaire qui lui sont imputables. Ces conditions s'appliquent aussi lorsqu'une juridiction nationale statuant en dernier ressort viole une règle de droit communautaire:

1) la règle de droit violée doit attribuer des droits aux particuliers,
2) la violation doit être suffisamment caractérisée,
3) et il doit y avoir un lien de causalité entre la violation de l'obligation qui incombe à l'État et le dommage subi.

Pour déterminer si la violation est suffisamment caractérisée lorsque la violation découle de la décision d'une juridiction nationale statuant en dernier ressort, le juge national compétent doit, étant donné la spécificité de la fonction juridictionnelle, rechercher si ladite juridiction a méconnu de manière manifeste le droit applicable. La responsabilité de l'État ne saurait être engagée que dans le cas exceptionnel où la juridiction nationale a méconnu de manière manifeste le droit applicable et la jurisprudence de la Cour en cette matière. C'est à chaque État membre, selon son ordre juridique interne, de designer la juridiction compétente pour trancher les litiges relatifs à un tel droit.

La législation autrichienne concernant l'attribution de l'indemnité spéciale d'ancienneté des professeurs d'université est incompatible avec le droit communautaire et ne peut pas être justifiée. La Cour constate que la loi autrichienne qui exige, pour l'octroi de l'indemnité spéciale des professeurs d'université, une expérience de 15 ans acquise exclusivement dans les universités autrichiennes constitue une entrave à la libre circulation des travailleurs interdite par le Traité CE. La Cour relève, pour la première fois, que si un objectif de fidélisation des travailleurs envers leur employeur (une prime de fidélité), en principe, pourrait être justifiée par des raisons d'intérêt général, la mesure autrichienne comporte des entraves qui ne peuvent pas être justifiées par ce but. En effet, elle **entraîne un cloisonnement du marché de l'emploi** des professeurs d'universités sur le territoire autrichien et s'oppose au principe de la libre circulation des travailleurs. La Cour considère que la juridiction suprême autrichienne n'a pas commis une violation manifeste et donc suffisamment caractérisée du droit communautaire, ce qui, en conséquence, n'engage pas la responsabilité de l'État autrichien. Selon la jurisprudence de la Cour, ce sont les juridictions nationales qui, en principe, examinent si les critères permettant d'établir la responsabilité d'États membres pour de dommages causés aux particuliers par des violations du droit communautaires sont remplis. Toutefois, dans cette affaire, la Cour dispose de tous les éléments pour examiner les conditions requises. La Cour considère que l'arrêt du Verwaltungsgerichtshof du 24 juin 1998 repose sur une lecture erronée de l'arrêt Schöning-Kougebetopoulou et constitue une violation du droit communautaire. La Cour constate en revanche que la violation en soi ne peut être qualifiée de manifeste. En effet, la Cour souligne qu'elle n'avait pas eu l'occasion de se prononcer sur la possible justification d'une mesure de fidélisation d'un travailleur envers son employeur (une prime de fidélité) à l'égard du droit communautaire. En conséquence, la réponse n'était pas évidente. En second lieu, le fait que Verwaltungsgerichtshof aurait dû maintenir sa demande préjudicielle ne permet pas non plus une telle qualification. C'est à cause d'une interprétation erronée de l'arrêt de la Cour qu'il n'a plus estimé nécessaire de maintenir sa demande préjudicielle.

Références jurisprudentielles: Arrêt du janvier 1998, Schöning-Kougebetopoulou[77]. La Cour a jugé qu'une mesure qui fait dépendre la rémunération d'un travailleur de son ancienneté mais exclut toute possibilité de prendre en compte des périodes d'emploi comparables effectués dans le service public d'un autre État membre est susceptible de violer le principe de la libre circulation des travailleurs. Notamment, arrêts du 19 novembre 1991, Francovich[78]; du 5mars 1996, Brasserie du pécheur et Factortame[79].

3.13. Glossar und Übungen

1.) ÜS - > D: des Mots-clés (1.2.3.)

2.) ÜS -> D:

égalité de traitement
discrimination indirecte
réparer les dommages causés aux particuliers
trancher les litiges relatifs à la réparation
un lien de causalité direct entre une violation caractérisée et le préjudice subi
le degré de clarté et de précision de la règle violée
questions prejudicielles relatives à l'interprétation d'un article du Traité CE
la responsabilité d'un Etat membre pour les dommages causés aux particuliers par des violations du droit communautaire est inhérent au système du traité.
statuer sur la compatibilité d'une disposition nationale avec le droit communautaire
rechercher si une violation doit présenter un caractère manifeste
entrainer un cloisonnement du marché de l'emploi qui s'oppose à la libre circulation des travailleurs

3.) ANT / F:

Répondez en français aux questions suivantes:
• Qu'est-ce qu'une violation suffisamment caractérisée?
• Qu'est ce qui est susceptible d'entraver la libre circulation des travailleurs?
• Quelles sont les questions préjudicielles posées à la Cour?

---

77 C-15/96, Rec. p. I-47.
78 C-6/90 et C-9/90, Rec. p. I-5357.
79 C-46/93 et C-48/93, Rec. P.I-1029.

• Quelle est la position de la République d'Autriche?
• Pourquoi la Cour n'a pas engagé la responsabilité de l'Etat autrichien?

4.) Resümee (D und F):

des Observations soumises à la Cour (20 lignes pour chaque langue)
des Réponses de la Cour (30 lignes pour chaque langue)

4. Kapitel: Der EuGH als „Verfassungsgerichtsbarkeit". Sachliche Zuständigkeiten und entsprechende Textverfahren

4.1. Allgemeines

Die Wahrung des Rechts bei der Auslegung und Anwendung des Gemeinschaftsrechts, die dem EuGH aufgetragen wird, stellt aus verschiedenen Gründen keine leichte Aufgabe dar. Ein wesentlicher Grund dafür liegt in der Natur des EGV als Rahmenvertrag, der Gundsätze vorgibt, Ausführungs- und Detailregeln jedoch den zur Sekundärrechtsetzung berufenen Organen überlässt. Diese Ausführungsregeln sind allerdings nicht immer rechtzeitig getroffen worden, sodass der Gerichtshof auf eine weite und schöpferische Interpretation der primärrechtlichen Rahmenregelungen angewiesen war und in diesem Kontext ein weites Feld zur Interpretation und Rechtsfortbildung vorfand.

Ein weiterer Grund für die zentrale Rolle des EuGH bei der Fortentwicklung der EG Rechtsordnung liegt in der eigentümlichen Rechtsetzungstechnik des EGV, der selbst für die zentralen Begriffe der Grundfreiheiten des Binnenmarktes regelmässig keine Definitionen enthält, obwohl diese zentralen Begriffe – im Interesse einer einheitlichen Anwendung des Gemeinschaftsrechts – nach einheitlichen gemeinschaftlichen Grundsätzen ausgelegt werden müssen[80]. Die besondere Herausforderung an den EuGH besteht daher darin, einen Mittelweg zwischen wünschenswerter richterlicher Zurückhaltung (judicial restraint) und notwendiger richterlicher Rechtsfortbildung zu finden. Auch wenn die Anwendung des Gemeinschaftsrechts zunächst Aufgabe der Organe der MS bzw. der anderen Gemeinschaftsorgane ist, so muss diese in einer Gemeinschaft, die sich als Rechtsgemeinschaft versteht, doch unter der nachprüfenden Kontrolle des Gerichtshofes stehen. Dies umso mehr, als die Gesetzgebungsakte auch nach dem derzeitigen Stand des Gemeinschaftsrechts in Wahrheit von Organen gesetzt werden, die als Exekutive errichtet wurden. Diese besondere Konstellation und die an den EuGH gestellten, von ihm aber auch dynamisch wahrgenommen Anforderungen haben dazu geführt, dass gelegentlich von einem „Europa der Richter" die Rede war und so manche rechtsfortbildende Entscheidung des EuGH von den MS bereits

80 Als Beispiel für diese im Interesse der einheitlichen Geltung dieser neuen autonomen Rechtsordnung in allen MS so wichtige gemeinschaftsrechtliche Begriffsbildung seien nur folgende Begriffe genannt: „Massnahmen gleicher Wirkung" (Art. 28 EGV), „Arbeitnehmer" (Art. 39 EGV), „Beschäftigung in der öffentlichen Verwaltung" (Art. 39 Abs. 4 EGV).

als Überschreitung des für den EuGH wie für alle anderen Organe der Gemeinschaft geltenden Prinzips der Einzelermächtigung gesehen wurde. Zu denken ist hier insbesondere an die grundlegende Judikatur des EuGH zur Staatshaftung. Zentral und weithin akzeptiert ist die Rechtsprechung des EuGH in seiner Funktion der Lückenschliessung, etwa bei der Begründung impliziter auswärtiger Befugnisse der Gemeinschaft oder in seinen schon früher berühmten Entscheidungen zum Anwendungsvorrang des Gemeinschaftsrechts. Der EuGH wird in vielfältiger Weise tätig, auch als „Verfassungsgerichtsbarkeit" Europas, insbesondere mit dem Vorabentscheidungsverfahren.

4.2. Das Vorabentscheidungsverfahren (Art. 234 EGV)

Das **Vorabentscheidungsverfahren** gibt den nationalen Gerichten der Mitgliedstaaten die Möglichkeit, dem EuGH **Fragen über die Auslegung und Gültigkeit von Gemeinschaftsrecht** vorzulegen. Durch die in diesem Verfahren ergehenden Entscheidungen soll verhindert werden, dass die Gerichte der einzelnen Mitgliedstaaten das Gemeinschaftsrecht unterschiedlich auslegen und anwenden. Funktionell ist es ein objektives prozessuales **Zwischenverfahren** zum Zwecke der **Koordinierung** der Rechtsprechung durch die europäische Gerichtsbarkeit. In seiner Ausgestaltung ähnelt er sich dem deutschen Verfahren der konkreten **Normenkontrolle** gemäss Art. 100 Abs 1 GG.

In der Praxis machen die Vorabentscheidungen ca. 50 % der gesamten Verfahren vor dem EuGH aus. Zur praktischen Handhabung und zum Ablauf des Vorlageverfahrens hat der EuGH **Hinweise für Richter und Anwälte veröffentlicht** (abgedruckt in NJW 1997, 1765).

4.2.1. Der Rechtsweg

Die **sachliche Zuständigkeit** des EuGHs begründet grundsätzlich den Rechtsweg in Vorabentscheidungssachen. Art. 234 Abs 1 EGV a) bis c) regeln, was zulässiger Vorlagegegenstand sein kann. Gemäss Art. 234 EGV Abs 1 a) entscheidet der EuGH über die Auslegung der EGV. Damit betrifft diese Fallgruppe die generalisierende Deutung einer Vorschrift der Gründungsverträge, also des primären Gemeinschaftsrechts einschliesslich der allgemeinen Rechtsgrundsätze. Zwar darf insofern nicht unmittelbar **die Frage nach der Vereinbarkeit einer nationalen Norm mit dem Gemeinschaftsrecht** gestellt werden, die Frage kann aber so formuliert werden, dass mittelbar **über die Anwendbarkeit des nationalen Rechts entschieden** wird. Gemäss Art. 234 EGV Abs 1 b) können Gültigkeit und

Auslegung der Handlungen der Organe der Gemeinschaft und der Europäischen Zentralbank ebenfalls Gegenstand eines Vorabentscheidungsverfahrens sein. Damit wird das gemeinsame sekundäre Gemeinschaftsrecht erfasst, einschliesslich unverbindlicher **Stellungnahmen** und **Empfehlungen**.

Prüfungsmassstab ist das gemeinsame höherrangige Gemeinschaftsrecht, insbesondere auch die allgemeinen Rechtsgrundsätze wie z.B. die Gemeinschaftsgrundrechte.

Art. 234 Abs. 1 c), wonach die Vorabentscheidung über die Auslegung der Satzungen der durch den Rat geschaffenen Einrichtungen möglich ist, ist ohne jede praktische Bedeutung geblieben.

*4.2.2. Die **Vorlage***

Die Vorlage muss durch ein **nationales Gericht** der Mitgliedstaaten erfolgen, das die Vorabentscheidung für das konkrete Verfahren für **entscheidungserheblich** hält. Vorlageberechtigt sind gemäss Art. 234 Abs 2 EGV „Gerichte". Der Begriff folgt einem gemeinschaftsrechtlichen, am Zweck des Art. 234 EGV orientierten Verständnis und kann daher im Einzelfall auch solche Instanzen erfassen, die nach nationalem Recht die Gerichtseigenschaft nicht erfüllen[81]. Der EuGH orientiert sich bei der **Prüfung der Gerichtsqualität** an einem Katalog funktionaler und organisatorischer Kriterien. Erforderlich ist danach das Vorhandensein einer gesetzlichen Grundlage für die Einrichtung, ihr ständiger Charakter (**ständige Einrichtung**), die Ausgestaltung als **obligatorische Gerichtsbarkeit** in einem streitigen Verfahren, die Anwendung von Rechtsnormen durch die fragliche Einrichtung sowie deren **sachliche Unabhängigkeit**.

Nach der neuerer Rechtsprechung des EuGH stellt das Erfordernis eines **kontradiktorischen Verfahrens** kein absolutes Kriterium für die Gerichtseigenschaft dar. Der Gerichtshof sieht vielmehr im Einzelfall eine blosse Anhörung der am Verfahren Beteiligten als ausreichend an. Problematisch könnte jedoch die notwendige Unabhängigkeit sein z.B. bei deutschen Überwachungsausschüssen (Vergabeüberwachungsausschuss), deren Mitglieder Beamte des Bundeskartellamtes sind. Sie erfüllen im Auftrage der Bundesregierung die **Dienstaufsicht.** Jedoch ist die **Unparteilichkeit** der ehrenamtlichen Mitglieder gesichert, wonach sie nicht mit Fällen befasst werden dürfen, bei denen sie selbst an der Vergabeentscheidung mitgewirkt haben oder deren Interessen vertreten haben.

Schiedsgerichte weisen grundsätzlich keine Gerichtsqualität auf, da diese aufgrund des Erfordernisses einer **Vollstreckbarkeitserklärung** durch ein or-

81 *Boesen* EuZW 1997, 713, 715 f.

dentliches Gericht nicht als unabhängige Instanz zur endgültigen Streitbeilegung befugt sind.

Wie schon der Wortlaut des Art. 234 Abs 2 EGV zu erkennen gibt, wird die Entscheidungserheblichkeit aus der Sicht des vorlegenden Gerichts beurteilt und vom EuGH grundsätzlich nicht überprüft. Die Grenze liegt bei eindeutigen Missbrauchsfällen (konstruierte Vorlagen) und offensichtlich hypothetischen Fragen (Einholung eines Gutachtens). Insofern überprüft der EuGH die Zulässigkeit der Vorlage. Die **Vorlageberechtigung** gemäss Art. 234 Abs 2 EGV **kann sich** im Einzelfall zu einer **Vorlagepflicht des Gerichts** gemäss Art. 234 Abs 3 EGV **verdichten**. Dies setzt voraus, dass die Frage in einem schwebenden Verfahren bei einem Gericht gestellt wird, dessen Entscheidungen selbst nicht mehr mit Rechtsmitteln angefochten werden können. Die Frage einer Vorlagepflicht stellt sich nur dann, wenn eine Vorlage durch das Gericht nicht erfolgt ist.

*4.2.3. Form und Inhalt des **Vorlagebeschlusses***

Diese Voraussetzungen sind allgemein und abstrakt zu fassen, da der EuGH nicht den konkreten Fall zu entscheiden hat. Um eine sachliche Antwort geben zu können, ist der EuGH nach eigener Auffassung berechtigt, „aus einer unvollkommen gefassten Frage des staatlichen Gerichts die Fragen herauszuschälen, welche die Auslegung des Vertrags betreffen“ (EuGH 1964, 1251 LS 1). Für die Dauer des Vorabentscheidungsverfahrens ist das nationale Gericht befugt, die **Vollziehung eines Verwaltungsaktes** auszusetzen, der auf der Grundlage einer Gemeinschaftsverordnung ergangen ist, wenn das Gericht erhebliche Zweifel an der Gültigkeit dieser Verordnung hat. Die Vorabentscheidung ist für das Gericht des Ausgangsverfahrens und alle mit der gleichen Rechtssache befassten Gerichte **bindend**. Kommt der EuGH im Rahmen einer **Gültigkeitsprüfung** zu dem Ergebnis, der Sekundärrechtsakt sei **gemeinschaftswidrig und daher ungültig**, stellt das für jedes Gericht einen ausreichenden Grund dar, diesen ebenfalls als ungültig anzusehen. Im Falle einer Gültigkeitserklärung sowie bei **Auslegungsurteilen** beschränkt sich die Bindungswirkung im Interesse einer Innovation der Rechtsprechung darauf, dass bei einer geplanten Abweichung von der Rechtsprechung des Gemeinschaftsrichters eine Vorlage vorgeschrieben wird.

4.2.4. Texte et résumé en allemand. Jurisprudence Krombach / Bamberski 28.03.2000 Affaire C-7/98[82]

Mots clefs: Convention de Bruxelles, Exécution des décisions, Ordre public.

Dans l'affaire C-7/98, ayant pour objet une demande adressée à la Cour, en application du protocole du 3 juin 1971 relatif à l'interprétation par la Cour de justice de la convention du 27 septembre 1968 concernant la compétence judiciaire et l'exécution des décisions en matière civile et commerciale, par le Bundesgerichtshof (Allemagne) et tendant à obtenir, dans le litige pendant devant cette juridiction entre Dieter Krombach et André Bamberski, une décision à titre préjudiciel sur l'interprétation de l'article 27, point 1, de la convention du 27 septembre 1968, précitée (JO 1972, L 299, p. 32), telle que modifiée par la convention du 9 octobre 1978 relative à l'adhésion du royaume de Danemark, de l'Irlande et du Royaume-Uni de Grande-Bretagne et d'Irlande du Nord (JO L 304, p. 1, et – texte modifié – p. 77) et par la convention du 25 octobre 1982 relative à l'adhésion de la République hellénique (JO L 388, p. 1),

LA COUR,

composée de MM. G. C. Rodríguez Iglesias, président, J. C. Moitinho de Almeida, D. A. O. Edward, L. Sevón et R. Schintgen, présidents de chambre, P. J. G. Kapteyn, C. Gulmann, J.-P. Puissochet, G. Hirsch, P. Jann (rapporteur) et H. Ragnemalm, juges, avocat général: M. A. Saggio, greffier: Mme L. Hewlett, administrateur,
considérant les observations écrites présentées:
- pour M. Bamberski, par Me H. Klingelhöffer, avocat à Ettlingen,
- pour le gouvernement allemand, par M. R. Wagner, Regierungsdirektor au ministère fédéral de la Justice, en qualité d'agent,
- pour le gouvernement français, par Mmes K. Rispal-Bellanger, sous-directeur à la direction des affaires juridiques du ministère des Affaires étrangères, et R. Loosli-Surrans, chargée de mission à la même direction, en qualité d'agents,
- pour la Commission des Communautés européennes, par M. J. L. Iglesias Buhigues, conseiller juridique, en qualité d'agent, assisté de Me B. Wägenbaur, avocat au barreau de Bruxelles,
vu le rapport d'audience, ayant entendu les observations orales du gouvernement français et de la Commission à l'audience du 2 mars 1999, ayant entendu l'avocat général en ses conclusions à l'audience du 23 septembre 1999, rend le présent Arrêt:

1. Par ordonnance du 4 décembre 1997, parvenue à la Cour le 14 janvier 1998, le Bundesgerichtshof a posé, en vertu du protocole du 3 juin 1971 relatif à l'interprétation par la Cour de justice de la convention du 27 septembre 1968 concernant la compétence judiciaire et l'exécution des décisions en matière civile et commerciale, trois questions sur l'interprétation de l'article 27, point 1, de la convention du 27 septembre 1968, précitée (JO 1972, L 299, p. 32), telle que modifiée par la convention du 9 octobre 1978 relative à l'adhésion du royaume de Danemark, de l'Irlande et du Royaume-Uni de Grande-Bretagne et d'Irlande du Nord (JO L 304, p. 1, et – texte modifié – p. 77) et par la convention du 25 octobre 1982 relative à l'adhésion de la République hellénique (JO L 388, p. 1, ci-après la „convention").

82 Recueil de jurisprudence 2000 p. I-01935.

2. Ces questions ont été soulevées dans le cadre d'un litige opposant M. Bamberski, demeurant en France, à M. Krombach, demeurant en Allemagne, au sujet de l'exécution, dans cet État contractant, d'un arrêt rendu le 13 mars 1995 par la cour d'assises de Paris (France) condamnant ce dernier, sur constitution de partie civile de M. Bamberski, à verser à celui-ci une indemnité de 350 000 FRF.

La convention

3. Aux termes de son article 1er, premier alinéa, la convention „s'applique en matière civile et commerciale et quelle que soit la nature de la juridiction".

4. En matière de compétence, la règle de principe, énoncée à l'article 2, premier alinéa, de la convention, stipule que les personnes domiciliées sur le territoire d'un État contractant sont attraites, quelle que soit leur nationalité, devant les juridictions de cet État. L'article 3, second alinéa, interdit au demandeur de se prévaloir de certaines règles de compétences exorbitantes, notamment, pour ce qui concerne la France, de celles fondées sur la nationalité qui résultent des articles 14 et 15 du code civil.

5. La convention prévoit également des règles de compétence spéciales. Ainsi, l'article 5 de la convention dispose: „Le défendeur domicilié sur le territoire d'un État contractant peut être attrait, dans un autre État contractant: (...)

4) s'il s'agit d'une action en réparation de dommage ou d'une action en restitution fondées sur une infraction, devant le tribunal saisi de l'action publique, dans la mesure où, selon sa loi, ce tribunal peut connaître de l'action civile".

6. En matière de reconnaissance et d'exécution des décisions, la règle de principe, énoncée à l'article 31, premier alinéa, de la convention prévoit que les décisions rendues dans un État contractant et qui y sont exécutoires sont mises à exécution dans un autre État contractant après y avoir été revêtues de la formule exécutoire sur requête de toute partie intéressée.

7. Aux termes de l'article 34, deuxième alinéa, „la requête ne peut être rejetée que pour l'un des motifs prévus aux articles 27 et 28".

8. L'article 27, point 1, de la convention dispose: „Les décisions ne sont pas reconnues: 1) si la reconnaissance est contraire à l'ordre public de l'État requis".

9. L'article 28, troisième alinéa, de la convention précise: „Sans préjudice des dispositions du premier alinéa, il ne peut être procédé au contrôle de la compétence des juridictions de l'État d'origine; les règles relatives à la compétence ne concernent pas l'ordre public visé à l'article 27 paragraphe 1".

10. Aux termes des articles 29 et 34, troisième alinéa, de la convention:

„En aucun cas, la décision étrangère ne peut faire l'objet d'une révision au fond."

11. L'article II du protocole annexé à la convention (ci-après le „protocole"), qui, selon l'article 65 de celle-ci, en fait partie intégrante, stipule:

„Sans préjudice de dispositions nationales plus favorables, les personnes domiciliées dans un État contractant et poursuivies pour une infraction involontaire devant les juridictions répressives d'un autre État contractant dont elles ne sont pas les nationaux peuvent se faire défendre par les personnes habilitées à cette fin, même si elles ne comparaissent pas personnellement. Toutefois, la juridiction saisie peut ordonner la comparution personnelle; si celle-ci n'a pas eu lieu, la décision rendue sur l'action civile sans que la personne en cause ait eu la possibilité de se faire défendre pourra ne pas être reconnue ni exécutée dans les autres États contractants."

Le litige au principal

12. Une instruction a été ouverte en Allemagne à l'encontre de M. Krombach à la suite du décès en Allemagne d'une ressortissante française âgée de 14 ans. L'instruction s'est terminée par un non-lieu.

13. Sur plainte de M. Bamberski, père de la jeune fille, une instruction a été ouverte en France, les juridictions françaises se reconnaissant compétentes eu égard à la nationalité française de la victime. Au terme de cette instruction, M. Krombach a été renvoyé devant la cour d'assises de Paris par arrêt de la chambre d'accusation de la cour d'appel de Paris.

14. Cet arrêt de renvoi ainsi que la constitution de partie civile du père de la victime ont été signifiés à M. Krombach. Bien que sa comparution personnelle ait été ordonnée, ce dernier ne s'est pas présenté à l'audience. La cour d'assises de Paris a alors appliqué la procédure de contumace, telle qu'elle est régie par les articles627 et suivants du code de procédure pénale français. Conformément à l'article 630 de celui-ci, selon lequel aucun défenseur ne peut se présenter pour le contumax, la cour d'assises a statué sans entendre les défenseurs mandatés par M. Krombach.

15. Par arrêt du 9 mars 1995, la cour d'assises a condamné M. Krombach, reconnu coupable de violences ayant entraîné la mort sans intention de la donner, à une peine de quinze années de réclusion criminelle. Par arrêt du 13 mars 1995, statuant sur les intérêts de la partie civile, elle a condamné, également par contumace, M. Krombach à payer à M. Bamberski une indemnité de 350 000 FRF.

16. Sur demande de M. Bamberski, le président d'une chambre civile du Landgericht Kempten, territorialement compétent, a déclaré exécutoire en Allemagne l'arrêt du 13 mars 1995. L'Oberlandesgericht ayant rejeté le recours introduit par M. Krombach, ce dernier a alors saisi le Bundesgerichtshof d'une „Rechtsbeschwerde", dans le cadre de laquelle il a fait valoir qu'il n'avait pas pu se défendre de manière effective contre sa condamnation par la juridiction française.

17. C'est dans ces conditions que le Bundesgerichtshof a décidé de surseoir à statuer et de poser à la Cour les questions préjudicielles suivantes: „1) Les règles relatives à la compétence peuvent-elles concerner l'ordre public visé à l'article 27, point 1, de la convention de Bruxelles, lorsque, à l'égard d'une personne domiciliée sur le territoire d'un autre État contractant (article 2, premier alinéa, de la convention de Bruxelles), l'État d'origine a fondé sa compétence uniquement sur la nationalité de la victime (comme prévu à l'article 3, second alinéa, de la convention de Bruxelles en ce qui concerne la France)?

En cas de réponse négative à la première question:

2) La juridiction de l'État requis (article 31, premier alinéa, de la convention de Bruxelles) peut-elle, dans le cadre de l'ordre public visé à l'article 27, point 1, de la convention de Bruxelles, tenir compte du fait que la juridiction répressive de l'État d'origine a rejeté la défense du débiteur par un avocat pour l'action civile (article II du protocole du 27 septembre 1968 concernant l'interprétation de la convention de Bruxelles), au motif que le défendeur, domicilié dans un autre État contractant, est poursuivi pour une infraction intentionnelle et qu'il n'a pas comparu personnellement?

En cas de réponse négative à la deuxième question:

3) La juridiction de l'État requis peut-elle, dans le cadre de l'ordre public visé à l'article 27, point 1, de la convention de Bruxelles, tenir compte du fait que la juridiction de l'État d'origine a fondé sa compétence uniquement sur la nationalité de la victime (voir première question ci-dessus) et qu'elle a en outre refusé que le défendeur en cause soit représenté par un avocat (voir deuxième question ci-dessus)?"

Observations liminaires

18. Par ces questions, la juridiction de renvoi demande en substance à la Cour quelle est l'interprétation qu'il convient de donner de la notion d' „ordre public de l'État requis" visée à l'article 27, point 1, de la convention.

19. Il convient de rappeler que la convention vise à faciliter, dans toute la mesure du possible, la libre circulation des jugements en prévoyant une procédure d'exequatur simple et rapide (voir, notamment, arrêts du 2 juin 1994, Solo Kleinmotoren, C-414/92, Rec. p. I-2237, point 20, et du 29 avril 1999, Coursier, C-267/97, Rec. p. I-2543, point 25).

20. Il ressort de la jurisprudence de la Cour que cette procédure constitue un système autonome et complet, indépendant des systèmes juridiques des États contractants, et que le principe de la sécurité juridique dans l'ordre communautaire ainsi que les objectifs de la convention en vertu de l'article 220 du Traité CE (devenu article 293 CE), sur lequel elle se fonde, exigent une application uniforme dans tous les États contractants des règles de la convention et de la jurisprudence de la Cour y relative (voir, notamment, arrêt du 11 août 1995, SISRO, C-432/93, Rec. p. I-2269, point 39).

21. En ce qui concerne l'article 27 de la convention, la Cour a jugé qu'il doit recevoir une interprétation stricte en ce qu'il constitue un obstacle à la réalisation de l'un des objectifs fondamentaux de la convention (arrêt Solo Kleinmotoren, précité, point 20). S'agissant plus précisément du recours à la clause de l'ordre public, figurant à l'article 27, point 1, de la convention, la Cour a précisé qu'il ne doit jouer que dans des cas exceptionnels (arrêts du 4 février 1988, Hoffmann, 145/86, Rec. p. 645, point 21, et du 10 octobre 1996, Hendrikman et Feyen, C-78/95, Rec. p. I-4943, point 23).

22. Il s'ensuit que, si les États contractants restent, en principe, libres de déterminer, en vertu de la réserve inscrite à l'article 27, point 1, de la convention, conformément à leurs conceptions nationales, les exigences de leur ordre public, les limites de cette notion relèvent de l'interprétation de la convention.

23. Dès lors, s'il n'appartient pas à la Cour de définir le contenu de l'ordre public d'un État contractant, il lui incombe néanmoins de contrôler les limites dans le cadre desquelles le juge d'un État contractant peut avoir recours à cette notion pour ne pas reconnaître une décision émanant d'une juridiction d'un autre État contractant.

24. À cet égard, il convient de relever que, la convention ayant été conclue sur le fondement de l'article 220 du Traité et dans le cadre qu'il définit, ses dispositions sont liées au Traité (arrêt du 10 février 1994, Mund & Fester, C-398/92, Rec. p. I-467, point 12).

25. Selon une jurisprudence constante, les droits fondamentaux font partie intégrante des principes généraux du droit dont la Cour assure le respect (voir, notamment, avis 2/94, du 28 mars 1996, Rec. p. I-1759, point 33). À cet effet, la Cour s'inspire des traditions constitutionnelles communes aux États membres ainsi que des indications fournies par les instruments internationaux concernant la protection des droits de l'homme auxquels les États membres ont coopéré ou adhéré. La convention européenne de sauvegarde

des droits de l'homme et des libertés fondamentales (ci-après la „CEDH") revêt, à cet égard, une signification particulière (voir, notamment, arrêt du 15 mai 1986, Johnston, 222/84, Rec. p. 1651, point 18).

26. La Cour a ainsi reconnu expressément le principe général de droit communautaire selon lequel toute personne a droit à un procès équitable, qui s'inspire de ces droits fondamentaux (arrêts du 17 décembre 1998, Baustahlgewebe/Commission, C-185/95 P, Rec. p. I-8417, points 20 et 21, et du 11 janvier 2000, Pays-Bas et Van der Wal/Commission, C-174/98 P et C-189/98 P, non encore publié au Recueil, point 17).

27. L'article F, paragraphe 2, du Traité sur l'Union européenne (devenu, après modification, article 6, paragraphe 2, UE) a consacré cette jurisprudence. Aux termes de cette disposition, „l'Union respecte les droits fondamentaux, tels qu'ils sont garantis par la Convention européenne de sauvegarde des droits de l'homme et des libertés fondamentales, signée à Rome le 4 novembre 1950, et tels qu'ils résultent des traditions constitutionnelles communes aux États membres, en tant que principes généraux du droit communautaire".

28. C'est à la lumière de ces considérations qu'il convient de répondre aux questions préjudicielles.

Sur la première question

29. Par cette question, la juridiction de renvoi demande en substance si, au regard de la clause de l'ordre public visée à l'article 27, point 1, de la convention, le juge de l'État requis peut, à l'endroit d'un défendeur domicilié sur le territoire de celui-ci, tenir compte du fait que le juge de l'État d'origine a fondé sa compétence sur la nationalité de la victime d'une infraction.

30. À titre liminaire, il convient de rappeler que, aux termes mêmes de son article 1er, premier alinéa, la convention s'applique aux décisions rendues en matière civile par une juridiction pénale (arrêt du 21 avril 1993, Sonntag, C-172/91, Rec. p. I-1963, point 16).

31. Dans le système de la convention, hormis certaines hypothèses limitativement énumérées à son article 28, premier alinéa, dont aucune ne correspond aux faits de l'affaire au principal, le juge requis ne peut pas procéder au contrôle de la compétence des juridictions de l'État d'origine. Ce principe fondamental, énoncé à l'article 28, troisième alinéa, premier membre de phrase, de ladite convention, est renforcé par la précision, figurant au second membre de phrase de la même disposition, selon laquelle „les règles relatives à la compétence ne concernent pas l'ordre public visé à l'article 27 paragraphe 1".

32. Il s'ensuit que l'ordre public de l'État requis ne saurait être opposé à la reconnaissance ou à l'exécution d'une décision rendue dans un autre État contractant au seul motif que le juge d'origine n'aurait pas respecté les règles de la convention relatives à la compétence.

33. Eu égard aux termes généraux dans lesquels l'article 28, troisième alinéa, de la convention est libellé, une telle solution doit être considérée comme étant, en principe, applicable même dans l'hypothèse où le juge de l'État d'origine aurait à tort fondé sa compétence, à l'égard d'un défendeur domicilié sur le territoire de l'État requis, sur une règle faisant appel à un critère de nationalité.

34. Il y a donc lieu de répondre à la première question que le juge de l'État requis ne peut pas, à l'endroit d'un défendeur domicilié sur le territoire de celui-ci, tenir compte, au regard de la clause de l'ordre public visée à l'article 27, point 1, de la convention, du seul

fait que le juge de l'État d'origine a fondé sa compétence sur la nationalité de la victime d'une infraction.

Sur la deuxième question

35. Par cette question, la juridiction de renvoi demande en substance si, au regard de la clause de l'ordre public visée à l'article 27, point 1, de la convention, le juge de l'État requis peut, à l'endroit d'un défendeur domicilié sur le territoire de celui-ci et poursuivi pour une infraction volontaire, tenir compte du fait que le juge de l'État d'origine a refusé à ce dernier le droit de se faire défendre sans comparaître personnellement.

36. Il convient de relever que, en prohibant la révision au fond de la décision étrangère, les articles 29 et 34, troisième alinéa, de la convention interdisent au juge de l'État requis de refuser la reconnaissance ou l'exécution de cette décision au seul motif qu'une divergence existerait entre la règle de droit appliquée par le juge de l'État d'origine et celle qu'aurait appliquée le juge de l'État requis s'il avait été saisi du litige. De même, le juge de l'État requis ne saurait contrôler l'exactitude des appréciations de droit ou de fait qui ont été portées par le juge de l'État d'origine.

37. Un recours à la clause de l'ordre public, figurant à l'article 27, point 1, de la convention, n'est concevable que dans l'hypothèse où la reconnaissance ou l'exécution de la décision rendue dans un autre État contractant heurterait de manière inacceptable l'ordre juridique de l'État requis, en tant qu'elle porterait atteinte à un principe fondamental. Afin de respecter la prohibition de la révision au fond de la décision étrangère, l'atteinte devrait constituer une violation manifeste d'une règle de droit considérée comme essentielle dans l'ordre juridique de l'État requis ou d'un droit reconnu comme fondamental dans cet ordre juridique.

38. S'agissant du droit à être défendu, auquel fait référence la question préjudicielle, il convient de relever qu'il occupe une place éminente dans l'organisation et le déroulement d'un procès équitable et qu'il figure parmi les droits fondamentaux qui résultent des traditions constitutionnelles communes aux États membres.

39. Plus précisément encore, la Cour européenne des droits de l'homme a jugé à plusieurs reprises en matière pénale que, quoique non absolu, le droit de tout accusé à être effectivement défendu par un avocat, au besoin commis d'office, figure parmi les éléments fondamentaux du procès équitable et qu'un accusé ne perd pas le bénéfice d'un tel droit du seul fait de son absence aux débats (voir Cour eur. D. H., arrêts Poitrimol c. France du 23 novembre 1993, série A n° 277-A; Pelladoah c. Pays-Bas du 22 septembre 1994, série A n° 297-B, et Van Geyseghem c. Belgique du 21 janvier 1999, non encore publié au Recueil).

40. Il ressort de cette jurisprudence que le juge national d'un État contractant est en droit de considérer que le refus d'entendre la défense d'un accusé absent des débats constitue une violation manifeste d'un droit fondamental.

41. La juridiction de renvoi s'interroge toutefois sur la possibilité pour le juge de l'État requis de tenir compte, au regard de l'article 27, point 1, de la convention, d'une violation de cette nature eu égard au libellé de l'article II du protocole. Ce dernier, qui comporte une extension du champ d'application de la convention au domaine pénal justifiée par les conséquences en matière civile ou commerciale qui peuvent découler du jugement d'une juridiction répressive (arrêt du 26 mai 1981, Rinkau, 157/80, Rec. p. 1391, point 6), ne reconnaît le droit de se faire défendre sans comparaître personnellement devant les juridictions répressives d'un État contractant aux personnes non ressortissantes de cet État et

domiciliées dans un autre État contractant que dans la mesure où elles sont poursuivies pour une infraction involontaire. Cette limitation a été interprétée en ce sens que la convention a cherché, manifestement, à exclure du bénéfice de se faire défendre sans comparaître personnellement les personnes poursuivies pour des infractions dont la gravité le justifie (arrêt Rinkau, précité, point 12).

42. Cependant, il ressort d'une jurisprudence développée par la Cour sur le fondement des principes rappelés aux points 25 et 26 du présent arrêt que le respect des droits de la défense dans toute procédure ouverte à l'encontre d'une personne et susceptible d'aboutir à un acte faisant grief constitue un principe fondamental dedroit communautaire qui doit être assuré même en l'absence de toute réglementation concernant la procédure (voir, notamment, arrêts du 29 juin 1994, Fiskano/Commission, C-135/92, Rec. p. I-2885, point 39, et du 24 octobre 1996, Commission/Lisrestal e.a., C-32/95 P, Rec. p. I-5373, point 21).

43. En outre, la Cour a également jugé que, même si le but de la convention est d'assurer la simplification des formalités auxquelles sont subordonnées la reconnaissance et l'exécution réciproques des décisions judiciaires, cet objectif ne saurait toutefois être atteint en affaiblissant les droits de la défense (arrêt du 11 juin 1985, Debaecker et Plouvier, 49/84, Rec. p. 1779, point 10).

44. Il découle de cette évolution jurisprudentielle que le recours à la clause de l'ordre public doit être considéré comme étant possible dans les cas exceptionnels où les garanties inscrites dans la législation de l'État d'origine et dans la convention elle-même n'ont pas suffi à protéger le défendeur d'une violation manifeste de son droit de se défendre devant le juge d'origine, tel que reconnu par la CEDH. Dès lors, l'article II du protocole ne saurait être interprété en ce sens qu'il s'oppose à ce que le juge de l'État requis puisse tenir compte, au regard de l'ordre public visé à l'article 27, point 1, de la convention, du fait que, dans le cadre d'une action en réparation de dommages fondée sur une infraction, le juge de l'État d'origine a refusé d'entendre la défense de l'accusé, poursuivi pour une infraction volontaire, au seul motif de son absence des débats.

45. Il y a donc lieu de répondre à la deuxième question que le juge de l'État requis peut, à l'endroit d'un défendeur domicilié sur le territoire de celui-ci et poursuivi pour une infraction volontaire, tenir compte, au regard de la clause de l'ordre public visée à l'article 27, point 1, de la convention, du fait que le juge de l'État d'origine a refusé à ce dernier le droit de se faire défendre sans comparaître personnellement.

Sur la troisième question préjudicielle

46. Compte tenu de la réponse donnée à la deuxième question, il n'y a pas lieu de répondre à la troisième question.

Sur les dépens

47. Les frais exposés par les gouvernements allemand et français, ainsi que par la Commission, qui ont soumis des observations à la Cour, ne peuvent faire l'objet d'un remboursement. La procédure revêtant, à l'égard des parties au principal, le caractère d'un incident soulevé devant la juridiction nationale, il appartient à celle-ci de statuer sur les dépens.

Par ces motifs,

LA COUR,

statuant sur les questions à elle soumises par le Bundesgerichtshof, par ordonnance du 4 décembre 1997, dit pour droit:

L'article 27, point 1, de la convention du 27 septembre 1968 concernant la compétence judiciaire et l'exécution des décisions en matière civile et commerciale, telle que modifiée par la convention du 9 octobre 1978 relative à l'adhésion du royaume de Danemark, de l'Irlande et du Royaume-Uni de Grande-Bretagne et d'Irlande du Nord et par la convention du 25 octobre 1982 relative à l'adhésion de la République hellénique, doit être interprété de la façon suivante:

1) Le juge de l'État requis ne peut pas, à l'endroit d'un défendeur domicilié sur le territoire de celui-ci, tenir compte, au regard de la clause de l'ordre public visée à l'article 27, point 1, de ladite convention, du seul fait que le juge de l'État d'origine a fondé sa compétence sur la nationalité de la victime d'une infraction.

2) Le juge de l'État requis peut, à l'endroit d'un défendeur domicilié sur le territoire de celui-ci et poursuivi pour une infraction volontaire, tenir compte, au regard de la clause de l'ordre public visée à l'article 27, point 1, de ladite convention, du fait que le juge de l'État d'origine a refusé à ce dernier le droit de se faire défendre sans comparaître personnellement.

Juges: Rodríguez Iglesias, Moitinho de Almeida, Edward, Sevón, Schintgen, Kapteyn, Gulmann, Puissochet, Hirsch, Jann, Ragnemalm.

Ainsi prononcé en audience publique à Luxembourg, le 28 mars 2000.

Le greffier, R. Grass.

Le président, G. C. Rodríguez Iglesias

Résumé en allemand

Wichtig ist hier das EuGH Urteil Krombach/Bamberski. Es erging auf ein Vorabentscheidungsersuchen des BGH in bei diesem anhängigen Rechtsstreit Krombach gegen Bamberski. Der Deutsche Krombach wurde wegen vorsätzlicher Körperverletzung eines französischen Mädchens mit Todesfolge in Frankreich verurteilt. Im zivilrechtlichen Adhäsionsverfahren (partie civile) in Frankreich, eingereicht vom Vater des Mädchens, erschien Krombach nicht bei der mündlichen Verhandlung, und seinem Verteidiger wurde der Auftritt verwehrt. Der BGH fragte den EuGH, ob in Bezug auf das französische Urteil die deutsche Vollstreckungsklausel in Anwendung der ordre public Klausel des Brüsseler Vollstreckungsübereinkommens (1968) wegen der mangelnden Verteidigung verweigert werden dürfe. Der EuGH rekurierte bei der Auslegung des Brüsseler Vollstreckungsübereinkommens auf das ungeschriebene Unionsgrundrecht auf einen fairen Prozess und wandte dabei auch Art. 6 EMRK an. Aus der Rechtsprechung des EGMR folgte, dass ein Mitgliedstaat es als eine offensichtliche Grundrechtsverletzung ansehen dürfe, wenn dem Verteidiger eines in der Hauptverhandlung nicht anwesenden Angeklagten verwehrt wird, für diesen aufzutreten. Somit dürfe die Vollstreckbarkeit des Urteils verweigert werden[83].

Mit seiner Eingrenzung der Berechtigung nationaler Gerichte, sich bei der Anerkennung und Vollstreckung ausländischer Urteile auf den nationalen ordre public zu berufen, wirft die Krombach Entscheidung des EuGH zugleich ein kritisches Licht auf die Rechtsprechung der nationalen Gerichte. So hatte der deutsche Bundesgerichtshof die Vollstreckung eines italienischen Urteils im Hinblick auf den deutschen ordre public abgelehnt, das einen beamteten deutschen Lehrer zu Schadenersatz wegen des Todes eines Schülers bei einer Gebirgswanderung verurteilt hatte[84]. Der zweite Leitsatz der Entscheidung lautet: „es verstösst gegen die deutsche öffentlichen Ordnung, wenn ein in der gesetzlichen Unfallversicherung Versicherter (oder seine Hinterbliebenen) wegen eines im Ausland erlittenen Unfalls, für den Versicherungsschutz besteht, im Ausland ein Urteil auf Ersatz von Personenschäden gegen eine Person erwirkt, die gemäss § 636, 637 RVO von der Haftung freigestellt ist". Das Gericht sah in dem Haftungsausschluss „ein wesentliches Element des Gesamtsystems der gesetzlichen Unfallversicherung". Die Auseinandersetzung mit dem Gegengewicht der europäischen Integration beschränkt sich im wesentlichen auf die Überlegung, „dass die Grundprinzipien des Rechts der Europäischen Gemeinschaft gewahrt bleiben: nämlich das Funktionieren des Gemeinsamen Marktes und das Diskriminierungsverbot". Nach dem Krombach Urteil dürfte hier mehr verlangt sein als dieser vage Hinweis. Man mag schon daran zweifeln, ob die Ersetzung der Haftung durch Versicherungsschutz zu den wesentlichen Grundsätzen des deutschen Rechts gehört, eine „Berechtigung" zur Ablehnung der Vollstreckung eines ausländischen Urteils liegt nur aber dann vor, wenn sie zugleich durch wesentliche europäische Grundsätze geboten ist. Das Krombach Urteil des EuGH eröffnet weite Perspektiven. Es wirft zunächst ein Licht auf die Schwächen des geltenden EuGVÜ. Was die Konkretisierung des ordre public angeht, so greift der EuGH auf die EMRK zurück. Sie stellen allgemeine Rechtsgrundsätze des Gemeinschaftsrechts im Bereich der Grundrechte dar. Der EuGH leitet daraus die Berechtigung der nationalen Gerichte ab, die Anerkennung und Vollstreckung eines ausländischen Urteils zu verweigern, wenn die Menschenrechte hiedurch verletzt werden. Die Frage stellt sich aber, ob eine solche Berechtigung dem Rang der Menschenrechte entspricht, ob nicht vielmehr eine Verpflichtung sowohl des EuGH wie der nationalen Gerichte anzunehmen ist, die Menschenrechte bei ihren Entscheidungen zu

83 Dazu, *Erik Jayme*, Nationaler ordre public und europäische Integration – Betrachtungen zum Krombach-Urteil des EuGH. Ludwig Bolzmann Institut für Europarecht, Heft 6, Wien, 2000.

84 BGH, 16. September 1993, BGHZ 123, 268.

beachten. Hier öffnet sich ein weites Feld. Es geht dabei auch um die Harmonisierung des Menschenrechtsschutzes in Europa. Das Urteil führt zu einem Gleichklang zwischen den Gerichtshöfen in Strassburg und in Luxemburg. Der EuGH stützt seine Entscheidung auf die Rechtsprechung des EGMR. Übrig bleibt die Frage, wie die Verfahren zu koordinieren sind, um mehrfache Entscheidungen in der gleichen Sache zu vermeiden. Schliesslich steht das Krombach Urteil auch für eine Internationalisierung des ordre public[85]. Die nationalen Grundsätze erhalten ihren Inhalt gerade auch durch die Rezeption übernationaler Wertsysteme, was zu einer Konsolidierung des Staatsrechts in Europa führen kann.

4.2.5. Text und Resümee. Rechtsprechung EGMR Krombach / Frankreich 13.02.2001

Keine anwaltliche Verteidigung bei Abwesenheit des Angeklagten (Art. 6 (1); 6 (3) (c); 2 7.ZP EMRK)

Sachverhalt

Die 1967 geborene eheliche Tochter von André Bamberski – Kalinka Bamberski – lebte eine Zeit lang beim Kläger (K), einem Arzt, in der BRD. Dieser gab ihr dort am 9.7.1982 eine Kobalt-Ferrcelit-Injektion. Das Mädchen, eine französische Staatsangehörige, starb tags darauf. Herr Krombach behauptet, die Spritze sei medizinisch geboten und der Tod nicht vorhersehbar gewesen. Gegen ihn wurde in der BRD ein langjähriges **Ermittlungsverfahren** wegen des Verdachts einer Tötungshandlung **geführt**, aber schliesslich mangels Beweise **eingestellt**. Auf eine **Strafanzeige** von Herrn Bamberski hin wurde gegen Herrn Krombach vor dem **Schwurgericht** Paris eine **Anklage** wegen vorsätzlicher Tötung **erhoben**. Mit der Anklage wurde Herrn Krombach am 5.6.1993 in der BRD die damit zugleich erhobene Zivilklage von Herrn Bamberski zugestellt. Das französische Gericht ordnete das **persönliche Erscheinen** von Herrn Krombach an und erliess gegen ihn einen Haftbefehl zur Erzwingung seiner Anwesenheit in der **Hauptverhandlung**. Zu dieser kam Herr Krombach nicht selbst nach Paris: für ihn erschienen aber ein französischer und ein deutscher Rechtsanwalt. Das Schwurgericht Paris untersagte ihnen, in Abwesenheit des Angeklagten für diesen aufzutreten, und erklärte die von ihnen vorgelegten **Verteidigungsschriften** für unzulässig. Herr Krombach wurde in Abwesenheit wegen vorsätzlicher gewaltsamer Nö-

85 *Erik Jaymes*, Nationaler ordre public und europäische Integration – Betrachtungen zum Krombach Urteil des EuGH Vortrag an der Universität Wien, 15. Juni 2000.

tigung, die – ohne dass dies seiner Absicht entsprochen hätte – den Tod von Kalinka Bamberski herbeigeführt habe, zu einer Freiheitsstrafe von 15 Jahren verurteilt. Herr Krombach wurde ausserdem dazu verurteilt, an Herrn Bamberski FRF 350.000,-- zu zahlen. Auf Antrag von Herrn Bamberski hat der Vorsitzende einer Zivilkammer des zuständigen Landesgerichts Kempten (Allgäu) angeordnet, das Urteil des Schwurgerichts Paris mit der **Vollstreckungsklausel** zu versehen. Die dagegen **gerichtete Beschwerde** hat das Oberlandesgericht **zurückgewiesen**. Der daraufhin von Herrn Krombach angerufene Bundesgerichtshof legte mit Beschluss vom 4.12.1997 dem EuGH einige Fragen über die Auslegung der Ordre-Public-Klausel des Art. 27 Nr. 1 EuGVÜ zur Vorabentscheidung vor. Nach dem Urteil des EuGH vom 28.3.2000 setzte der BGH das Verfahren fort und erklärte am 29.6.2000 das Urteil des Pariser Schwurgerichts endgültig für nicht vollstreckbar. Die Vollstreckbarkeitserklärung würde die deutsche **öffentliche Ordnung** verletzen: Art. 103 (1) GG schreibt vor, dass vor einem deutschen Gericht jedermann **Anspruch auf rechtliches Gehör** hat. Regelmässig ist auch jeder befugt, dieses Recht durch einen Rechtsanwalt auszuüben. Insbesondere im Strafverfahren darf der Angeklagte sich durch einen Verteidiger seines Vertrauens vertreten lassen. Soweit der Rechtsanwalt das Recht auf Gehör für seine Partei ausübt, ist er es, den das Gericht auf jeden Fall durchgängig am Verfahren zu beteiligen hat; wird dieses nicht beachtet, ist grundsätzlich Art. 103 (1) GG verletzt.

Mittlerweile war Herr Krombach jedoch am 7.1.2000 bei einem Aufenthalt in Österreich festgenommen worden. Der Richter am Landesgericht Feldkirch lehnte seine Freilassung gegen Kaution ab, das daraufhin angerufene Oberlandesgericht Innsbruck ordnete jedoch am 2.2.2000 seine Freilassung an.

Rechtsausführungen

Die von Herrn Krombach behauptete Verletzung von Art. 6 (1) EMRK iVm. Art. 6 (3) (c) EMRK (Recht, sich selbst zu verteidigen oder den **Beistand eines Verteidiger** eigener Wahl zu erhalten) und Art. 2 7.ZP EMRK (**Recht auf ein Rechtsmittel** in Strafsachen) betreffen seine Verurteilung durch das Schwurgericht Paris.

Zur behaupteten Verletzung von Art. 6 (1) EMRK iVm. Art. 6 (3) (c) EMRK: Im französischen Recht besteht gemäss Art. 630 Code de Procédure Pénale (StPO) ein absolutes Verbot einer anwaltlichen Verteidigung bei Abwesenheit des Angeklagten. Diese Sanktion steht nach Ansicht des Gerichtshofs in keinem Verhältnis zum Fehlverhalten eines nicht erschienenen Angeklagten. Obwohl das Recht eines Angeklagten auf eine wirksame Verteidigung kein absolutes ist, gehört es zu den fundamentalen Elementen eines **fairen Verfahrens**. Ein Angeklagter verliert dieses Recht nicht durch seine Abwesenheit. Die Gesetzgebung muss zwar in der Lage sein, ungerechtfertigte Abwesenheiten zu sanktionieren, sie kann jedoch nicht das Recht eines abwesenden Angeklagten auf einen Rechtsbeistand verweigern. Verletzung von Art. 6 (1) EMRK iVm. Art. 6 (3) (c) EMRK.

Zur behaupteten Verletzung von Art. 2 7.ZP EMRK: Gemäss Art. 636 Code de Procédure Pénale (StPO) kann ein in Abwesenheit Verurteilter keine Beschwerde bei dem **Kassationsgerichtshof** erheben. Dem Verurteilten war es daher nicht möglich, das Urteil des Schwurgerichts zu bekämpfen. Dadurch wurde ihm das Recht genommen, seine Verurteilung von einem höheren Gericht überprüfen zu lassen. Verletzung von Art. 2 7.ZP EMRK.

4.3. Glossar und Übungen

Fragen über die Auslegung und Gültigkeit des EU Recht	questions sur l'interprétation et la validité du droit de l'UE
das Zwischenverfahren	la procédure intermédiaire
die Normenkontrolle	le contrôle des normes
Hinweise für Richter und Anwälte veröffentlichen	publier des indications pour juges et avocats
die Vereinbarkeit	la compatibilité
die Stellungnahmen	les avis
die Empfehlungen	les recommandations
das nationale Gericht	la juridiction nationale
entscheidungserheblich	nécessaire pour statuer
die Prüfung der Gerichtsqualität	l'examen de la qualité juridictionnelle
die ständige Einrichtung	l'institution permanente
die sachliche Unabhängigkeit	l'indépendance matérielle
das kontradiktorische Verfahren	la procédure contradictoire
die Dienstaufsicht	la surveillance hiérarchique
die Unparteilichkeit	l'impartialité
die Schiedsgerichte	les juridictions arbitraires
die Vollstreckbarkeitserklärung	l'exequatur
die Vollziehung eines Verwaltungsaktes	l'exécution d'un acte administratif
die Vorlagepflicht	l'obligation de renvoi
bindend	qui lie
die Gültigkeitsprüfung	l'analyse de la validité

gemeinschaftswidrig und daher ungültig	contraire à la communauté et de ce fait non valable
das Auslegungsurteil	la décision d'interprétation
das Ermittlungsverfahren führen und einstellen	mener la procédure d'instruction et l'arrêter
die Strafanzeige	la plainte pénale
die Klage vor dem Schwurgericht erheben	porter plainte, engager une procédure devant la Cour d'Assises
das persönliche Erscheinen	la présence personnelle
die Hauptverhandlung	l'audience principale
die Verteidigungsschriften vorlegen	déposer les conclusions en défense
mit der Vollstreckungsklausel versehen	apposer la mention d'exequatur
eine Beschwerde an jdn. richten	adresser un recours à qqn.
eine Beschwerde zurückweisen	écarter un recours
der Anspruch auf rechtliches Gehör	le droit à être entendu
der Beistand eines Verteidigers	l'assistance du défenseur
das Recht auf ein Rechtsmittel	le droit à un recours
das faire Verfahren	la procédure loyale
der Kassationsgerichtshof	la Cour de Cassation

1.) ÜS -> F: Resümee auf D 1. Sachverhalt und 2. Rechtsausführung

2.) DEF/D: „Vorentscheidung", „Vorlage", „Vorabentscheidung": Definition, Funktion , Beschreibung und Erläuterung.

3.) ANT / D: Wie sollen Fragen an den EuGH gestellt werden? Was ist die Aufgabe des Zwischenverfahrens?

4.4. Das Vertragsverletzungsverfahren (Art. 226, 227 EGV)

4.4.1. Voraussetzungen

In Form einer **Feststellungsklage** zielt das Vertragsverletzungsverfahren auf die **Sanktionen von Verstössen** einzelner Mitgliedstaaten gegen **Verpflichtungen** aus dem EGV ab. Im Regelfall tritt als Klägerin die Kommission in Ausübung ihrer Aufgabe als **„Hüterin der Verträge"** gem. Art. 211, 1 EGV auf.

4.4.2. Fallstudie: „Kein Weg für Mehrweg“ (nach EuGHE 1988, 4607)

Zur **Zulässigkeit** und **Begründetheit** im Vertragsverletzungsverfahren gem. Art. 226 ff. Das Königreich Dänemark hat 1992 durch Gesetz eine Pfandflaschenregelung erlassen, nach der in Dänemark Bier und Erfrischungsgetränke nur noch in Mehrwegflaschen verkauft werden dürfen. Die auf dem dänischen Markt verwendeten Flaschen müssen zudem durch das **nationale Umweltamt** genehmigt werden. Die **Genehmigung** hängt insbesondere vom Nachweis eines funktionierenden Rücknahmesystems ab. Ziel dieser Regelung ist der **Schutz der Umwelt vor Belastungen durch weggeworfene Einwegverpackungen. Die Genehmigungspflicht** wird damit gerechtfertigt, dass eine unüberschaubare Vielzahl von Flaschentypen die Effizienz des Mehrwegsystems beeinträchtige, weil bestimmte Flaschen nur von bestimmten Unternehmen zurückgenommen werden und damit der Anreiz des Verbrauchers zur Rückgabe geschmälert werde. Auf die Beschwerde zahlreicher Getränkeunternehmen hin, richtet die Kommission Anfang 1993 ein Mahnschreiben an das Königreich Dänemark, in dem dieses wegen einer Verletzung des Art. 28 EGV innerhalb von zwei Monaten zur Aufhebung des Gesetzes aufgefordert wird. Das Königreich weist dieses Begehren zurück. Es verweist auf die Umweltschutzziele der Regelung. Zudem könne sich die Kommission nicht zum Büttel der unternehmerischen Interessen machen, sondern habe objektiv das Vorliegen einer Vertragsverletzung zu untersuchen. Dennoch wird in der Folgezeit vom dänischen Gesetzgeber die **Genehmigungsregelung** aufgehoben, die grundsätzliche Pfandflaschenpflicht jedoch beibehalten.

Die Kommission legt im Juni 1993 in einer ausführlich begründeten Stellungnahme dar, dass die Pfandflaschenregelung gegen Art. 28 EGV verstosse. Der Handel zwischen den Mitgliedstaaten werde beeinträchtigt, da ausländische Unternehmen grössere Schwierigkeiten hätten, in Dänemark ein Rücknahmesystem einzuführen, zumindest hätten sie erheblich grössere Transportaufwendungen beim Rücktransport des Leerguts in das eigene Unternehmen. Die Stellungnahme geht auch noch einmal auf die Genehmigungspflicht für einzelne Flaschen ein, obwohl diese Regelung bereits aufgehoben ist.

Nachdem Dänemark innerhalb der von der Kommission gesetzten Frist von vier Monaten die Pfandflaschenregelung nicht aufgehoben hat, erhebt die Kommission im Februar 1994 Klage beim EuGH wegen der Pfandflaschen- und Genehmigungspflicht für einzelne Flaschen. In der Klagebegründung wirft die Kommission dem Königreich über das bisherige Vorbringen hinaus vor, die Richtlinie 85/339 über die Förderung einer getrennten Sammlung von Einwegverpackungen nicht fristgerecht umgesetzt zu haben. Dänemark meint, hinsichtlich der Genehmigungspflicht sei die Klage unzulässig, da diese Regelung bereits aufgehoben ist. Die Pfandflaschenregelung als solche sei aus Umweltschutzgründen zulässig, die Klage insofern daher unbegründet. Die nicht fristgerechte Umsetzung der Richtlinie schliesslich werde in der Klagebegründung erstmals vorgebracht und könne deshalb in diesem Verfahren nicht berücksichtigt werden. Wie wird der EuGH entscheiden?

4.4.3. Falllösung

A. Zulässigkeit der Klage

Der Rechtsweg zum Gerichtshof ist gem. Art. 226 EGV berechtigt. Der Gerichtshof entscheidet gem. Art. 226 EGV darüber, ob ein Mitgliedstaat gegen eine Verpflichtung aus dem EGV verstossen hat. Hier wird eine Verletzung der Art. 28, 30 EGV gerügt, sodass das Vertragsverletzungsverfahren gem. Art. 226 EGV statthaft ist. Gem. Art. 226 EGV sind als Kläger die Kommission und als Beklagter der betroffene Mitgliedstaat **parteifähig**. Gem. Art. 227 EGV kann auch ein Mitgliedstaat vor dem Gerichtshof klagen, um die Vertragsverletzung eines anderen Mitgliedstaats zu rügen. Das Verfahren entspricht dem des Art. 226 EGV, d.h. der Staat muss die Kommission anrufen, die die weiteren Schritte einleitet. Bleibt das **Vorverfahren** erfolglos, ist auch der Mitgliedstaat selbst zur Klageerhebung befugt, da es sich um ein objektives Verfahren zur Durchsetzung des Gemeinschaftsrechts handelt, das **keine individuelle Betroffenheit voraussetzt**. In diesem Fall richtet sich die Klage der Kommission gegen das Königreich Dänemark als Mitgliedstaat der EU. Der Klage nach Art. 226 EGV muss ein Vorverfahren vorausgehen, das lediglich in den im EGV geregelten Ausnahmefällen gem. Art. 88 Abs. 2, 95 Abs. 9, 298 EGV entbehrlich sein kann. Das Vorverfahren ist unverzichtbare Klagevoraussetzung gem. Art. 226 EGV (dazu EuGHE 1984, 2793, 2804; Ahlt S.55).

Das Vorverfahren gliedert sich in zwei Abschnitte: Erhält die Kommission Kenntnis von einer Vertragsverletzung, so lässt sie dem Mitgliedstaat ein erstes **Mahnschreiben zukommen**. Hierdurch soll in erster Linie **der Anspruch** des Mitgliedstaats **auf rechtliches Gehör gewahrt werden**. Das Schreiben muss den Gegenstand des Rechtsstreits eingrenzen und die notwendigen Angaben zur Vorbereitung einer Verteidigung enthalten. Es müssen somit die Tatsachen genannt werden, die nach Ansicht der Kommission zum Vertragsverstoss führen. Die Einleitung des Vertragsverletzungsverfahrens muss angekündigt werden, und es muss eine Aufforderung zur Äusserung innerhalb einer bestimmten Frist erfolgen (dazu EuGH, 2804, Grabitz/Krapenstein, Art. 226 Rdnr. 37; Streinz, Rdnr. 506).

In diesem Fall hat die Kommission dem Königreich Dänemark ein erstes Mahnschreiben zugesandt. Zwar wird in dem Schreiben das Königreich zur Gesetzesänderung aufgefordert, inzident wird es damit aber über das unter Umständen bevorstehende Vertragsverletzungsverfahren in Kenntnis gesetzt. Das Schreiben enthält eine Frist, innerhalb der das Königreich tätig werden soll. Es kann davon ausgegangen werden, dass hinsichtlich der angeblichen Vertragsverletzung die erforderlichen Angaben gemacht worden sind. Wird der Vertragsverstoss nicht innerhalb der im Mahnschreiben gesetzten Frist abgestellt, **gibt** die Kommission eine **begründete Stellungnahme ab.** In dieser hat nochmals eine klare Darstellung der Tatsachen und Gründe, die nach Ansicht der Kommission zum Vertragsverstoss führen, zu erfolgen. Der Mitgliedstaat wird schliesslich wiederum zur Beseitigung der Verletzung innerhalb einer bestimmten Frist aufgefordet (EuGHE 1983, 467, 477 f. Schweitze/Hummer Rdnr. 469; Fischer § 8 Rdnr. 21). Die begründete Stellungnahme ist, trotz der in ihr enthaltenen detaillierten tatsächlichen und rechtlichen Ausführungen, unverbindlich und kann daher nicht gesondert angefochten werden.

In diesem Fall hat die Kommission eine begründete Stellungnahme abgegeben. Sie hat Dänemark darin aufgefordert, den Vertragsverstoss innerhalb von 4 Monaten einzustellen. Eine Mindestlänge der Frist ist nicht vorgeschrieben. In der Regel werden ein bis zwei Monate als angemessene Frist betrachtet. Im Einzelfall ist bei der **Fristbemessung zu berücksichtigen**, inwieweit der Mitgliedstaat bereits umfassend über die tatsächlichen und rechtlichen Aspekte der vermuteten Vertragsverletzung unterrichtet ist. Nach fruchtlosem Fristablauf ist die Kommission berechtigt, Klage zu erheben. Nach der Ansicht des EuGH steht die Einleitung des Vertragsverletzungsverfahrens jedoch im Ermessen der Kommission. Insbesondere bei nur geringfügigen Verstössen oder solchen von politischer Brisanz muss ihr **ein Beurteilungsspielraum** hinsichtlich der Einleitung des Verfahrens **zugebilligt werden**.

In diesem Fall hat Dänemark die gerügte Pfandflaschenregelung nicht abgeschafft, sodass die Kommission nach Ablauf der 4 Monatsfrist **zur Klageerhebung berechtigt war.**

Klagegegenstand kann lediglich das sein, was bereits in der begründeten Stellungnahme vorgebracht wurde. Eine Erweiterung der Vorwürfe in der Klage gegenüber denen in der begründeten Stellungnahme ist nicht möglich.

In diesem Fall ist der Vorwurf der nicht fristgerechten Umsetzung der Richtlinie 85/339 von der Kommission im Mahnschreiben und in der Stellungnahme nicht erhoben worden. Zwar kann in der Klage selbst der Vorwurf der Vertragsverletzung noch einmal vertiefend begründet werden. Hier wird aber ein neuer Gegenstand in das Verfahren eingeführt, der zwar, soweit die Verpackungsregelungen betroffen sind, im Zusammenhang mit der Pfandflaschenregelung steht, über den bisher erhobenen Vorwurf aber sachlich hinausgeht. Bezogen auf den

Vorwurf der nicht fristgerechten Richtlinienumsetzung ist die Klage daher unzulässig.

Hinsichtlich des **Rechtsschutzinteresses** ist im Verfahren gem. Art. 226 EGV zu differenzieren. Eines besonderen Rechtsschutzinteresses in Form einer Klagebefugnis bedarf es nicht. Das Vorliegen einer objektiv möglichen Vertragsverletzung ist ausreichend. Voraussetzung ist jedoch, dass die Kommission von dem **Vertragsverstoss** überzeugt ist. Zweifel an der Vereinbarkeit des mitgliedstaatlichen Handels mit EG genügen insoweit für ein Verfahren gem. Art. 226 EGV nicht. Hat der Mitgliedstaat die Vertragsverletzung unstreitig innerhalb der gesetzten Frist abgestellt, ist die Klage mangels allgemeinen Rechtsschutzinteresses unzulässig, da das Ziel des **Aufsichtsverfahrens** bereits erreicht ist. In diesem Fall hat Dänemark bereits auf das erste Mahnschreiben hin die gerügte Genehmigungspflicht aufgehoben. Insoweit ist die Klage der Kommission daher unzulässig. Lediglich bezüglich der grundsätzlichen Pfandflaschenregelung ist die Klage zulässig.

B. Zur Begründetheit

Die Klage ist begründet, wenn die von der Kommission **behauptete Verletzung** des Gemeinschaftsrechts tatsächlich festgestellt werden kann. Prüfungsmassstab ist hierbei nicht nur der Vertrag selbst, sondern auch das sekundäre Gemeinschaftsrecht.

Eine Vertragsverletzung ist gegeben, wenn ein Mitgliedstaat durch sein Verhalten gegen die Norm des Gemeinschaftsrechts verstösst. Ein **Verschulden** ist nicht erforderlich. Gerügt werden muss ein konkreter Akt bzw. eine konkrete Unterlassung des Mitgliedstaats. Für das Vorliegen der Verletzung ist die Kommission **beweispflichtig** und erhebt die erforderlichen Beweise selbst.

Rechtfertigungen?

Grundsätzlich kann sich der beklagte Mitgliedstaat zu seiner Rechtfertigung nicht auf folgende Umstände berufen:

- „das nationale Gesetz“ (nein, weil es wegen des Anwendungsvorrangs des Gemeinschaftsrechts nicht angewendet wird);
- „bei der Umsetzung des Gemeinschaftsrechts bestünden verfahrenstechnische Schwierigkeiten“ (nein, weil der Staat gegenüber der Gemeinschaft für jedes staatliche Fehlverhalten verantwortlich ist. Massgeblich für die Feststellung der Vertragsverletzung ist allein der Ablauf der von der Kommission gesetzten Frist);
- „auch andere Mitgliedstaaten oder die EG Organe würden den Vertrag verletzen“ (nein, weil die sich aus dem Vertrag ergebenden Verpflichtungen nicht in

einem Gegenseitigkeitsverhältnis zueinander stehen, sondern von jedem unabhängig vom Fehlverhalten eines anderen beachtet werden müssen).

Im vorliegenden Fall könnte die dänische Pfandflaschenregelung gegen Art. 28 EGV verstossen. Bier und Erfrischungsgetränke sind Waren im Sinne des Art. 23 Abs 2 EGV. Speziellere Vertragsvorschriften, Verordnungen oder Richtlinien sind nicht ersichtlich. Art. 28 EGV ist damit anwendbar. Die Pfandflaschenregelung ist eine **„staatliche Massnahme"** im Sinne des Art. 28 EGV, die **den Warenverkehr** mit Bier und Erfrischungsgetränken **regelt**. Die Regelung müsste handelsbeschränkende Wirkung haben. Hier könnte es sich um eine „Massnahme gleicher Wirkung wie eine Einfuhrbeschränkung" handeln. Durch die Verpflichtung, Mehrwegverpackungen zu verwenden, werden ausländische Hersteller dazu gezwungen, ihre Produkte in Pfandflaschen abzufüllen, wenn sie in Dänemark angeboten werden sollen. Das bedeutet, dass sie ihre Produkte, die sie im Ursprungsmitgliedstaat rechtmässig in den Verkehr gebracht haben, in Dänemark so nicht auf den Markt bringen dürfen, solange sie nicht der dänischen Pfandflaschenregelung entsprechen. Dies genügt, um einer Massnahme, auch wenn sie unterschiedslos auf in- und ausländische Hersteller anwendbar ist, handelsbeschränkende Wirkung beizumessen. Soweit es sich, wie im vorliegenden Fall, um eine unterschiedslos geltende Massnahme handelt, könnte die immanente Tatbestandsbegrenzung des Art. 30 EGV, **das Vorliegen „zwingender Erfordernisse"**, eine Verletzung des Art. 28 EGV ausschliessen. Hier beruft sich Dänemark auf Gründe des Umweltschutzes zur Rechtfertigung der Pfandflaschenregelung. Der Umweltschutz kann grundsätzlich ein „zwingendes Erfordernis" sein, durch das eine Verletzung des Art. 28 EGV ausgeschlossen wird. Die Massnahme müsste zur Erreichung des angestrebten Ziels **verhältnismässig** sein. Ziel der Mehrwegregelung ist die Vermeidung von weiteren Umweltbelastungen durch Verpackungsmüll. Unter diesem Gesichtspunkt ist das dänische Gesetz geeignet, eine Verringerung derselben herbeizuführen. Die Einführung eines obligatorischen Pfandsystems ist zudem notwendig, um den Verpackungsmüll zu verringen, da nur auf diese Weise eine weitgehend vollständige Wiederbefüllung der Getränkeverpackungen erreicht werden kann. Berücksichtigt man schliesslich das wichtige Ziel des Umweltschutzes, das gem. Art. 174 EGV mittlerweile auch als Gemeinschaftsziel in den Vertrag aufgenommen wurde, wird deutlich, dass die hier durch die Belastungen beeinträchtigen Interessen der Getränkeunternehmen im Verhältnis zu den zu erreichenden positiven Auswirkungen auf die Umweltlandschaft und Abfallmenge zurücktreten müssen, sodass die Regelung angemessen ist. Damit kann sich Dänemark zu Recht auf zwingende Erfordernisse des Umweltschutzes berufen, eine Verletzung des Art. 28 EGV scheidet aus. Die Klage der Kommission gem. Art. 226 EGV ist somit unbegründet.

Im Falle eines erfolgreichen Vertragsverletzungsverfahrens trifft der EuGH die Feststellung, dass die staatliche Massnahme Gemeinschaftsrecht verletzt. Eine Verpflichtung des Mitgliedstaats oder gar eine Verurteilung zu einer konkreten Form der Beseitigung der Verletzung kann der EuGH nicht aussprechen. Der betreffende Mitgliedstaat ist jedoch aus Art. 28 EGV Abs. 1 verpflichtet, die Massnahmen zu ergreifen, die sich aus dem Urteil ergeben. Tut er dies nicht, kann der EuGH gem. Art. 228 Abs. 2 EGV die Zahlung eines Pauschalbetrages oder Zwangsgeldes verhängen. Haben auch diese Sanktionen keine Wirkung, bleibt lediglich die Möglichkeit, ein erneutes Verfahren nach Art. 226 EGV durchzuführen. Eine gemeinschaftswidrige Einzelmassnahme eines Mitgliedstaates kann vom EuGH durch eine Anordnung gem. Art. 243 EGV vorläufig ausser Kraft gesetzt werden.

4.5. Glossar und Übungen

die Feststellungsklage	le recours en constatation
die Sanktionen von Verstössen	les sanctions de manquements
die Verpflichtungen	les obligations
die Hüterin der Verträge	la gardienne des Traités
die Genehmigung durch das nationale Umweltamt	l'autorisation de l'office national de l'environnement
parteifähig	la capacité d'agir
das Vorverfahren	la procédure précontentieuse
eine individuelle Betroffenheit voraussetzen	présupposer une portée individuelle
ein Mahnschreiben zukommen lassen	faire parvenir la mise en demeure
die Verteidigung	la défense
eine begründete Stellungnahme abgeben	déposer un avis bien fondée
die Fristbemessung berücksichtigen	tenir compte du calcul des délais
einen Beurteilungsspielraum zubilligen	accorder une marge d'appréciation
zur Klageerhebung berechtigen	autoriser à introduire un recours
der Klagegegenstand	l'objet du litige
das Rechtsschutzinteresse	l'intérêt légitime
der Vertragsverstoss	la violation du Traité
das Aufsichtsverfahren	la procédure de contrôle
die behauptete Verletzung	la prétendue violation
das Verschulden	la faute
beweispflichtig	obligé à rapporter les preuves
die Rechtfertigungen	les justifications

die staatliche Massnahme	la mesure nationale
das Vorliegen zwingender Erfordernisse	la présence de conditions obligatoires
verhältnismässig	proportionnel

1.) ÜS -> F:

- Das Vertragsverletzungsverfahren besteht in einer Feststellungsklage gegen Mitgliedstaaten durch Sanktionen von Verstössen gegen Verpflichtungen aus dem EGV.
- Ein Mahnschreiben fordert das Königreich Dänemark auf, innerhalb von zwei Monaten das Gesetz aufzuheben.
- Die Kommission erhebt Klage und begründet sie mit dem Vorwurf der nicht fristgerechten Umsetzung der Richtlinie 85/339.
- Die Kommission als Kläger und Dänemark als Angeklagter sind parteifähig.
- Staatliche Massnahmen regeln den Warenverkehr.

2.) DEF: Definition und Beschreibung des „Vorverfahrens".

3.) ANT / D:

- Wann verletzt eine staatliche Massnahme das Gemeinschaftsrecht?
- Warum war der Vorwurf der nicht fristgerechten Richtlinienumsetzung unzulässig?
- Ist eine Klagebefugnis notwendig?
- Wann ist Vertragsverletzung gegeben?
- Welche Umstände können keine Rechtfertigung für einen Mitgliedstaat sein?

5. Kapitel: Fälle und Falllösungen im vergleichenden Recht

5.1. Die Prüfung eines Gesetzes (nach österreichischem Recht)

Berührte Fachgebiete: 50 % Rechtsschutzsystem; 20 % Gemeinschaftsrecht; 20 % Grundrechte; 10 % Organisationsrecht

5.1.1. Sachverhalt, eine Fiktion

In der Annahme, der Gesetzgeber würde **die Gewerbeordnung** dahingehend **ändern**, dass blonde Menschen das Gewerbe eines Tischlers nicht mehr ausüben dürfen. Hansi, ein junger Mann mit feschem blonden Haar, der alle anderen gewerberechtlichen Voraussetzungen erfüllt, möchte nun, nach Inkrafttreten dieses absurden Gesetzes, dennoch eine Tischlerei eröffnen. Er bittet Sie, ihm die Rechtslage zu erläutern und Tipps für die weitere Vorgangsweise zu geben. Dabei trägt er eine Reihe von Argumenten an Sie heran. Hansi meint, ein solches Gesetz hätte doch gar nie in Kraft treten dürfen. Zumindest der Bundespräsident hätte seine Unterschrift verweigern müssen. Was ist von diesem Argument zu halten? Wenn **das Gesetz** jetzt schon gilt, so solle es **schleunigst beseitigt** werden. Wofür sei der Verfassungsgerichtshof denn da? Was soll Hansi unternehmen, um gegen dieses eklatante Unrecht vorzugehen? Wie kann er die Überprüfung des Gesetzes erreichen? Zu welchem inhaltlichen Ergebnis würde der Verfassungsgerichtshof kommen?

5.1.2. Falllösung

Themenbereiche

Beurkundung von österreichischen Bundesgesetzen; Aufgaben des Bundespräsidenten; Normenkontrolle durch VfGH; Individualantrag, Beschwerde; Freiheit der Erwerbsbetätigung; Eigentumsfreiheit; Gleichheitssatz; Rechtsquellen des Gemeinschaftsrechts; EG-Verordnung; Anwendungsvorrang; Vorabentscheidungs-verfahren.

Hansi meint, ein solches Gesetz hätte doch gar nie in Kraft treten dürfen. Zumindest der Bundespräsident hätte seine Unterschrift verweigern müssen. Was ist von diesem Argument zu halten?

Der österreichische Bundespräsident hat das **verfassungsmässige Zustandekommen** von Bundesgesetzen durch seine Unterschrift zu **beurkunden** (in Österreich gemäss Art. 47 Abs. 1 BVG). Ob der Bundespräsident seine Unterschrift im konkreten Fall verweigern dürfte, hängt davon ab, ob man ihm nur ein rein **formelles** oder **ein materielles Prüfungsrecht zugesteht.** Verfassungsmässiges Zustandekommen kann sich einerseits auf das Verfahren beziehen (z.B. ist überhaupt abgestimmt worden, gab es die erforderliche Mehrheit, wurde der Nationalrat befasst?). Andererseits könnten darunter auch inhaltliche Überlegungen subsumiert werden (z.B. entspricht das Gesetz inhaltlich der Verfassung, werden Grundrechte verletzt?).

Die heutige Lehre geht von einem rein formalen Prüfungsrecht aus. Der Bundespräsident hat bloss zu bestätigen, dass das Verfahren der Gesetzeswerdung verfassungsgemäss verlaufen ist. Inhaltliche Verfassungswidrigkeiten berechtigen ihn hingegen nicht, die Beurkundung zu verweigern. Die ältere Lehre (*Öhlinger*[86]) und einzelne Autoren auch später (vor allem *Koja*[87]) plädieren hingegen für ein weitergehendes Prüfungsrecht des Bundespräsidenten, das sich auch auf inhaltliche Fragen bezieht. Manche sehen ein inhaltliches Prüfungsrecht als gegeben, wenn die Klärung einer inhaltlichen Frage dafür entscheidend ist, welches Verfahren im Gesetzgebungsprozess anzuwenden sei, so z.B. ob ein einfaches Gesetz verfassungsändernden Charakter habe oder ein Verfassungsgesetz eine Gesamtänderung der Bundesverfassung darstelle und daher eine **Volksabstimmung** notwendig sei. In diesen Fällen hätte der Bundespräsident bei evidenter Verfassungswidrigkeit die Unterschrift zu verweigern. In der Praxis kam eine Verweigerung der Unterschrift noch nie vor, gelegentlich allerdings eine Verzögerung.

Im konkreten Fall handelt es sich um eine **offenkundige inhaltliche Verfassungswidrigkeit**, die **Verletzung von Grundrechten**, allenfalls sogar um eine Baugesetzwidrigkeit des Gesetzes. Bei einer Gesamtänderung der österreichischen Bundesverfassung ist nach Art. 44 Abs. 3 BVG eine Volksabstimmung durchzuführen. Im konkreten Fall könnte es sich insofern um eine Gesamtände-

---

86 Vgl. *Öhlinger*, Verfassungsrecht, 5.A., Wien, 2003

87 Vgl. *Koja*, Die Stellung des Bundespräsidenten in der Verfassung. Seine politische Funktion, in: Weisensteiner (Hg), Die österreichischen Bundespräsidenten, Leben und Werk (1982)

rung handeln, als eines der wichtigsten Grundrechte, wenn nicht das wichtigste Grundrecht – der Gleichheitssatz – ganz offenkundig und in vollkommen willkürlicher Weise ausser Kraft gesetzt würde. Nach der älteren Lehre hätte der Bundespräsident daher die Unterschrift verweigern müssen, weil er ein inhaltliches Prüfungsrecht hat.

Wenn das Gesetz jetzt schon gilt, so solle es schleunigst beseitigt werden. Wofür sei der VfGH denn da? Er solle endlich tätig werden. Der VfGH ist freilich für die Überprüfung der **Verfassungskonformität von Gesetzen zuständig**. Er erkennt darüber auf **Antrag gewisser Institutionen** (z.B. Gerichte, Bundesregierung, Landesregierung, Abgeordnete – jeweils nur unter bestimmten Bedingungen) oder **einzelner Personen** (z.B. Individualantrag – auch nur unter gewissen Bedingungen, insbesondere wenn die Person unmittelbar in ihren Rechten verletzt ist). Weiter kann er Gesetze von Amts wegen überprüfen, allerdings nur, wenn er ein solches Gesetz in einer anhängigen Rechtssache anzuwenden hätte, mit anderen Worten: wenn dieses Gesetz für eine Entscheidung des VfGH **präjudiziell** ist.

Im vorliegenden Fall gibt es bisher kein Verfahren vor dem VfGH. Dieser kann daher keinesfalls **von Amts wegen** das Gesetz überprüfen, auch wenn die Verfassungswidrigkeit des Gesetzes noch so offensichtlich ist.

Was sollte Hansi unternehmen, um gegen dieses eklatante Unrecht vorzugehen? Wie kann er die Überprüfung des Gesetzes erreichen? Hansi müsste zuerst einen (Gewerbe-) Schein als Tischler beantragen. Das Gewerberecht wird in der **Bundesverwaltung** vollzogen. In der Regel ist in **erster Instanz** die **Bezirksverwaltungsbehörde**, in zweiter Instanz der **Landeshauptmann** zuständig. Der Antrag ist daher beim Bürgermeister einzubringen. Aufgrund der Gesetzeslage wird Hansi daraufhin einen **ablehnenden Bescheid erhalten. Gegen** diesen Bescheid hat er **Berufung** beim Landeshauptmann zu erheben. Gegen den negativen Berufungsbescheid des Landeshauptmanns ist **kein ordentliches Rechtsmittel** mehr zulässig. Gegen den letztinstanzlichen Bescheid kann Hansi innerhalb von sechs Wochen **Bescheidebeschwerde** nach österreichischem Art. 144 BVG erheben. Er hat darin zu behaupten, dass er durch den Bescheid wegen Anwendung eines verfassungswidrigen Gesetzes in seinen Rechten verletzt wurde.

Zu welchem inhaltlichen Ergebnis würde der VfGH kommen? Der VfGH hätte zu überprüfen, ob diese fiktive Bestimmung, dass Blonde nicht das Gewerbe des Tischlers ausüben dürfen, verfassungswidrig ist. Im konktreten Fall liegt der Verdacht nahe, dass diese Bestimmung gegen verfassungsgesetzlich gewährleistete Rechte – Grundrechte – verstösst. In erster Linie scheinen hier das Grundrecht der Freiheit der Erwerbsbetätigung, das Grundrecht auf Eigentumsfreiheit sowie der Gleichheitsgrundsatz berührt. Die mögliche Verletzung dieser Grundrechte ist daher einzeln zu prüfen.

Freiheit der Erwerbsbetätigung

Das Grundrecht auf Freiheit der Erwerbsbetätigung schützt den freien Antritt und die **freie Ausübung eines Berufes** vor **staatlichen Beschränkungen**, die wiederum nur unter gewissen Bedingungen zulässig sind. Das Grundrecht ist ein Staatsbürgerrecht, das daher nur Österreichern zugänglich ist, schützt jedoch die Erwerbsfreiheit sowohl natürlicher als auch juristischer Personen. Durch den Anwendungsvorrang des Gemeinschaftsrechts könnte sich das Grundrecht allerdings auch auf EU Bürger erstrecken. Das Grundrecht der Erwerbsfreiheit steht unter einem formellen Gesetzesvorbehalt. Nach der älteren Judikatur eröffnete dies dem Gesetzgeber einen weiten Spielraum, das Grundrecht einzuschränken. Die neue Judikatur der **Verhältnismässigkeitsprüfung** (seit 1984) schränkte diesen Spielraum jedoch erheblich ein. Zur Prüfung, ob eine Einschränkung des Grundrechts zulässig ist, entwickelte der VfGH eine „Formel", nach der eine **Grundrechtsbeschränkung** nur zulässig ist, wenn sie durch Gesetz erfolgt, durch ein **öffentliches Interesse** geboten, zur Zielerreichung **geeignet**, adäquat (dh angemessen, verhältnismässig) und auch sonst sachlich zu rechtfertigen ist.

Im konkreten Fall zeigt sich schnell die Verfassungswidrigkeit einer solchen Bestimmung. Zuerst ist festzustellen, dass diese Norm in den Schutzbereich des Grundrechts eingreifen würde. Sie verwehrt den Zugang zu einem Beruf, damit ist der Kern des Grundrechts berührt. Der Eingriff würde auch durch ein Gesetz erfolgen.

Es fehlt jedoch schon jegliches legitimes öffentliches Interesse für eine solche Bestimmung. Auch wäre diese Bestimmung in keinem Fall verhältnismässig, da sie massiv in die Rechtssphäre der Betroffenen eingreift.

Eigentumsfreiheit

Das Grundrecht auf Unverletzlichkeit des Eigentums (Art. 1.1 ZPEMRK) schützt **alle vermögenswerten Privatrechte** und auch zum Teil vermögensrechtliche Ansprüche öffentlich-rechtlicher Natur. Nach der neuen Judikatur und der heutigen Lehre schützt die Eigentumsfreiheit auch die **Privatautonomie** und damit das Recht, privatrechtliche Verträge abzuschliessen. Auch das Grundrecht auf Eigentumsfreiheit steht unter einem formellen Gesetzesvorbehalt. Eigentumsbeschränkungen sind nach der neueren Judikatur des VfGH nur zulässig, wenn sie durch Gesetz erfolgen, einem öffentlichen Interesse dienen und in Bezug auf dieses öffentliche Interesse verhältnismässig sind.

Im konkreten Fall würde eine Bestimmung der Gewerbeordnung, dass Blonde das Gewerbe eines Tischlers nicht ausüben dürfen, die Privatautonomie beschränken und damit das Recht, private Verträge abzuschliessen. Damit ist der

Schutzbereich des Grundrechts berührt. Diese Einschränkung erfolgt auch durch ein Gesetz. Wie schon beim Grundrecht auf Erwerbsfreiheit gibt es aber auch hier keinen Anhaltspunkt für ein öffentliches Interesse, in dem diese Regelung liegen würde, und überdies wäre diese auch keinesfalls verhältnismässig. Eine solche Regelung würde daher auch das Grundrecht auf Eigentumsfreiheit verletzen.

Gleichheitssatz

Der Gleichheitssatz (Art. 7 BVG oder Art. 3 GG) bedeutete seinem Wortlaut nach ursprünglich nur eine **Gleichbehandlung „vor" dem Gesetz**. Judikatur und Lehre haben ihn aber zurecht derart weiterentwickelt, dass das Gleichheitsgebot auch „im" Gesetz zu gelten hat. Die neuere Judikatur hat den Gleichheitssatz sehr exzessiv ausgelegt und ihn zum wohl wichtigsten Grundrecht gemacht, das oft auch subsidiär herangezogen wird. Insbesondere entwickelte sie eine immer engere Bindung des **Gesetzgebers**, dessen politischen Gestaltungsspielraum sie damit deutlich einschränkte.

Im konkreten Fall würde der Gesetzgeber eine rechtliche Differenzierung schaffen. Allen Nichtblonden würde das Gewerbe des Tischlers offen stehen, während Blonden der Zugang zu diesem Gewerbe verwehrt wäre. Eine solche Differenzierung ist unzulässig, weil es dafür keine Rechtfertigung gibt. Die Differenzierung müsste daher ein **legitimes Ziel** haben und in ihrer Ausformung auch verhältnismässig sein. Es gibt aber keinerlei Ansatzpunkte. Es lässt sich kein legitimes Argument dafür nennen, weshalb Blonden das Gewerbe des Tischlers verwehrt werden sollte, und darüber hinaus ist dieses absolute Berufsantrittsverbot auch auf alle Fälle unverhältnismässig. Daher würde eine solche Regelung auch gegen das Grundrecht auf Gleichheit verstossen.

Der VfGH hätte diese Bestimmung daher als verfassungswidrig aufzuheben.

5.2. Glossar und Übungen

die Gewerbeordnung ändern	modifier la réglementation sur les professions artisanales
das Gesetz schleunigst beseitigen	annuler la loi de la manière la plus accélérée
das verfassungsmässige Zustandekommen beurkunden	authentifier l'existence constitutionnelle
ein formelles oder materielles Prüfungsrecht zugestehen	accorder un droit de contrôle formel ou matériel

die Volksabstimmung	le référendum
die Verletzung von Grundrechten	la violation des droits fondamentaux
eine offenkundige inhaltliche Verfassungswidrigkeit	une anticonstitutionnalié évidente dans son contenu
für die Verfassungskonformität von Gesetzen zuständig sein	être compétent pour le contrôle de constitutionnalité des lois
der Antrag gewisser Institutionen	le recours de certaines institutions
der Antrag einzelner Personen	le recours individuel
präjudiziell	préjudiciel
von Amts wegen	par voie administrative
die Bundesverwaltung	l'administration fédérale
der Landeshauptmann	l'exécutif du Land (le président)
der ablehnende Bescheid	la décision de refus
die Berufung erheben	interjeter appel
ein ordentliches Rechtsmittel	un recours ordinaire
die Bescheidebeschwerde	le recours contentieux
die freie Ausübung eines Berufes	le libre exercice d'un métier
die staatlichen Beschränkungen	les limites étatiques
die Verhältnismässigkeitsprüfung	le contrôle de proportionnalité
eine Grundrechtsbeschränkung	une limite des droits fondamentaux
das öffentliche Interesse	l'intérêt public
geeignet	adapté
die vermögenswerten Privatrechte	les droits privés patrimoniaux
die Privatautonomie	l'autonomie privée
die Gleichbehandlung vor dem Gesetz	l'égalité de traitement devant la loi
der Gesetzgeber	le législateur
das legitime Ziel	le but légitime

1.) ÜS -> F:

Beurkundung von österreichischen Bundesgesetzen
Aufgaben des Bundespräsidenten
Normenkontrolle durch VfGH
Individualantrag
Beschwerde
Freiheit der Erwerbsbetätigung
Eigentumsfreiheit
Gleichheitssatz
Rechtsquellen des Gemeinschaftsrechts
EG-Verordnung

Anwendungsvorrang
Vorabentscheidungsverfahren

2.) ANT/D:

Was sind Hansis Möglichkeiten und Aussichten auf einen Gewerbeschein? Wie lassen sich die Freiheit der Erwerbstätigkeit und des Eigentums definieren und erläutern?

5.3. Die Prüfung einer Verordnung (nach deutschem und französischem Recht)

5.3.1. Sachverhalt, eine Fiktion

Berührte Fachgebiete

50 % Rechtsschutzsystem; 20 % Gemeinschaftsrecht; 20 % Grundrechte; 10 % Organisationsrecht

Sachverhalt

Stellen Sie sich vor, Sie sind Avocat Stagiaire oder Referendar in einer Verwaltung (Préfecture oder Regierungspräsidium). Eines Tages kommt Julien, ein vierzigjähriger Mann mit grünen Augen, zu Ihnen und möchte das Gewerbe eines Versicherungsagenten anmelden. Bei der sorgfältigen Vorbereitung Ihrer Erledigung stossen Sie plötzlich auf eine – natürlich fiktive – EG Verordnung, in der festgelegt ist, dass als Versicherungsagenten nur Personen mit grauen und braunen Augen in Frage kommen.

Was ist die **Verordung** des Gemeinschaftsrechts? Welche **Rechtswirkungen** erzeugt sie? Wie unterscheidet sie sich von anderen **gemeinschaftsrechtlichen Rechtsquellen**? Wer wäre für die Überprüfung dieser absurden Verordnung zuständig? Können Sie diese Überprüfung als Avocat stagiaire oder Referendar bei der Verwaltung veranlassen? Wie hätten Sie den Antrag des Julien zu erledigen? Welche Rechtsschutzmöglichkeiten hätte Julien?

5.3.2. Falllösung

Berührte Fachgebiete: 50 % Rechtsschutzsystem; 20 % Gemeinschaftsrecht; 20 % Grundrechte; 10 % Organisationsrecht

A. Was ist eine Verordung des Gemeinschaftsrechts? Welche Rechtswirkungen erzeugt sie? Wie unterscheidet sie sich von anderen gemeinschaftsrechtlichen Rechtsquellen? Verodnungen zählen neben **Richtlinien** zu den wichtigsten Rechtsquellen des **sekundären Gemeinschaftsrechts**. Dieses wird im Gegensatz zum primären Gemeinschaftsrecht von den Organen der Europäischen Gemeinschaften erlassen. Verordnungen haben **allgemeine Geltung**, sind **in allen ihren Teilen verbindlich** und **gelten unmittelbar** in jedem Mitgliedstaat. Verordnungen können **Anwendungsvorrang** geniessen. Das bedeutet, dass nationales Recht, das mit einer Verordnung im Widerspruch steht, nicht angewendet werden darf. Verodnungen unterscheiden sich entscheidend von Richtlinien, die nur hinsichtlich ihrer Ziele verbindlich sind, jedoch Form und Mittel der Zielerreichnung den Mitgliedstaaten überlassen und denen darüber hinaus nur im Ausnahmefall unmittelbare Wirkung und Anwendungsvorrang zukommt.

B. Wer wäre für die **Überprüfung** dieser absurden Verordnung zuständig? Können Sie diese Überprüfung als Avocat stagiaire oder Referendar bei der Verwaltung veranlassen? Die Kontrolle der **Rechtsmässigkeit von Gemeinschaftsrecht** am Massstab des jeweils höheren Gemeinschaftsrechts kommt allein dem EuGH und dem ihm beigegebenen Gericht erster Instanz EuGEI zu. Die Gerichte der Europäischen Gemeinschaft besitzen insofern eine **Monopolstellung.** Der BVfG in Deutschland und der Conseil d'Etat in Frankreich haben in dieser Hinsicht daher ihr bisheriges Letztentscheidungsmonopol verloren und dürfen in keinem Fall über die Rechtmässigkeit von Gemeinschaftsrecht entscheiden. Gerichte der Mitgliedstaaten können Fragen der **Geltung** oder **Auslegung** von Gemeinschaftsrecht, die für die Erlassung eines Urteils in einem bei ihnen anhängigen Verfahren entscheidend sind, dem EuGH im Wege eines Vorabentscheidungsverfahrens gemäss Art. 234 EGV zur Beantwortung vorlegen. **Letztinstanzliche Gerichte** sind verpflichtet eine derartige Frage dem EuGH vorlegen.

Der Gerichtsbegriff des Art. 234 EGV richtet sich nicht nach nationalem Recht, sondern nach den vom EuGH entwickelten gemeinschaftsrechtlichen Kriterien:

- **Unabhängigkeit der Richter,**
- Entscheidung nach Rechtsnormen und nicht nach **Billigkeit,**
- Bindende Entscheidungen mit **Rechtsprechungscharakter,**
- Staatlich vorgeschriebene Zuständigkeit des **Spruchkörpers.**

Zweifelsohne erfüllt ein Avocat Stagiaire oder ein Referent diese Kriterien nicht. Sie könnten sich deshalb in keinem Fall eines Vorabentscheidungsverfahrens bedienen.

Neben einem Vorabentscheidungsverfahren käme nur noch eine Nichtigkeitsklage nach Art. 230 EGV in Frage, mit der die Rechtswidrigkeit der angenommenen Verordnung geltend gemacht werden könnte. Klagslegitimiert wären die Mitgliedstaaten, der Rat und die Kommission. Darüber hinaus bei einer Verordnung auch eine einzelne Person, wenn sie die Verordnung unmittelbar und individuell betrifft. Als Referendar oder Avocat Stagiaire könnten Sie daher auch auf diesem Weg keine Überprüfung der Verordnung veranlassen.

C. Wie hätten Sie den Antrag des Julien zu erledigen? Als Avocat Stagiaire oder Referent in einer französischen oder deutschen Verwaltung haben Sie aufgrund des **Legalitätsprinzips** die nationalen und aufgrund gemeinschaftsrechtlicher Vorgaben auch alle unmittelbar anwendbaren Regelungen des Gemeinschaftsrechts zu befolgen. Stehen französische oder deutsche Regelungen mit dem Gemeinschaftsrecht im Widerspruch, so dürfen Sie die nationalen Normen nicht anwenden. Sie haben jedoch weder die Möglichkeit, eine deutsche oder französische Norm wegen möglicher Verfassungswidrigkeit noch eine gemeinschaftsrechtliche Norm wegen möglicher Rechtswidrigkeit überprüfen zu lassen.

Die hier fingierte EG-Verordnung würde zweifelsohne nicht nur der Gewerbeordnung, sondern auch den französischen und den deutschen Grundrechten der Erwerbs- und Berufsfreiheit widersprechen. (Art. 12 GG: „Alle Deutschen haben das Recht, Beruf, Arbeitsplatz und Ausbildungsstätte frei zu wählen), der Eigentumsfreiheit und der Gleichheit (Art. 3 GG: „Alle Menschen sind vor dem Gesetz gleich", Art. 1 DDHC „Les hommes naissent et demeurent libres et égaux en droits. Les distinctions sociales ne peuvent être fondées que sur l'utilité commune). Aufgrund des Anwendungsvorrangs würde jedoch die EG-Verordnung sowohl der Gewerbeordnung, als auch den innerfranzösischen bzw. –deutschen verfassungsrechtlichen Normen vorgehen. Die Gewerbeordnung sowie diese Grundrechte wären daher insofern im konkreten Fall nicht anwendbar. Es besteht allerdings auch kein Zweifel, dass diese EG-Verordnung gegen primäres Gemeinschaftsrecht verstossen würde insbesondere gegen die Grundrechte-Charta und den zukünftigen Europäischen Verfassungsvertrag.

Ausserdem hat der EuGH in langjähriger Rechtsprechung Grundrechte nach allgemeinen Rechtsgrundsätzen entwickelt, die vor allem aus dem den Mitgliedstaaten gemeinsamen Grundrechtsbestand sowie die EMRK abgeleitet werden. Dazu zählen etwa auch der Gleichheitssatz, die Berufsfreiheit und der Eigentumsschutz. Als Avocat Stagiaire oder Referendar können Sie diese offensichtliche Grundrechtswidrigkeit der EG-Verordnung allerdings nicht geltend machen.

Sie haben die Verordnung in der vorliegenden Form anzuwenden und müssten daher dem Julien mittels **Bescheid** die Ausübung des Gewerbes untersagen.

D. Welche Rechtsschutzmöglichkeiten hätte Julien? Julien müsste gegen den Bescheid Berufung erheben, obwohl die Berufungsinstanz auch die EG Verordnung anwenden wird. Innerhalb einer Frist (sechs Wochen in Österreich, zwei Monate in Frankreich) nach Zustellung des Bescheides kann Julien eine **Bescheidebeschwerde** beim VwGH erheben. Könnte er in Deutschland ebenfalls eine Verfassungsbeschwerde vor dem VfGH erheben? Auf den ersten Blick schiene es möglich. Die Verletzung von verfassungsrechtlich gewährleisteten Rechten durch den Bescheid trifft zu, da die berührten Grundrechte durch den Anwendungsvorrang des Gemeinschaftsrechts unanwendbar sind und daher verletzt sein können (Art. 1 GG: „Die Würde des Menschens ist unantastbar"). Was die Verletzung von Rechten durch die Anwendung eines verfassungswidrigen Gesetzes oder einer gesetzeswidrigen Verordnung betrifft, so trifft diese auch zu, da ja die Gewerbeordnung verfassungswidrig ist und ihre Aufhebung die Rechtsverletzung beseitigen könnte.

5.4. Glossar und Übungen

die gemeinschaftsrechtlichen Rechtsquellen	les sources de droit communautaire
in allen ihren Teilen verbindlich	obligatoire dans toutes ses parties
unmittelbar gelten	avoir un effet immédiat
die Überprüfung	le contrôle
die Monopolstellung	la position monopolistique
letztinstanzliche Gerichte	les juridicitions de dernière instance
die Unabhängigkeit der Richter	l'indépendance des juges
die Billigkeit	l'équité
der Rechtsprechungscharakter	le caractère jurisprudentiel
das Legalitätsprinzip	le principe de légalité
der Bescheid	la décision administrative (arrêté)
die Bescheidebeschwerde	le recours administratif

Aufsatz

„Und von welchem Gewerbe / Beruf in welchem Land träumen Sie? Über die Möglichkeiten und Machbarkeit der Dinge." Rédigez deux textes parallèles (F/A, 50 lignes chacun).

Bibliographie

1. Ouvrages

M.-C. Bergeres, Contentieux communautaire, PUF, Paris, 3è éd., 1998

G.A. Bermann/R.J. Goebel/W.J. Davey/E. M. Fox, Cases and Materials on European Union Law, 2nd edition, West Group, St. Paul, MN, 2002

A. Bleckmann, Europarecht, Heymans, Cologne, 3è éd., 1980

J. Boulouis, Droit institutionnel des Communautés européennes, Montchrestien, 1993

J. Boulouis/M. Darmon/J.-G. Huglo, Contentieux communautaire, Dalloz, Paris 2è éd., 2001

L. Brown/T. Kennedy, The Court of Justice of the European Communities, Sweet and Maxwell, Londres, 4è éd., 1994

I. Burr/G. Gréciano: Europa: Sprache und Recht. La construction européenne: aspects linguistiques et juridiques, Nomos Verlag, Baden-Baden, 2003.

H. Chavrier, Art. 220 à 225 CE in P. Léger (dir.), Commentaire article par article des traités UE et CE, Bâle, Genève, Munich, Helbing et Lichtendahn, 2000

M. Condinanzi, Il Tribunale di primo grado e la Giurisdizione comunitaria, Studi didiritto internazionale 8, Pubblicazioni della facolti di giurisprudenza, Universita di Milano, Doot. A. Giuffre edit., Milano, 1996

R. Dehousse, La Cour de Justice des Communautés européennes, Montchrestien, Paris, 1995

O. Delas/R. Côté/F. Crépeau/P. Leuprecht, Les juridictions internationales: complémentarité ou concurrence, Bruylant, 2005

U. Everling/P.-Ch. Müller-Graff/J. Schwarze (Hrsg.), Die Zukunft der Europäischen Gerichtsbarkeit nach Nizza, Europarecht, Beiheft 1/2003, Nomos Verlagsgesellschaft Baden-Baden

L. Ferrari Bravo/E. Moavero Milanezi, Lezioni di diritto comunitario, Editoriale Scientifica, Naples, vol. 2, 2002

D. Alfonso Garcia, Derecho Comunitario, Madrid, 1994

Ph. Gréciano, Die Anwendung des Europarechts im innerstaatlichen Bereich. Rechtsvergleichende Analyse: Österreich-Frankreich, Peter Lang Verlag, Frankfurt/Main, 2002

J. Gündisch, Rechtsschutz in der Europäischen Gemeinschaft, 2. Auflage, Richard Booberg Verlag GmBH & Co, Stuttgart, München, Hannover, Berlin, Weimar, Dresden, 2003
W. Hakenberg/Ch. Stix-Hackl, Handbuch zum Verfahren vor dem Europäischen Gerichtshof, 2. Auflage, Nomos Verlag Baden-Baden und Verlag Österreich, Wien, 2000
W. Hummer/B. Simma/Ch. Vedder, Europarecht in Fällen. Die Rechtsprechung des EuGH, des EuG und deutscher und Österreichischer Gerichts, 4. Auflage, Nomos Verlag, Baden-Baden, 2005
P.-J.-G. Kapteyn/P. Verloren van Themaat, Introduction to the Law of EC, Deventer Kluwer, 1990
H. Kirschner/K. Klüpfel, Das Gericht erster Instanz der Europäischen Gemeinschaften? Aufbau, Zuständigkeiten, Verfahren, 2. Auflage, Karl Heymans Verlag, Köln, Berlin, Bonn, München, 1998
K.P.E. Lasok, The European Court of Justice. Practice and Procedure, Second Edition Butterworths, London, Dublin, Edinburgh 1994
D. Lasok/J.-W. Bridge, Law and Institutions of the European Communities, Betterworth, Londres, 1999
K. Lenaerts/D. Arts, Procedural Law of the European Union, Sweet & Maxwell, London, 1999
K. Lenaerts/P. van Nuffel, Constitutional Law of the European Union, Sweet & Maxwell, Londres, 1999
R. Mehdi (dir.), L'avenir de la justice communautaire, Doc.fr., Paris, 1999
C.-F. Molina del Pozo, Manual de Derecho de la Comunidad Europea, Editorial Trivium, Madrid, 3è éd., 1998
J. Molinier, Droit du contentieux européen, LGDJ, Paris, 1996
L. Neville Brown/T. Kennedy, The Court of Justice of the European Communities, Fifth Edition, Sweet & Maxwell, London, 2000
T. Oppermann, Europarecht, ein Studienbuch, Beck, Munich, 1991
R. Plender (general editor), European Courts. Practice and Precedents, Sweet & Maxwell, London, 2001
H.-W. Rengeling/A. Middeke/M. Gellermann (Hrsg.), Handbuch des Rechtsschutzes in der Europäischen Union, 2. Auflage, Verlag C. H. Beck, München, 2003
J.-L. Sauron, Droit et pratique du contentieux communautaire, Doc. fr., Paris, 3è éd, 2004
H.G. Schermers/D.F. Waelbroeck, Judicial Protection in the European Union, Sixth Edition, Kluwer Law International, The Hague, London, New York, 2001

B. Schima, Das Vorabentscheidungsverfahren vor dem EuGH – Unter besonderer Berücksichtigung der Rechtslage in Österreich, 2. Auflage, Manzsche Verlags- und Universitätsbuchhandlung, Wien, 2004
G. Strozzi, Diritto dell'Unione europea – Parte instituzionale, Turin, 2001
G. Tesauro, Diritto communitario, CEDAM, Padoue, 2001
G. Vandersanden/A. Barav, Contentieux communautaire, Bruylant, Bruxelles, 1977
M. Waelbroeck/J.-V. Louis/G. Vandersanden in J. Megret, Le droit de la Communauté européenne, ULB, Bruxelles, vol.10, 2è éd., 1993
D. Wyatt/A. Dashwood, EC Law, Sweet & Maxwell, Londres, 4è éd., 2000

2. Articles, études et documents

S. Alber, Der Rechtsshutz in der Europäischen Gemeinschaft, in: Andreas Kellerhals (Hrsg.), Einführung ins europäische Wirtschaftsrecht, Zürich, Schulthess, 2003, 195-248
C. Annacker, Die Inexistenz als Angriffs- und Verteidigungsmittel vor dem EuGH und dem EuG, EuZW, 1995, 755 ff.
A. Arnull, Private Applicants and the Action for Annulment under Article 173 of the EC Treaty, CML Rev. 1995, 7-49
J. Azizi, Die Reform der Gerichtsbarkeit der Europäischen Gemeinschaften, in: Ginther/Benedek/Isak/Kicher (Hrsg.), Völker- und Europarecht, 25. Österreichischer Völkerrechtstag, Verlag Österreich, Wien, 2001, 167-190
J. Azizi, Wege zu einer Europäischen Verwaltungsgerichtsbarkeit, ÖJZ, 2002, 41-58
G. Bebr, Preliminary Rulings of the Court of Justice: Their Autority and Temporal Effect, CLM Rev. 1981, 475-507
J. Azizi, Die Institutionenreform in der EU aus der Sicht der Gerichtsbarkeit, in: Waldemar Hummer (Hrsg.), Paradigmenwechsel im Europarecht zur Jahrtausendwende: Ansichten österreichischer Integrationsexperten zu aktuellen Problemlagen. Forschung und Lehre im Europarecht in Österreich, Wien, Springer, 2004, 181-229
Ch. Busse, Art. 241 EG in der Rechtsprechung des EuGH: eine kritische Würdigung, in: Europäische Zeitschrift für Wirtschaftsrecht, 13. Jahrgang, 2002, Heft 23, 715-720
Ch. Calliess, Kohärenz und Konvergenz beim europäischen Individualrechtsschutz: der Zugang zum Gericht im Lichte des Grundrechts auf effektiven Rechtsschutz, in: Neue juristische Wochenschrift, NJW, 55. Jahrgang, 2002, Heft 49, 3577-3582

Cour de Justice, Instructions pratiques aux agents et avocats: JOCE n° L 98, 16 avril 2003

W. Cremer, Nichtigkeitsklagen einzelner gegen Rechtsakte der Gemeinschaft: Klagegegenstand und Klagebefugnis nach Art. 173 EGV; Systematisierung und Würdigung der neueren Rechtsprechung von EuGH und EuG, EWS, 1999, 48 ff.

M. A. Dauses, Streithilfe durch natürliche oder juristische Personen in Verfahren vor dem EuGH und EuG, in: Europäische Zeitschrift für Wirtschaftsrecht, Nr. 19, 2000, 581-585

F. Dintilhac, Tribunal de première instance: Rép. Dalloz droit communautaire

O. Dubos, Quel avenir pour le Tribunal de première instance après le traité de Nice?: RAE 2000, 426

D. Edward, The Nature of the Community Judicial Process. How the Cour of Justice works as a judicial body. In: FS Ole Due, Liber Amicorum, 1994

Ph. Gréciano, Sur le principe de précaution en droit communautaire, Les Petites Affiches, n° 56, 2001

Ph. Gréciano, Le concours de la fonction publique européenne. Entre saut d'obstacle et irrecevabilité. Les Petites Affiches, n°112, 2001

W. Hakenberg, Das Vorabentscheidungsverfahren vor dem Europäischen Gerichtshof: Hinweise für die Praxis in Österreich, Journal für Rechtspolitik, 1995, 195-204

I. Härtlet, Durchsetzbarbeit von Zwangsgeld-Urteilen des EuGH gegen Mitgliedstaaten, in: Europarecht, 36. Jahrg., 2001, Heft 4, 617-630

B. Heiss, Rechtsfragen des Vorabentscheidungsverfahrens, in: Rabels Zeitschrift für ausländisches und internationales Privatrecht, Bd. 66, 2002, Heft 2-3, 470-502

R. Iglesias, Der Gerichtshof der Europäischen Gemeinschaften als Verfassungsgericht, EuR 1992, 225

F. G. Jacobs, Some remarks on Community and Member State liability in: Principles of proper conduct for supranational state and private actors in the EU: towards a ius commune: essays in honour of Walter Van Gerven, 2001, 129-134

G. Kohlegger, Einwirkungen des Vorabentscheidungsverfahrens auf das österreichische Zivilverfahren, Österreichische Juristen-Zeitung, 1995, 761-775, 811-822

G. Kohlegger, Zu den Voraussetzungen für die Einleitung eines Vorabentscheidungsverfahrens, in: Vorarlberger Tage 1996 – Die Relevanz von EU-Recht und internationaler Übereinkommen für die Rechtsprechung; Schriftenreihe des MMJ Band Nr. 86, 1997, 95 ff.

Ch. Kohler, Recht und Rechtsschutz in der Europäischen Union nach dem Beitritt Österreichs, Österreichische Juristen-Zeitung, 1995, Heft 19, 721 ff.
K. Lenaerts, Le Tribunal de première instance des Communautés européennes: regard sur une décennie d'activités et sur l'apport du double degré d'instance en droit communautaire: CCDE 2000, p. 323
C.O. Lenz, Die Rolle und der Wirkungsmechanismus des Vorabentscheidungsverfahrens, Deutsche Richterzeitung, 1995, 213-220
C.O. Lenz, Das Amt des Generalanwalts am Europäischen Gerichtshof, in FS für Ulrich Everling, Nomos Baden-Baden, 1995, 719-727
L. Plouvier, Le recours en révision devant la Cour de Justice des Communautés européennes: CDE 1971, p. 428
J. Rideau, F. Picod, Les mesures provisoires ordonnées par la juridiction communautaire: JTDE 1995, p. 221
A. Rigaux, Le Tribunal de première instance: J.-Cl. Europe, Fasc 300 et 301
F. Schockweiler, Die richterliche Kontrollfunktion: Umfang und Grenzen in Bezug auf den Europäischen Gerichtshof, Europarecht, Heft 3, 1995
D. Ruiz-Jarabo, La réforme de la Cour de justice opérée par le traité de Nice et sa mise en œuvre future: RTDE 2001, p. 705
B. Schima, Zur Wirkung von Auslegungsentscheidungen des Gerichtshofes der Europäischen Gemeinschaften, in: Norm und Entscheidung. Prolegomena zu einer Theorie des Falls. Wien, Springer, 2000, 280-317
B. Schima, Kommentierung zu Art. 234 EGV, in: Heinz Mayer (Hrsg.), Kommentar zu EU- und EG-Vertrag, Verlag Manz, Wien, 2003
F. Schockweiler, Die richterliche Kontrollfunktion: Umfang und Grenzen in Bezug auf den Europäischen Gerichtshof, Europarecht, Heft 3, 1995
R. Streinz, Der „effet utile" in der Rechtsprechung des Gerichtshofs der Europäischen Gemeinschaften, in: Festschrift für ülrich Everling, Nomos Baden-Baden, 1995, 1491-1510
J. Schwarze, Der Rechtsschutz Privater vor dem EuGH: Grundlagen, Entwicklungen und Perspektiven des Individualrechtsschutzes im Gemeinschaftsrecht, DVBl. 2002, 1297-1315
R. Wägenbaur, Die Prüfungskompetenz des EuGH im Rechtsmittelverfahren, EuZW, 1995, Heft 7, 199 ff.
R. Wägenbaur, Zur Nichtbefolgung von Urteilen des EuGH durch die Mitgliedstaaten, in: Festschrift für Ulrich Everling, Nomos Baden-Baden, 1995, 1611-1623
R. Wägenbaur, Stolpersteine des Vorabentscheidungsverfahrens, EuZW, 2000, Heft 2, 37 ff.

3. Commentaires, dictionnaires, répertoires et traités

A. Barav, C. Philip (dir.), Dictionnaire juridique des Communautés européennes, PUF, 1993

Commentaire Megret (ex-droit de la CEE) en 15 volumes, Editions de l'Université de Bruxelles, en cours de réédition, notamment tome 10 (La Cour de Justice) 1993 et 11 (Institutions) 2001

V. Constantinesco, R. Kovar, J.-P. Jacqué, D. Simon (dir.), Commentaire article par article du traité CEE, Economica, 1995

T. Debard, B. Le Baut-Ferrarese, C. Nourissat, Dictionnaire du droit de l'Union européenne, Ellipses, 2002

C. Degryse, Dictionnaire de l'Union européenne. Politiques. Institutions. Programmes, De Boeck, Bruxelles, 2è éd., 1998

M. Doucet, Klaus Fleck, Dictionnaire juridique et économique, C.H. Beck'sche Verlagsbuchhandlung, München, 1997

L. Dubouis (dir.), L'Union européenne, Doc. fr., Les notices, 2004

H. Krück, Kommentar zu den Artikeln 164 bis 168 und 169 bis 188 EWGV, Hans Jung, Kommentar zu Art. 168 a EWGV, in: Groeben/Thiersing-Ehlermann, Kommentar zum EWG-Vertrag, Band 3 (Artikel 110-188), 4. Auflage, Nomos Verlag, Baden-Baden, 1991

P. Léger (dir.), Commentaire par article des traités UE et CE, Dalloz, Bruylant, 2000

Juris-Classeur Europe, 7 volumes, Editions Techniques, à partir de 1989

Encyclopédie Dalloz de Droit communautaire, 3 tomes, Dalloz, à partir de 1992

J.-V. Louis/G. Vandersanden/D. Waelbroeck/M. Waelbroeck, La Cour de Justice. Les Actes des Institutions, Commentaire Megret « Le Droit de la CEE », Volume 10, 2ème édition, Etudes Européennes, Bruxelles, 1993

Sources internet

http://europa.eu.int/eurodicautom (Terminologische Datenbank der EU)
http://europa.eu.int/comm/dgs/translation/bookshelf/tools_and_workflow (computergestützte Übersetzungshilfen)
http://europa.eu.int/documents/glossary
www.europa.eu.int/scadplus/glossary (Jargon der EU)

4. Documents officiels

Sources classiques

Bulletin de l'Union européenne, mensuel depuis l'origine des Communautés européennes, OPOCE, Luxembourg

Journal officiel des communautés européennes, série législation et communications; devenu Journal officiel de l'Union européenne depuis l'entrée en vigueur du traité de Nice

Les traités de Rome, Maastricht, Amsterdam et Nice, textes comparés, Doc. fr., 2002

Projet de traité établissant une constitution pour l'Europe, OPOCE, Luxembourg, 2003

Rapport général sur l'activité de l'Union européenne, annuel OPOCE, Luxembourg, depuis 1967

Recueil de jurisprudence de la Cour de Justice et du Tribunal de première instance des Communautés européennes

Traités consolidés, OPOCE, Luxembourg, 2003

Sources informatiques officielles

Site de la CJCE – http://www.curia.eu.int

Documentation de la CJCE – http://www.curia.eu.int/de/instit/txtdocfr/documents/pub.htm

Celex – http://www.eu.int/celex

Site de l'Union européenne – http: //www.europa.eu.int dont Eur-lex (accès au droit de l'Union européenne)

Jurifrance: droit français en ligne – http: //www.jurifrance.com

Sources d'Europe: http://www.info-europe.fr

5. Recueils de textes

J. Boulouis, R.-M. Chevallier, Grands arrêts de la Cour de Justice des Communautés européennes, tome 1er, Dalloz, 6è éd., 1994

L. Dubouis, C.Gueydan, Grands textes de droit communautaire de l'Union européenne, tome 1er, Dalloz, 6è éd., 2002

J. Rideau, F. Picod, Code des procédures juridictionnelles de l'Union européenne, Litec, 2è éd., 2002

A. Tizzano, D. Vignes, Code de l'Union européenne, Bruylant, 2è éd., 2002

6. Principaux périodiques et revues

Agence Europe, bulletin quotidien, Buxelles
Cahiers de droit européen, bimestriel, Bruxelles, depuis 1965
Europarecht
Europe, revue mensuelle, publiée parallèlement au Juris-Classeur
European Law Review
Journal des tribunaux droit européen, mensuel, Bruxelles depuis 1992
Noticias de la Union Europea
Revista de instituciones europeas
Revista di diritto europeo
Rivista Italiano di diritto pubblico communitario
Revue des affaires européennes, trimestrielle; LGDJ depuis 1991
Revue du droit de l'Union européenne, ex-revue du Marché unique européen, trimestrielle, Clément Juglar, Editions juridiques et économiques depuis 1991
Revue du marché commun et de l'Union européenne, revue mensuelle, Editions techniques depuis 1958
Revue trimestrielle de droit européen, depuis 1965

Index

Terminologie juridique combinatoire Allemand/Français

* reprise du mot clé
~ mot composé

A

Adäquanztheorie (f.)	théorie (f.) de l'adéquation
von Amts wegen (m.)	par voie (f.) administrative
Amtshaftungsanspruch (m.)	recours (m.) en responsabilité de l'Etat
Amtspflichtverletzung (f.) begehen	commettre une faute (f.) administrative
Anfechtung (f.)	contestation (f.)
angefochtene Handlung (f.)	acte (m.) contesté
nach Anhörung (f.) **der Parteien**	après avoir entendu les parties
Anpassung (f.)	adaptation (f.)
Anspruch (m.)	revendication (f.), droit (m.)
* auf rechtliches Gehör (n.)	* (m.) à être entendu
die gerichtliche Geltendmachung eines *	validation juridictionnelle d'un *
Antrag (m.) **einzelner Personen**	recours (m.) de personnes physiques
Anwendbarkeit (f.)	applicabilité (f.)
unmittelbare *	* directe
in Anwendung der Vorschrift	en application de la réglementation
Anwendung (f.)	application (f.)
*~sbereich (m.)	domaine d'application (m.)
*~svorrang (m.) gegenüber nationalen Rechten	application (f.) prioritaire par rapport au droit national
gemäss Artikel (m.)	selon l'article (m.)
Aufenthaltsrecht (n.)	droit (m.) de séjour
* geniessen	jouir du *
Aufforderung (f.)	injonction (f.)
Ausrechterhaltung (f.) **der öffentlichen Ordnung**	maintien (m.) de l'ordre public

Aufschiebung (f.)	suspension (f.)
aufschiebende Wirkung (f.)	effet suspensif (m.)
Aufsichtsverfahren (n.)	procédure (f.) de contrôle
Auslegung (f.)	interprétation (f.)
Vertretbarkeit einer *	bien fondé (m.) d'une *
Fragen über * und Gültigkeit des EU Rechts	questions sur l'interprétation et la validité du droit de l'UE
*~surteil (n.)	jugement (m.) d'*
freie Ausübung (f.) **eines Berufes**	libre exercice (m.) d'un métier

B

Beeinträchtigung (f.)	atteinte (f.)
Begründung (f.)	argumentation (f.)
Begründetheit (f.)	fondement (m.)
Beihilfe (f.)	aide d'Etat (f.)
*~sregeln (f.)	règles (f.) d'*
Beistand (m.) **des Verteidigers**	assistance du défenseur (m.)
Bericht (m.)	rapport (m.)
* erstatten	faire un *
*~erstatter (m.)	(juge) rapporteur (m.)
Berufung (f.)	appel (m.)
* einlegen, erheben; in * gehen	interjeter appel, aller en appel
Bescheid (m.)	décision administrative (f.)
ablehnender * (m.)	décision (f.) de refus
*~ebeschwerde (f.)	recours administatif (m.)
Beschluss (m.)	ordonnance (f.)
einen * fassen	rendre une *
Beschränkungen (f.)	entraves, limitations (f.)
staatliche *	* étatiques
Beschwerde (f.) **richten an jdn.**	adresser un recours à qqn.
* zurückweisen	écarter un recours
Bestimmungen (f.)	dispositions (f.)
* , die ein Grundprinzip (n.) festlegen müssen weit ausgelegt werden	*qui consacrent un principe fondamental (m.) doivent être interprétées largement
Betroffenheit (f.)	touché, concerné
individuelle * voraussetzen	présupposer une portée (f.) individuelle

Beurteilungsspielraum (m.) **zubilligen**	accorder marge (f.) d'appréciation
in Betracht kommen	entrer en considération
Billigkeit (f.)	équité (f.)
Bundesverwaltung (f.)	administration (f.) fédérale

D

Dienst (m.)	service (m.)
öffentlicher *	fonction publique (f.)
*~anweisung (f.)	instruction (f.) de *
*~anweisung (f.) für den Kanzler	instruction(f.) de * pour le greffier
*~aufsicht (f.)	surveillance hiérarchique
Durchführungsmassnahmen (f.)	mesures (f.) d'application

E

Effizienzgebot (n.)	principe (m.) d'efficacité
persönliche Eigenschaften (f.)	particularités (f.) personnelles
Eigenständigkeit (f.)	autonomie (f.)
Eigentum (n.)	propriété (f.)
geistiges *	propriété intellectuelle
Einheitlichkeit und Autonomie (f.)	unité et autonomie (f.)
europäische Einigung (f.)	unification (f.) européenne
ständige Einrichtung (f.)	institution (f.) permanente
Empfehlung (f.)	recommandation (f.)
Entlastung (f.)	désengagement (m.)
Entschädigungsrecht (n.)	droit à l'indemnisation (m.)
Entscheidung (f.)	décision (f.)
* treffen	prendre une *
* anfechten	contester une *
sekundäre *	* secondaire
zur * übertragen	donné pour décision
zur * zugewiesen sein	attribué pour décision
*~serheblich	nécessaire pour rendre une *
Entschuldbarkeit (f.)	excusabilité (f.)
Erklärung (f.)	déclaration (f.)
für nichtig erklären	déclarer nul
Ermächtigung (f.)	autorisation (f.)
Ermessen (n.)	pouvoir (m.)

*~spielraum (m.)	marge d'appréciation (f.)
*~smissbrauch (m.)	abus de pouvoir (m.)
Ermittlungsverfahren (n.)	procédure d'instruction (f.)
* führen	mener une *
* einstellen	arrêter une *

F

Festlegung (f.) **der Begriffsinhalte**	fixation (f.) des contenus des concepts
Feststellung (f.) **der Nichtigkeit**	constatation (f.) de la nullité
Frist (f.)	délais (m.)
*~gemäss	dans les *
*~bemessung (f.) berücksichtigen	tenir compte du calcul (m.) des *
Fusion (f.)	fusion (f.)
*~kontrolle (f.)	contrôle (m.) des *

G

Geltung (f.)	valeur (f.), validité (f.), portée (f.)
allgemeine *	* générale
autonome *	* autonome
unmittelbar gelten	avoir un effet immédiat
Genehmigung (f.)	autorisation (f.)
* durch das nationale Umweltamt	* par l'office national de l'environnement
Generalanwalt (m.)	Avocat Général (m.)
Gemeinschaft (f.)	Communauté (f.)
*~liche Strecke (f.)	trajet (m.) intracommunautaire
*~sbürger (m.)	citoyen (m.) communautaire
*~sgrundrecht (n.)	droit (m.) fondamental communautaire
*~srecht (n.)	droit (m.) communautaire
*~sspezifischer Inhalt (m.)	contenu (m.) spécifiquement communautaire
*~swidrig und daher ungültig	contraire à la communauté et de ce fait, non valable
Bestimmung (f.) des *~srechts	dispositions (f.) du droit communautaire
Direktwirkung (m.) des *~srechts	effet direct (m.) du droit commuautaire
Eingenart (f.) des *~srechts antasten	toucher aux particularités (m.) du droit communautaire

Existenz (f.) des *~srechts sichern	assurer l'existence (f.) du droit communautaite
sekundäres *~srecht (n.)	droit (m.) communautaire secondaire
Vorrang (m.) des *~srechts einräumen	imposer la primauté (f.) du droit Communautaire
Gericht (n.)	tribunal (m.)
*~liche Kammern (f.)	chambres (f.) du tribunal
*~sbarkeit (f.)	juridiction (f.)
*~shof (m.)	Cour (f.)
der *~shof (m.) fällt die vorliegende Entscheidung	la Cour rend le présent arrêt
Prüfung der *~squalität (f.)	examen de la qualité juridictionnelle (f.)
* erster Instanz	* de Première instance
letztinstanzliches *	juridiction (f.) de dernière instance
EU Fach~* (n.)	juridiction (f.) CE spécialisées
Rechtsmittel~* (n.)	* statuant en appel
Schieds~* (n.)	juridiction (f.) d'arbitrage
Gesetz (n.) **schleunigst beseitigen**	annuler la loi (f.) de manière la plus accélérée
*~geber (m.)	législateur (m.)
*~gebungshoheit (f.) beschränken	limiter la souveraineté législative
Gewerbeordnung (f) **ändern**	modifier la réglementation (f.) sur les professions artisanales
Gleichbehandlung (f.) **vor dem Gesetz**	égalité de traitement (f.) devant la loi
Grund (m.)	raison (f.)
*~prinzip (n.)	principe (m.) fondamental
der Ewigkeitsgarantie (f.) unterliegende	*~prinzipien principes fondamentaux soumis à la garantie perpetuelle (f.)
*~recht (n.)	droit (m.) fondamental
*~rechtsbeschränkung (f.)	limitation (f.) des droits fondamentaux
*~rechtsbindung (f.)	lien (m.) aux droits fondamentaux
*~rechtskatalog (m.)	catalogue (m.) des droits fondamentaux
vielschichtiger *~rechtsbegriff (m.)	notion (f.) complexe de droit fondamental
die *~rechtsjudikatur (f.) des EGMR wird bestätigt	la jurisprudence (f.) de la CEDH est confirmée

inhaltlicher *~rechtsschutz (m.)	protection (f.) des droits fondamentaux par le contenu
Nichtigkeits~* (m.)	raison (f.) d'annulation
Gründungsvertrag (m.)	traité (m.) fondateur
Gültigkeitsprüfung (f.)	contrôle (m.) de validité
Gutachten (n.)	avis (m.), consultation (f.)

H

Haftung (f.)	responsabilité (f.)
Amts~* (f.)	responsabilité (f.) administrative
Amts*~sanspruch (m.)	action (f.) en responsabilité
den Inhalt des Amts*~sanspruchs (m.)(aus)gestalten	structurer le contenu de l'action (f.) en responsabilité (f.)
Staats~* (f.)	responsabilité (f.) de l'Etat
Hauptverhandlung (f.)	audience (f.) principale
Hinweis (m.)	indication (f.)
* für Richter und Anwälte veröffentlichen	publier des * pour les juges et les avocats
Höchstgericht (n.)	juridiction (f.) suprême
Hoheitsgebiet (n.)	territoire (m.) national
kein eigenes * besitzen	ne pas disposer d'un propre *
Hüterin (f.) der Verträge	gardienne (f.) des traités

I

Integration (f.)	intégration (f.)
*~söffnung (f.)	ouverture (f.) d'intégration
*~sprozess (m.)	processus (m.) d'intégration
öffentliches Interesse (n.)	intérêt (m.) public

K

Kammer (f.)	chambre (f.)
die grosse *	la grande *
Kassationsgerichtshof (m.)	Cour de Cassation (f.)
Kenntnis (f.)	connaissance (f.)
* erlangen	prise de connaissance
Klage (f.)	recours (m.)
* erheben	introduire un *

zur *~erhebung berechtigen	autoriser à introduire un recours
*~befugnis (f.)	compétence (f.) pour faire un recours
privilegierte *~befugte (m.)	demandeur (m.) privilégié
teilprivilegierte *~befugte (m.)	demandeurs(m.) partiellement privilégiés
*~gegenstand (m.)	objet (m.) du *
Beamten~* (f.)	* (m.) des fonctionnaires
Direkt~* (f.)	* (m.) direct
Feststellungs~* (f.)	* (m.) en constatation
Nichtigkeits~* (f.)	* (m.) en annulation
Schadenersatz~* (f.)	* (m.) en dommages-intérêts
Untätigkeits~* (f.)	* (m.) en manquement
Kläger (m.)	demandeurs (m.)
Klausel (f.)	clause (f.)
die Schiedklausel (f.)	clause compromissoire (f.)
Kompetenz (f.)	compétence (f.)
*~en übertragen	transférer des compétences
*~überschreitung (f.)	dépassement (m.) de compétences
ein erheblicher *~zuwachs (m.) wurde verwirklicht	une importante croissance (f.) des compétences a été réalisée
materielle Prüfungskompetenz (f.)	compétence (f.) de contrôle matériel
Konkurrent (m.)	concurrent (m.)
Konkurs (m.)	faillite (f.)
in * gehen	faire *
Kooperation (f.)	coopération (f.)
*~sverhältnis (n.)	relation (f.) de coopération

L

Landeshauptmann (m.)	exécutif (m.) du Land (président)
Legalitätsprinzip (n.)	principe (m.) de légalité

M

Mahnschreiben (n.)	mise en demeure (f.)
* zukommen lassen	faire parvenir une *
Massnahme (f.)	mesure (f.)
staatliche *	mesure (f.) étatique (nationale)
Merkmal (n.)	particularité (f.)
Monopolstellung (f.)	position (f.) monopolistique

O

offenkundig und erheblich	manifeste et important
Organisationsstruktur (f.)	structure (f.) d'organisation
Marktorganisation (f.)	organisation (f.) du marché

P

Patent (n.)	brevet (m.)
Gemeinschaftspatente	brevets communautaires
juristische Person (f.)	personne (f.) morale
präjudiziell	préjudiciel
Privatautonomie (f.)	autonomie (f.) privée
vermögenswerte Privatrechte (n.)	droits (m.) privés patrimoniaux
formelles und materielles Prüfungsrecht (n.)	accorder un droit (m.) de contrôle
zugestehen	formel et matériel

R

Recht (n.)	droit (m.)
* auf *~smittel (n.)	* à un recours (m.)
*~fertigung (f.)	justification (f.)
rechtliche oder tatsächliche Bedeutung (f.)	importance (f.) juridique ou matérielle
Mitwirkungs*e (n.)	droits (m.) de participation
die Direktheit des *s	l'application directe de ce *
zu * erkennen	dire pour *
*~sakte (f.) der Gemeinschaften	actes juridiques (m.) des Communautés
*~sbedürfnis (n.)	besoin (m.) de *
*~sgestaltend	à effet juridique
*~shandlung (f.)	acte juridique (m.)
*~sinteresse (n.)	intérêt (m.) légitime
*~skategorie (f.)	catégorie juridique (f.)
*~skörper (m.)	corps judiciaire (m.)
einen eigenständigen *~skörper schaffen	créer un corps judiciaire indépendant
*~smässigkeit (f.) von Handlungen	légalité (f.) des agissements
ordentliches *~smittel (n.)	recours (m.) ordinaire
*~sprechung (f.) des EuGH	jurisprudence (f.) de la CJCE

*~sprechungscharakter (m.)	caractère (m.) jurisprudentiel
*~squelle (f.)	source (f.) juridique
*~sraum (m.)	espace (m.) juridique
*~ssachen (f.) entscheiden	trancher des litiges (m.)
*~sschutz (m.)	protection (f.) juridique
*~ssetzungsbedürfnis (f.)	compétence (f.) normative
*~sstaat (m.)	Etat de droit (m.)
*~sstaatlichkeitsgebot (n.) absichern	garantir le principe (m.) d'Etat de droit
rechtswidrig	illégal
Regelung (f.)	règle, réglementation (f.)
die positivrechtliche *	la * positive
die prozessrechtliche *	la * processuelle
Richter (m.)	juge (m.)
Einzel~* (m.)	* unique (m.)
Richtlinie (f.)	directive (f.)
die unmittelbare Anwendung der *	l'application directe de la *

S

Sanktionen (f.) **von Verstössen**	sanctions (f.) de manquements
Satzung (f.)	statut (m.)
Säumnis (f.)	défaillance, négligence (f.)
rechtswidrige *	* illégale
Schaden (m.)	dommage (m.)
der adäquate kausale *	le * qui est la cause du préjudice
der verursachte *	le * causé
Geschädigte (m.)	victime (f.)
*~sbegründete Handlung (f.)	agissement (m.) dommageable
Vermögens~ * (m)	dommage (m.) matériel
Schadenersatz (m.)	dommages-intérêts (m.)
*~anspruch (m.)	demande (f.) de *
*~auslösendes Handeln	actes conduisant à réparation
Schadenshöhe (f.)	montant (m.) de l'indemnisation
Begrenzung (f.) der *	limitation (f.) du *
Schiedsgericht (n.)	juridiction (f.) arbitraire
Schlussakte (m.) **des Generalanwalts** (m.)	conclusions (f.) de l'avocat général
nach Anhörung der * des *	ayant entendu l'* en ses *
Schutzmassnahme (f.)	mesure (f.) de protection
handelspolitische *	* de politique commerciale

gewerbliche Schutzrechte (n.)	droits (m.) d'auteur
Schwurgericht (n.)	Cour d'Assises (f.)
Sonderopfertheorie (f.)	théorie (f.) du sacrifice
Spruchkörper (m.)	corps juridictionnel (f.)
der selbstständige *	le * indépendant
Stellung nehmen	prendre position
*~nahme (f.) abgeben	déposer un avis (m.)
Strafanzeige (f.)	plainte pénale (f.)
Streit (m.)	litige (m.)
*~gegenstand (m.)	objet (m.) du *
Rechts~* (m.)	contentieux (m.)
Zwischenrechts* (m.)	* (m.) intermédiaire

T

Tatbestand (m.)	élément (m.) constitutif

U

Überprüfung (f.)	contrôle (m.)
Umfang (m.)	étendue (f.)
Umsetzung (f.)	transposition (f.)
* einer Begünstigung (f.)	application d'un traitement (m.) préférentiel
fehlerhaft umsetzen	appliquer de façon erronnée
*~spflicht (f.) nachkommen	repecter l'obligation (f.) de *
nicht~* (f.)	non * (f.)
besondere Umstände (m.)	circonstances (f.) particulières
Unabhängigkeit (f.) **der Richter**	indépendance (f.) des juges
sachliche *	* matérielle
für (un)zulässig erklären	déclarer (ir) recevable
Unparteilichkeit (f.)	impartialité (f.)
Untätigkeit (f.)	carence (f.)
Unterlassen (n.)	négligence (f.)
das pflichtwidrige *	la * illégitime
zur Unübersichtlichkeit (f.) **führen**	conduire à la non transparence (f.)
Unzulässigkeitsentscheidung (f.)	décision (f.) de refus
absolute, relative Unzuständigkeit (f.)	incompétence (f.) absolue, relative

V

Vereinbarkeit (f.)	compatibilité (f.)
Verfahren (n.)	procédure (f.)
* einleiten	introduire une * , un recours (m.)
faires *	une * loyale, équitable
von einem schuldhaften * ausgehen	partir d'une * préjudiciable
kontradiktorisches *	* contradictoire
gemäss des schriftlichen *~s	vu la * écrite
minder wichtige *	les * d'une importance moindre
*~sordnung (f.)	règles (f.) de *
gemeinsame *~sordnung (f.)	les règles (f.) communes de *
als Beanstandungs~* durchführen	conduire comme une* d'opposition
Beweis~* (n.)	* concernant la preuve
Vor~* (n.)	* précontentieuse
Verfassung (f.)	constitution
*~sbeschwerde (f.)	recours constitutionnel (m.)
für die *~skonformität (f.) von Gesetzen zuständig sein	être compétent pour le contrôle (m.) de constitutionnalité des lois
offenkundige inhaltliche *~swidrigkeit (f.)	anticonstitutionnalité (f.) évidente dans son contenu
Verhältnismässig	proportionnel
*~keit (f.)	proportionnalité (f.)
*~keitsprüfung (f.)	contrôle (m.) de *
Verletzung (f.)	violation (f.)
* wesentlicher Formvorschriften (f.) eines Vertrages	* des formes (f.) substantielles d'un traité
* von Grundrechten	* des droits fondamentaux
Verordnung (f.)	directive (f.)
Fusionskontroll~*	* sur les fusions
Verpflichtung (f.)	obligation (f.)
* nachkommen	respecter l'*
Veschulden (n.)	faute (f.)
*~sgrad (m.)	degré (m.) de la *
*~sprüfung (f.)	analyse (f.) de la *
Verstoss (m.)	violation (f.)
qualifizierter *	* qualifiée
Verteidigung (f.)	défense (f.)
*~sschriften (f.) vorliegen	déposer les conclusions (f.) en *

Vertrag (m.)	contrat, traité (m.)
Auslegung (f.) eines *	interprétation (f.) d'un *
*~sbestimmung (f.)	disposition (f.) du *
*~sverletzung (f.)	violation (f.) du *
*~sverletzungsverfahren (n.)	recours (m.) en manquement
*~sverstoss (m.)	violation (f.) du *
*~swidrig	illégal
Vertrauen (n.)	confiance (f.)
*~sschutz (m.)	protection (f.) de la *
Volksabstimmung (f.)	référendum (m.)
Vollstreckung (f.)	exequatur, exécution (f.)
*~sklausel (f.) versehen	apposer la mention (f.) d'*
Vollstreckbarkeitserklärung (f.)	décision (f.) d'exequatur
Vollziehung (f.) **eines Verwaltungsaktes**	exécution (f.) d'un acte administratif
Vorabentscheidung (f.)	décision (f.) préjudicielle
Antrag (m.) auf *	recours (m.) en *
*~sverfahren (n.)	procédure (f.) préjudicielle
Voraussetzung (f.)	condition (f.)
zwingende *	* obligatoire
individuelle Betroffenheit voraussetzen	présupposer une portée individuelle
Vorlagepflicht (f.)	obligation (f.) de renvoi
Vorschrift (f.)	règle (f.)
* besagt	* dispose
Form~*	* de forme

W

wechselseitig aufeinander angewiesen sein	être en dépendance réciproque mutuelle
Wettbewerb (m.)	concurrence (f.)
*~sregeln (f.)	règles (f.) de *
*~sverhältnis (n.)	rapport (m.) de *
Wirkung (f.)	effet (m.)
horizontale Dritt~*	* horizontal (tiers)

Z

Zusammenarbeit (f.)	coopération (f.)
verstärkte *	* renforcée

Zulässigkeit (f.) **der Klage**	recevabilité (f.) du recours
verfassungsmässiges Zustandekommen beurkunden	authentifier l'existence constitutionnelle
Zuständigkeit (f.)	compétence (f.)
sachliche *	* matérielle
zuständig sein für Klagen aus bestimmten Sachgebieten	être compétent pour les recours dans des domaines particuliers
Zwangsmassnahme (f.)	mesure (f.) d'astreinte
Anfechtung von *n	contestation des *
Zwischenverfahren (n.)	procédure (f.) intermédiaire

Schriften zum internationalen und zum öffentlichen Recht

Herausgegeben von Gilbert Gornig

Band 1 Michael Waldstein: Das Asylgrundrecht im europäischen Kontext. Wege einer europäischen Harmonisierung des Asyl- und Flüchtlingsrechts. 1993.

Band 2 Axel Linneweber: Einführung in das US-amerikanische Verwaltungsrecht. Kompetenzen, Funktionen und Strukturen der "Agencies" im US-amerikanischen Verwaltungsrecht. 1994.

Band 3 Tai-Nam Chi: Das Herrschaftssystem Nordkoreas unter besonderer Berücksichtigung der Wiedervereinigungsproblematik. 1994.

Band 4 Jörg Rösing: Beamtenstatut und Europäische Gemeinschaften. Eine Untersuchung zu den gemeinschaftsrechtlichen Anforderungen an die Freizügigkeit der Arbeitnehmer im Bereich des öffentlichen Dienstes. 1994.

Band 5 Wolfgang Wegel: Presse und Rundfunk im Datenschutzrecht. Zur Regelung des journalistischen Umgangs mit personenbezogenen Daten. 1994.

Band 6 Sven Brandt: Eigentumsschutz in europäischen Völkerrechtsvereinbarungen. EMRK, Europäisches Gemeinschaftsrecht, KSZE – unter Berücksichtigung der historischen Entwicklung. 1995.

Band 7 Alejandro Alvarez: Die verfassunggebende Gewalt des Volkes unter besonderer Berücksichtigung des deutschen und chilenischen Grundgesetzes. 1995.

Band 8 Martin Thies: Zur Situation der gemeindlichen Selbstverwaltung im europäischen Einigungsprozeß. Unter besonderer Berücksichtigung der Vorschriften des EG-Vertrages über staatliche Beihilfen und der EG-Umweltpolitik. 1995.

Band 9 Rolf-Oliver Schwemer: Die Bindung des Gemeinschaftsgesetzgebers an die Grundfreiheiten. 1995.

Band 10 Holger Kremser: "Soft Law" der UNESCO und Grundgesetz. Dargestellt am Beispiel der Mediendeklaration. 1996.

Band 11 Michael Silagi: Staatsuntergang und Staatennachfolge: mit besonderer Berücksichtigung des Endes der DDR. 1996.

Band 12 Reinhard Franke: Der gerichtliche Vergleich im Verwaltungsprozeß. Auch ein Beitrag zum verwaltungsrechtlichen Vertrag. 1996.

Band 13 Christoph Eichhorn: Altlasten im Konkurs. 1996.

Band 14 Dietrich Ostertun: Gewohnheitsrecht in der Europäischen Union. Eine Untersuchung der normativen Geltung und der Funktion von Gewohnheitsrecht im Recht der Europäischen Union. 1996.

Band 15 Ulrike Pieper: Neutralität von Staaten. 1997.

Band 16 Harald Endemann: Kollektive Zwangsmaßnahmen zur Durchsetzung humanitärer Normen. Ein Beitrag zum Recht der humanitären Intervention. 1997.

Band 17 Jochen Anweiler: Die Auslegungsmethoden des Gerichtshofs der Europäischen Gemeinschaften. 1997.

Band 18 Henrik Ahlers: Grenzbereich zwischen Gefahrenabwehr und Strafverfolgung. 1998.

Band 19 Heinrich Hahn: Der italienische Verwaltungsakt im Lichte des Verwaltungsverfahrensgesetzes vom 7. August 1990 (Nr. 241/90). Eine rechtsvergleichende Darstellung. 1998.

Band 20 Christoph Deutsch: Elektromagnetische Strahlung und Öffentliches Recht. 1998.

Band 21 Cordula Fitzpatrick: Künstliche Inseln und Anlagen auf See. Der völkerrechtliche Rahmen für die Errichtung und den Betrieb künstlicher Inseln und Anlagen. 1998.

Band 22 Hans-Tjabert Conring: Korporative Religionsfreiheit in Europa. Eine rechtsvergleichende Betrachtung. Zugleich ein Beitrag zu Art. 9 EMRK. 1998.

Band 23 Jörg Karenfort: Die Hilfsorganisation im bewaffneten Konflikt. Rolle und Status unparteiischer humanitärer Organisationen im humanitären Völkerrecht. 1999.

Band 24 Matthias Schote: Die Rundfunkkompetenz des Bundes als Beispiel bundesstaatlicher Kulturkompetenz in der Bundesrepublik Deutschland. Eine Untersuchung unter besonderer Berücksichtigung natürlicher Kompetenzen und der neueren Entwicklung im Recht der Europäischen Union. 1999.

Band 25 Hermann Rothfuchs: Die traditionellen Personenverkehrsfreiheiten des EG-Vertrages und das Aufenthaltsrecht der Unionsbürger. Eine Gegenüberstellung der vertraglichen Gewährleistungen. 1999.

Band 26 Frank Alpert: Zur Beteiligung am Verwaltungsverfahren nach dem Verwaltungsverfahrensgesetz des Bundes. Die Beteiligtenstellung des § 13 Abs. 1 VwVfG. 1999.

Band 27 Matthias Reichart: Umweltschutz durch völkerrechtliches Strafrecht. 1999.

Band 28 Nikolas von Wrangell: Globalisierungstendenzen im internationalen Luftverkehr. Entwicklung der Regulierung und Liberalisierung unter Berücksichtigung strategischer Allianzen und des Code-Sharing. 1999.

Band 29 Marietta Hovehne: Ein demokratisches Verfahren für die Wahlen zum Europäischen Parlament. Legitimation gemeinschaftlicher Entscheidungsstrukturen im europäischen Integrationsprozeß. 1999.

Band 30 Nina Kaden: Der amerikanische Clean Air Act und das deutsche Luftreinhalterecht. Eine rechtsvergleichende Untersuchung. 1999.

Band 31 Brigitte Daum: Grenzverletzungen und Völkerrecht. Eine Untersuchung der Rechtsfolgen von Grenzverletzungen in der Staatenpraxis und Folgerungen für das Projekt der International Law Commission zur Kodifizierung des Rechts der Staatenverantwortlichkeit. 1999.

Band 32 Andreas Fürst: Die bildungspolitischen Kompetenzen der Europäischen Gemeinschaft. Umfang und Entwicklungsmöglichkeiten. 1999.

Band 33 Gilles Despeux: Die Anwendung des völkerrechtlichen Minderheitenrechts in Frankreich. 1999.

Band 34 Michael Reckhard: Die rechtlichen Rahmenbedingungen der Sanktionierung von Beitragsverweigerung im System der Vereinten Nationen. 1999.

Band 35 Carsten Pagels: Schutz- und förderpflichtrechtliche Aspekte der Religionsfreiheit. Zugleich ein Beitrag zur Auslegung eines speziellen Freiheitsrechts. 1999.

Band 36 Bernhard Mehner: Die grenzüberschreitende Wirkung direktempfangbaren Satellitenfernsehens aus völkerrechtlicher Sicht. 2000.

Band 37 Karl-Josef Ulmen: Pharmakologische Manipulationen (Doping) im Leistungssport der DDR. Eine juristische Untersuchung. 2000.

Band 38 Jochen Starke: Die verfassungsgerichtliche Normenkontrolle durch den Conseil constitutionnel. Zum Kompetenztitel des Art. 61 der französischen Verfassung. 2000.

Band 39 Marco Herzog: Rechtliche Probleme einer Inhaltsbeschränkung im Internet. 2000.

Band 40 Gilles Despeux: Droit de la délimitation maritime. Commentaire de quelques décisions plutoniennes. 2000.

Band 41 Christina Hackel: Der Untergang des Landes Braunschweig und der Anspruch auf Restitution nach der Wiedervereinigung Deutschlands. 2000.

Band 42 Peter Aertker: Europäisches Zulassungsrecht für Industrieanlagen. Die Richtlinie über die integrierte Vermeidung und Verminderung der Umweltverschmutzung und ihre Auswirkungen auf das Anlagenzulassungsrecht der Bundesrepublik Deutschland. 2000.

Band 43 Karsten Bertram: Die Gesetzgebung zur Neuregelung des Grundeigentums in der ersten Phase der Französischen Revolution (bis 1793) und deren Bedeutung für die deutsche Eigentumsdogmatik der Gegenwart. 2000.

Band 44 Ulrike Hartmann: Die Entwicklung im internationalen Umwelthaftungsrecht unter besonderer Berücksichtigung von *erga omnes*-Normen. 2000.

Band 45 Thomas Jesch: Die Wirtschaftsverfassung der Sonderverwaltungsregion Hongkong. Eine Darstellung vor dem Hintergrund der Wiedereingliederung in die Souveränität der Volksrepublik China. 2001.

Band 46 Sven Gottschalkson: Der Ausschluß des Zivilrechtsweges bei Eigentumsverlusten an Immobilien in der ehemaligen DDR. 2002.

Band 47 Gilbert Hanno Gornig/Gilles Despeux: Seeabgrenzungsrecht in der Ostsee. Eine Darstellung des völkerrechtlichen Seeabgrenzungsrechts unter besonderer Berücksichtigung der Praxis der Ostseestaaten. 2002.

Band 48 Andreas Zühlsdorff: Rechtsverordnungsersetzende Verträge unter besonderer Berücksichtigung des Umweltrechts. 2003.

Band 49 Katja Schmitz: Durchgriffswirkung von Maßnahmen der UN und ihrer Sonderorganisationen unter besonderer Berücksichtigung von Resolutionen des UN-Sicherheitsrates - Die Entwicklung supranationaler Strukturen. 2003.

Band 50 Stefanie Rothenberger: Die angemessene Nutzung gemeinschaftlicher Ressourcen am Beispiel von Flüssen und speziellen Ökosystemen. Eine vergleichende Betrachtung zum modernen Verständnis eines klassischen völkerrechtlichen Nutzungsprinzips. 2003.

Band 51 Christoph von Burgsdorff: Die Umsetzung der EG-Datenschutzrichtlinie im nicht-öffentlichen Bereich. Möglichkeit einer zukunftsorientierten Konzeption des Datenschutzes in der Privatwirtschaft unter besonderer Berücksichtigung des BDSG. 2003.

Band 52 Frank Reinhardt: Powerline. Verfassungs-, verwaltungs- und telekommunikationsrechtliche Probleme. 2003.

Band 53 Chie Sato: Immunität Internationaler Organisationen. 2004.

Band 54 Johannes Thoma: EU-Recht und Schranken hoheitlicher Staatstätigkeit. 2004.

Band 55 Wolf Peterhoff: Rechtsansprüche enteigneter Volksgruppen und ihre Durchsetzbarkeit. 2004.

Band 56 Do-Hyub Kim: Das deutsche parlamentarische Regierungssystem als mögliches Modell für Korea. 2004.

Band 57 Alexander Koberg: Die Exilregierung im Völkerrecht. Eine Untersuchung ihrer rechtlichen Klassifikation. 2005.

Band 58 Nils Christian Carstensen: Das Verhältnis des Seerechtsübereinkommens der Vereinten Nationen von 1982 zu fischereirechtlichen Übereinkommen und deren Streitbeilegungsvorschriften. 2005.

Band 59 Oliver Franz: Osttimor und das Recht auf Selbstbestimmung. Eine Untersuchung zur Anwendung des Selbstbestimmungsrechts der Völker am Beispiel Osttimors. 2005.

Band 60 Michael Kadgien: Das Habsburgergesetz. 2005.

Band 61 Felix Wolf: Terrorversicherungen und europäisches Wettbewerbsrecht. Verschiedene Modelle staatlicher Beteiligung an einer Terrorversicherung für Wirtschaftsbetriebe und ihre Vereinbarkeit mit dem europäischen Wettbewerbsrecht. 2005.

Band 62 Heiko Bertelmann: Die Europäisierung des Staatshaftungsrechts. Eine Untersuchung zum Einfluss des Europäischen Gemeinschaftsrechts auf das deutsche Staatshaftungsrecht unter besonderer Berücksichtigung der Haftung für judikatives Unrecht. 2005.

Band 63 Cedric Christian Meyer: Konkretisierung unbestimmter Rechtsbegriffe im deutschen und französischen Anlagenzulassungsrecht. 2005.

Band 64 Philippe Gréciano: Die Gerichtsbarkeit der Europäischen Gemeinschaften. Rechtsprechung und Rechtssprache Europas aus französischer Perspektive. Mit einem Vorwort von Theodor Öhlinger. 2007.

Philippe Gréciano

Die Anwendung des Europarechts im innerstaatlichen Bereich

Rechtsvergleichende Analyse: Österreich-Frankreich
Mit einem Vorwort von Theodor Öhlinger

Frankfurt am Main, Berlin, Bern, Bruxelles, New York, Oxford, Wien, 2002.
278 S.
Europäische Hochschulschriften: Reihe 2, Rechtswissenschaft. Bd. 3392
ISBN 3-631-39378-4 · br. € 45.50*

Zum aktuellen Thema des Europarechts führt die Arbeit eine komparative Analyse in den unterschiedlichen Staatsorganisationen durch, insbesondere zwischen Bundesstaat und Zentralstaat. Der Vergleich konzentriert sich auf den Vorrang und die unmittelbare Anwendbarkeit des Gemeinschaftsrechts und den dadurch geschaffenen Rechtsschutz. Der Schwerpunkt der Problematik liegt bei der Implementierung und im Vollzug der supranationalen Rechtsakte, welche zu inhaltlichen, strukturellen und verfahrensrechtlichen Veränderungen der beiden Rechtsordnungen führen. Anpassungsfragen sind aufgeworfen, in erster Linie im Prozessrecht, wo oft wegen verschiedener Rechtskulturen und -traditionen noch keine einheitliche europäische Lösung gefunden wurde. Die Arbeit bietet Beispiele für die Problemlösung im österreichischen und französischen Streitverfahren.

Aus dem Inhalt: Vergleichendes Recht Österreich-Frankreich · Europarecht · Anwendung · Strukturelle und verfahrensrechtliche Veränderungen · Anpassungen im Prozessrecht · Verschiedene Rechtskulturen

FSC
www.fsc.org
MIX
Papier | Fördert gute Waldnutzung
FSC® C083411

Kolibri 360 GmbH
Ferdinand-Jühlke-Straße 7
99095 Erfurt, Deutschland
produktsicherheit@kolibri360.de

Druck:
CPI Druckdienstleistungen GmbH
im Auftrag der
Kolibri 360 GmbH
Ferdinand-Jühlke-Str. 7
99095 Erfurt